本书由中南大学"花瑶文化研究"项目资助出版。

本研究获得中南大学科学研究基金人文社科首届杰出青年人才（培育）专项资助项目"现代化进程中花瑶民族的社会发展与制度变迁"的资金支持（项目批号:2011RWSK014），并获得2011年度湖南省哲学社会科学基金一般项目"现代化进程中花瑶民族的社会发展与制度变迁研究"（项目批号:11YBB385）的立项支持。

花瑶文化研究丛书

米莉 黄勇军 主编

米莉 著

国家、传统与性别

——现代化进程中花瑶民族的社会发展与制度变迁

中国社会科学出版社

图书在版编目（CIP）数据

国家、传统与性别：现代化进程中花瑶民族的社会发展与制度变迁／米莉著.
—北京：中国社会科学出版社，2014.7
ISBN 978 - 7 - 5161 - 1591 - 6

Ⅰ.①国…　Ⅱ.①米…　Ⅲ.①瑶族—民族发展—研究—隆回县
Ⅳ.①K285.1

中国版本图书馆 CIP 数据核字（2012）第 239602 号

出 版 人	赵剑英	
选题策划	郭沂纹	
责任编辑	丁玉灵	
责任校对	林福国	
责任印制	王　超	

出　　　版	中国社会科学出版社	
社　　　址	北京鼓楼西大街甲 158 号（邮编 100720）	
网　　　址	http://www.csspw.cn	
	中文域名:中国社科网　　010 - 64070619	
发 行 部	010 - 84083685	
门 市 部	010 - 84029450	
经　　　销	新华书店及其他书店	

印　　　刷	北京市大兴区新魏印刷厂	
装　　　订	廊坊市广阳区广增装订厂	
版　　　次	2014 年 7 月第 1 版	
印　　　次	2014 年 7 月第 1 次印刷	

开　　　本	710 × 1000　1/16	
印　　　张	15.25	
插　　　页	2	
字　　　数	240 千字	
定　　　价	45.00 元	

献 给 花 瑶

致　　谢

　　首先，我要由衷感谢中南大学校长张尧学院士。张校长以一位改革家的形象和魄力在校园中兴起学术新风，其提携后进之心令人钦佩，正是由于他的慷慨资助，这部持续了八年岁月才最终得以完成的研究成果，幸运地避免了无限期尘封的命运。

　　其次，我要特别感谢隆回县原县委书记钟义凡。当我们还是一名在读硕士研究生、远远算不上有分量的学者的时候，时为县长的他就排除众议，坚定地资助了这项学术研究，并由此赋予了我们展开花瑶文化研究的各种机缘。

　　我要感谢中南大学副校长周科朝、党委副书记高山、人文社科处处长彭忠益在立项阶段给我的批评和建议。感谢中南大学马克思主义学院张卫良院长、谭希培书记对我的不断支持。在学校和学院工作的三年中，彭昇、颜峰、张金学、陈文联、彭平一、黄永鹏、万琼华、王翔、吴争春、张金荣、刘志刚、罗春梅、李斌、曹升元、刘奇伟等领导和同事都对我的工作和生活给予了大量的帮助和照顾。

　　我要感谢湖南师范大学杨小云教授、吴家庆教授、彭定光教授三年来对我的不断支持和鼓励。

　　我要感谢我的硕士生导师杨阳教授和博士生导师林存光教授。他们对于这项研究的展开提出了许多宝贵的批评意见。感谢中国政法大学的张桂琳、丛日云、屈超立、常保国、田为民、梁永佳、应星等几位教授和清华大学的高其才教授对我的鼓励和建议。也要感谢考察团成员李严昌、顾旭刚、徐海东、李筠、回楚佳、刘先江、杜联合、余金刚、黄修裕、范存、廖耀华、谭克松等人的友谊以及与我的讨论。

我要感谢中国社会科学出版社编辑部主任郭沂纹女士。她的大力配合使得这本书得以顺利出版。

我要感谢家人长期以来对我的支持和付出。父亲米如和、母亲薛敏和公公黄佳水、婆婆袁云莲，轮流帮助我们照顾不满两岁的女儿，成为了我最坚强的后盾，使我能够心无旁骛地完成这项研究。感谢在北京工作的妹妹米咪，她在紧张的工作之余不断地帮我完成从国家图书馆查找资料和借阅书籍的琐事重任。

我要深深感谢我的先生黄勇军博士。这个项目最初的缘起来自于他与钟义凡县长的几次交流和讨论，是他最终说服县长支持我们展开这项研究。而且，作为我一直以来最好的学术伴侣和知己，他在我们相识相恋以来的十四年中，不断与我展开各种形式的交流和讨论，容忍并鼓励我将任何不切实际的想法落到实处。所以，我的任何一点微不足道的见解，都应该与他分享。

感谢女儿子牧。她的到来，改变了我的生活，也开始让我用全新的视角重新看待已然熟悉的世界。她让我的生命充满了不一样的快乐与欢笑。

永远感谢花瑶人。他（她）们愉快地接纳了我，允许我走进并记录他（她）们的生活。这本书理应献给他（她）们。

目　　录

导　论

一　"传统—现代"纷争与"内部东方主义"的兴起

对于有着几千年文明延续史的中华帝国而言，晚清以降在面对外来文明的冲击时所遭遇的军事、政治上的溃败以及随之而来的经济、社会逐渐崩溃，使得一直以自信和孤傲态度示人的中华文明一反常态地陷入了"长久而深远的沮丧和不安"[①]。作为对"几千年未有之大变局"（李鸿章语）的回应，知识界开启了"传统—现代"的理论大纷争，在"中—西"、"旧—新"、"落后—进步"、"保守—激进"等带有强烈二元对立色彩的价值比较中，漫长的历史变成了一片空白，多样化的文明被简单化约为"二分式"[②]：来自西方世界的"现代化"成为更高级文明的代表与中华崛起的救世良药，而作为中华文明象征的"传统"则被无情地打入了故纸堆。

这种文化上的集体性焦虑，在随后而来的政治变革和历届政权转换中均以实际的形式得到了明显的体现。肇始于清末新政的现代"民族—国家"建构和国家政权建设，其始终如一的着力点就在于不断加强国家对地方社会的控制力与影响力，以便应对来自西方社会的强大压

[①]　［美］费正清主编：《剑桥中华民国史·第一部》，上海人民出版社1991年版，第370页。

[②]　Alejandro Portes：《个人现代性与发展：一个批判》，载自萧新煌编《低度发展与发展——发展社会学选读》，台北：巨流图书公司1985年版，第131页。

力，至此之后整个国家被迫进入了一系列"规划的社会变迁"之中。①
而在确立新政府政治合法性的过程中，乡土社会的传统、观念、习俗，
都被意识形态化为与现代化相对立的不合理存在，成为"受到压抑的
一套残破的规范性知识"。②

国家强制力的推行和意识形态的渲染，使得民间社会也开始不断反
思传统自身。一方面，传统作为历史的遗留物和落后的象征，理应经历
不断的改造和抛弃；另一方面，自我生存的本能和惯性，以及它作为一
套"地方性知识"在乡土社会的根基性地位，却又令其在与国家权力
的交锋中继续以各种方式顽强地重拾过去。可以说，正是在传统与国家
的力量交织中，乡土社会在进行并完成着社会发展与制度变迁的历史
进程。

在此历时久远的时代进程中，当整个中华文明都可以被看作与西方
相对立的保持沉默的"他者"，也即萨伊德意义上的"东方主义"的时
候，植根于中国内部汉族和少数民族差异基础之上的"内部东方主
义"③，也正在悄然兴起。一方面，少数民族在历史上一贯被占据政治、
军事优势地位的中华主流文化称之为"夷"，这事实上是一个颇富政治
隐喻的词汇，标志着其在文明的等次序列中位居理所当然的下位。另一
方面，作为"他者"（与西方相对的中国）中的"他者"（与汉族相对
的少数民族），少数民族由于其长久的边缘地带和"夷"之身份，更是
被视为对完成现代化的进程具有至关重要的象征意义和实际价值，从而
在清末以降历届政府所推动的现代化进程中处于不断接受改造的焦点地
带和试验前沿。正是在与代表强势文明的外来者的互动中，少数民族开
始在聆听外界对他们的言说的同时，不断学习如何为自己发声。

对于本书的研究对象，瑶族的一个分支——花瑶民族——而言，也

---

① ［美］杜赞奇：《文化、权力与国家》，江苏人民出版社 2003 年版，第 1—4 页。
② 梁治平：《乡土社会中的法律与秩序》，载王铭铭、［英］王斯福主编《乡土社会的
秩序、公正与权威》，中国政法大学出版社 1997 年版，第 464 页。
③ 路易莎·沙因：《中国的社会性别与内部东方主义》，康宏锦译，马元曦校，载马元
曦主编《社会性别与发展译文集》，生活·读书·新知三联书店 2000 年版，第 101—102 页。

无时无刻不处于这几种彼此交汇的情景之中。在席卷整个国家的关于现代化的宏大叙事中，身处地域和文化双重边缘地带的他们，正在被视为"边缘"的"边缘"和"他者"中的"他者"，在传统的现代变革中备受磨砺与熬煎。而"现代—传统"在各个领域的不断纷争与"内部东方主义"兴起过程中的权力较量，既构成了花瑶民族生存的元场域，也构成了本书得以展开的理论和文化背景。

二　选择花瑶民族作为调查区域的理由

笔者之所以选择花瑶社会作为调查区域，主要基于以下几个理由：

首先，在现有的各类对中国乡村社会进行考察的文章与著作中，包括海外汉学家的著作在内，其关注点大多集中在华北农村与东南沿海以及福建等地的汉人社区，[①] 但对地处中国内地中部的湖湘地区的社会状况缺乏充分的研究，至于该地山区的乡村社会状况，则更是鲜有论述。花瑶民族居住在典型的山区，其地情、地貌、气候以及交通方式、交往形式等都与华北平原和东南、福建沿海地区以及江南水乡完全不同，不同的地理环境影响着该区域不同于其他地区乡村社会的特殊的人际关系、宗族势力、思维习惯与生活方式的形成。对于这样一个山区社会的调查，无疑将会成为对中国乡村社会进行考察的一个重要补充。

其次，花瑶民族经历了由四处迁徙到最终过上定居生活的过程，民族迁徙的记忆深刻地影响着他们的心理、思维、习惯以及传统等生活的各个方面，而且，这一记忆也使他们产生了强烈的民族认同感。前人研

---

① 这些著作如［美］杜赞奇的《文化、权力与国家》（江苏人民出版社2003年版）、［美］黄宗智的《华北的小农经济与社会变迁》（中华书局2000年版）、［美］莫里斯·弗里德曼的《中国东南的宗族组织》（上海人民出版社2000年版）、［美］弗里曼、毕克伟、赛尔登的《中国乡村，社会主义国家》（社会科学文献出版社2002年版）、费孝通的《江村经济——中国农民的生活》（商务印书馆2003年版）、王铭铭的《村落视眼中的文化与权力——闽台三村五论》（三联书店1997年版）、贺雪峰的《新乡土中国》（广西师范大学出版社2003年版），等等。有诸多学者将关注点集中在这些区域，很大一部分原因就在于这些区域的原始调查资料非常丰富，足够开展学理上的分析与探讨。

究的许多相关资料和花瑶同胞自己收藏的族谱都能证明，直到明代，他们才逐渐迁居到现在所居住的隆回、溆浦一带，过上了相对而言较为稳定的生活。① 对这样一支经历了由迁徙到定居，而且深受迁徙记忆影响的特殊民族一百多年以来的生存状况进行考察，无疑将会具有一种特别的意义。

最后，花瑶民族是被大众所遗忘的一个群体，很长时间以来，他们一直以一种鲜为人知的独立姿态生存于世，坚持着自己古老的风俗、习惯、传说、禁忌、语言，等等。然而，在近一百多年来，同其他民族和地区一样，花瑶社会也在发生着许多不曾预见到的重大变化，并日益登上了当地民族文化产业的前台，以文化明星的身份颠覆着旧的历史影像。对这样一支曾经封闭、原始的民族在现代化过程中的变迁史的考察，有可能会揭示一些重要但是迄今为止尚未受到足够重视的问题。

除了以上这些考虑之外，我们调查花瑶社会还有一些特殊的便利条件。花瑶主要居住在隆回县小沙江地区，而我们考察团的成员黄勇军就是小沙江镇人，他在读小学之前一直居住在老家，其家对面就是两个相当封闭的瑶寨（奉家院子、葵花子冲），所以自小就与花瑶有着较多的

---

① 有关花瑶民族的族源以及迁徙路线，在花瑶民族民间收藏和流传的记录其历史的手抄本《雪峰瑶族诏文》和清咸丰元年（1851）《奉氏族谱》中有这样的记载：花瑶沈、奉、蒲、刘、步、回、严、兰、丁、唐、杨、梅各姓祖先，元代居住在江西吉安府，在徐寿辉天启元年（1358）遭到官府赵、鲁二督统领兵驱赶杀戮，逃离吉安府，向广西、云南、贵州迁徙。自明洪武元年，"始迁湖南洪江，嗣是又家龙潭"。《奉氏族谱》载：奉姓五房始祖"明洪武时由洪江徙居辰州龙潭"，其妻易氏，随二子褒士隆、褒士堂由龙潭迁居隆回县虎形山的歇官寨和金竹坪，他们便是隆回花瑶的始祖。此后，沈、唐、刘、杨、蒲等各姓陆续迁入，居住于麻塘山、青山、杉木坪一带，再渐渐向虎形山、茅坳一带移居。经过六百多年的繁衍生息，发展成现在有六千四百多人的世居少数民族。（参见马道明、谢元华《隆回县志·民族篇》（送审稿），第6—7页。）关于花瑶民族具体的迁移路线，学界有一些不完全相同的看法，如1997年版的《邵阳市志》中认为："今隆回小沙江一带自古为梅山峒地，据奉姓、沈姓等族谱记载，奉、沈、蒲、刘、步、回、丁等姓花瑶，元代因受统治者的歧视和征讨，被迫离开世居的江西吉安田卢，西迁贵州，后又辗转广西桂林一带，元末再从桂林从北徙，经义宁、城步迁至今湘西南的洪江。明太祖年间，从洪江迁居溆浦龙潭等地，以后更向深山密林徙进，插标为记，相继定居在今隆回县西北的麻塘山、小沙江、龙坪、虎形山、茅坳等地和今洞口县大屋瑶族乡和桐山一带。"（参见邵阳市地方志编纂委员会《邵阳市志》，湖南出版社1997年版，第552页。）但是普遍的共识是，他们是在明代左右迁徙到现在所居之地的。

接触。我们对花瑶的许多初步了解就是从他那里得来的。更为重要的是，他的祖父黄武魁（瑶山的人称其为"魁爷"）与奉家院子的花瑶兄弟曾结拜为兄弟，并且因为武艺高强、为人正直而在整个瑶山中间享有盛誉。他的父亲黄佳水也与瑶族以兄弟相称，而且，由于工作的缘故，他还必须经常与花瑶打交道，这使他在瑶族同胞中有着极其广泛的人缘。这样的关系网有助于我们拉近与被调查人之间的关系，消除他们的戒备心与疏离感，为调查的尽快展开创造了一个极好的便利条件。实际上，在调查期间，我们也常常受惠于这样的关系网络：花瑶同胞对我们极其信任，愿意与我们进行诚恳的、推心置腹的交谈，并且把不会轻易示人的族谱展示给我们看，甚至还允许我们亲自参与体验了他们神秘的宗教仪式——"瘐皈"的过程。这一关系网络使得我们能够在调查刚一开始就进入到他们民族的内部，接触到他们文化与生活的核心。而且，在我们的田野调查工作结束之后，我们还能够经常地从他的父亲和亲戚那里听到有关花瑶的情况，这也可以作为我们调查工作的一个重要的补充。

三　田野与方法

我们的考察主要集中在虎形山瑶族自治乡和小沙江镇。虎形山瑶族自治乡是花瑶聚居之地，1956 年 9 月建乡，并于 1995 年合并了同为瑶族乡的茅坳瑶族乡，是全县唯一一个瑶族乡。[①] 据 2000 年第五次人口普查资料显示，当时该乡花瑶人口达到 5272 人，占全县瑶族人口的 82.71% 以上。[②] 而对小沙江镇散居的几个花瑶村落的考察，将有助于我们比较聚居区和散居区的花瑶的民族心理、民族习惯及其应对不同的国家政策所作出的反应是否有所不同，等等。另外，麻塘山乡和大水田

[①]　马道明、谢元华：《隆回县志·民族篇》（送审稿），第 2—3 页。
[②]　2000 年第五次全国人口普查数据。

乡也有少量花瑶居住。① 我们对麻塘山乡的部分地区也进行了考察，并
把考察情况作为补充资料予以列出。对大水田乡则没有涉足，除了考虑
到人数较少之外，还因为在调查过程中我们接触到的所有人（包括花
瑶同胞）都认为，该地的花瑶已经基本上被汉化了，没有考察的必要。

在正式的田野调查展开之前，我们曾经与花瑶有过数次短暂的接
触。在 2003 年 4 月至 7 月期间，由于"非典"的缘故，笔者与黄勇军
一同在他的家乡小沙江镇居住了三个多月。在这段难得的空闲日子里，
我们与花瑶同胞有过一些面对面的接触，并参与了他们盛大的民族节
日——"讨僚皈"，仔细地观察过他们在重大节日中的表现与作为，听
到过一些与他们有关的故事以及附近汉人对他们的认识和描述。这些背
景构成了我们开展其后历次田野调查活动的前提，有助于我们制定出较
为符合实际情况的调查计划。

我们的田野调查时间跨度很长，在八年的时光中总共可以分为比较
正式的三次和多次随机的访谈。第一次正式的调查是在 2004 年 7 月底
至 10 月底之间进行的。除了过年之外，这段时间在他们的生活中是最
为重要的，刚好包括了他们最为繁忙的收割季节和三次最为盛大的民族
节日。在与花瑶人同吃同住的三个月里，我们获得了对他们的直接、具
体而生动的感性认识，并与他们建立了深厚的友情，因而获得了大量的
第一手资料，其中还有许多是他们从来不肯轻易示人的。第二次正式的
田野调查集中在 2005 年 6 月至 7 月，在方法上依旧采取的是亲身观察
和半结构式访谈法。第三次正式的调查集中在 2011 年 11 月底至 12 月
底，时隔七年之后，瑶山正在发生许多新的变化，而时光的推移足以让
这种变化以显见的方式积淀下来。

同时，我们还进行了几次不那么正式的回访，时间分别为 2008 年
7 月中旬，历时十天；2012 年 6 月中旬，历时一周。采用的是半结构式
的访谈，补充了正式访谈后出现的疑点和不足。除此之外，在酝酿和写
作的过程中，笔者还经常性地与他们进行联系，由于前期我们之间已经

---

① 2000 年第五次人口普查所得出的数据分别为 146 人和 214 人。

建立了十分良性的互动关系和友谊，受访的花瑶人都非常乐意并直接地回答笔者的问题。因此，本书是在花瑶人的口述资料、笔者的田野观察记录和文字资料参考下共同呈现的。

四　主要内容

晚清以降，席卷整个国家的现代化历程，将身处"地域—文化"双重边缘地带的花瑶民族也卷入了这一宏大叙事的洪流之中。作为"边缘"的"边缘"和"他者"中的"他者"，他们在传统的现代转化中备受磨砺与熬煎。国家权力、地方传统、政府权力、资本市场、政治精英、普通民众、社会性别……各方矢量交织互动，重新解释、定义、凝练、剥离、建构、塑造着花瑶的文化传统，共同推动其社会发展、制度变迁的基本走向与最终命运。

具体而言，本书主要分如下四个专题展开。

第一章《村落视野中的国家权力与地方传统——清末以降的花瑶社会生存状况考察》，从国家权力的控制力与地方传统之间的相互关系这一角度入手，系统考察了在清朝末期、民国年间、建国初期、改革开放以来这几个大的历史时期内，控制与主宰花瑶社会的权力体系的逐步变迁与演化过程。在这一百多年里，这两股力量主要经历了这样一个变化的过程：

国家权力：（1911 年以前）弱—（1911—1949 年间）与宗族权力结合，并加大渗透力度—（1949—1978 年间）增强而不独占—（1979年以来）与地方传统相结合；

地方传统：（1911 年以前）强—（1911—1949 年间）与国家权力结合，但仍占主要地位—（1949—1978 年间）短暂的空白与断裂—（1979 年以来）传统之复兴。

可以说，在传统国家向现代民族—国家的转变过程中，面对着国家权力的强力渗透与侵入，地方传统并没有全面瓦解和消失，而是依然在花瑶社会的日常生活与文明延续的过程中起着主导性的作用。

第二章《边缘的兴起——花瑶传统的"标准化"努力及尝试》应当被看作是对上一专题的延伸讨论。新中国实现"现代化"的伟大目标和雄宏野心，将地处边陲的花瑶民族也卷入了这一宏大叙事的洪流之中。改革开放以来的各种举措，从客观上改变了花瑶人的基本生存状况和社会发展水平。而他们曾在历史上饱受主流文化所诟病的"边缘化"和"另类化"特征，却在最近几年地方政府开始全面推行的旅游开发措施中，一反常态地成为了花瑶民族从周边汉族中逐渐兴起的历史和文化筹码，推动其完成了从边缘到中心的巨大身份转换。对于花瑶民族而言，边缘的兴起既非一个强制性的过程，也并非任何一个因素单独作用的结果，反而是一个容纳了多重主体的"计划的社会变迁"过程。在这其中，国家、政府、资本、民族、社会、地方精英和普通民众几股矢量交织互动，在带着对未来愿景的美好憧憬中，共同参与、协商、主宰和推动着花瑶传统的现代化进程。与之相伴随的，则是花瑶传统在不断的变革与调试中，最终作为官方、外界、自身都能认可和接受的形态而存在的"标准化"历程。

第三章《"他者"的"她者"——花瑶民族的性别、婚姻与权力》改写了花瑶民族研究中性别研究的缺席状态。文章始于一个女性（奉姐）的故事，终于另一个女性（奉若华）的故事，并贯穿了关于性别和婚姻、权力的各种讨论。奉姐的传说，塑造着他们理想中的女性形象与家庭生存状况，然而，现实中花瑶民族的性别、婚姻与权力，却与这一理想有着诸多不同之处。生育的性别偏好，在更加青睐男性的同时，并未造成对女孩更加不利的出生选择和生存境况，相反，两性都能在家庭中获得几乎平等的抚养和对待。而作为嫁方的女方和作为娶方的男方在婚礼花费上的悬殊对比，昭示着男性在婚姻问题上比女性而言处于更加不利的地位，并影响着家庭结构的格局与权力分配。对于"母亲中心家庭"的向往，使得女性更加积极主动地促进分家的进程，并实现了家庭的小规模化，同时还以更加主动的方式影响着代际之间的关系和地位变化。作为结果，女性在家庭内部的地位不断上升，并形成了与男性权力平行的"双系制度"，从而与更多地区的状况形成鲜明对比。与此同时，奉若华的例子则向我们表明，国家和作为女性的个人是如何通过相互间的合作与互助，最终实现了前者的"入场"与后者的"赋权"。然而，也绝不应当忽视传统与父权制依旧存在的影响力，他们正在以一种看不见的方式与国家的力量一同决定着女性的权力走向。

第四章《"瘣畈"：花瑶民族的巫术与宗教》，对于花瑶人不为外人所知晓的、带有强烈原始色彩的巫术—宗教所产生的社会背景、巫术性质和其中所内含的宗教成分以及在公共领域的作为进行了考察，并进一步分析了其原因所在。自古以来，花瑶民族一直没有发展成为一股强大到足以抗衡中央政权的势力，也没有形成一个坚定的政治和宗教、文化核心。对于他们来说，汉族文明一直是一个强势文明，在这个强势文明的长久压力与包围之下，他们时刻面临着被迫或自愿放弃自己本民族的某些传统，而被这种更高的文明所吸纳或者同化的风险。但在所有的花瑶传统中，瘣畈是唯一一个没有被卷入彻底市场化进程并进行商业运作的领域。其中原委，自然与其本身的神圣性难以被市场化和世俗化有着直接的关联。避免了其神圣性被娱乐化运作的风险的瘣畈，在这种文化的夹缝中获得了生存的空间。然而吊诡的是，标准化、历史化、文化化、遗产化、正式化了的瘣畈，同时也在更多的普通人中间失去了学习和传承的吸引力和驱动力，无法消解逐渐失传的风险。萎缩之后，便是永远的历史绝响。

第一章

村落视野中的国家权力与地方传统

——清末以降的花瑶社会生存状况考察

一 引 言①

在 2004 年 7 月底至 10 月底这三个月的时间里，笔者和中国政法大学"花瑶文化"考察团的几位成员，受湖南省隆回县县政府的支持与委托，实地考察了居住于湖南省隆回县北部曲折绵延的雪峰山脉深处的一支古老而又神秘的少数民族部落——"花瑶"②。在考察的过程中，

---

① 本文是在笔者的硕士毕业论文《村落视野中的国家权力与地方传统——清末以降的"花瑶"社会生存状况考察》基础上修改而成的。

② 有关这支民族的自称，学术界的通行译法为"唔奈"，如徐祖祥《瑶族文化史》（云南民族出版社 2001 年版，第 61 页）称："唔奈方言集团自称唔奈"；张有隽：《瑶族历史与文化》（广西民族出版社 2001 年版，第 15 页）称："此外，还有部分人的语言介乎苗瑶语之间，自称'唔奈'"；田伏隆主编：《湖南瑶族百年》（岳麓书社 2000 年版，第 2 页）称："居住在隆回、溆浦等县的部分瑶族自称'唔奈'。""花瑶"是这支民族的他称，主要是因其所着服饰艳丽如花、十分抢眼而得名。如张有隽在《瑶族历史与文化》一书中所言："由于种种原因，瑶族被冠以许多不同的他称……有因服饰而得名的'大板瑶'、'小板瑶'、'顶板瑶'、'负板瑶'、'狗头瑶'、'尖头瑶'……'花瑶'、'花篮瑶'、'红头瑶'、'花脚瑶'等。"（张有隽：《瑶族历史与文化》，广西民族出版社 2001 年版，第 13 页）但在实地考察期间，这支民族的人曾经多次向我们郑重提出，在他们的语言中，"唔奈"与"无赖"发音相近，这一译名是对他们的蔑称。另外一个人则提出，考虑到他们民族历史上处于不断的迁徙过程，并有着独特的宗教形态，因此，应该采用另一种更合适的译名："鹍灵"——意为到处飞翔的有灵性的鸟。

我们收集到了有关这支民族的历史、宗教、宗族、传统、民俗等各方面内容的大量第一手资料，并形成了对这支鲜为人知的民族的初步认识。这支古老的民族，操着与别的民族不同的语言，[①] 穿着与别的民族风格迥异的艳丽服饰，拥有着与别的民族不同的充满了悲情色彩的民族迁徙记忆，更持守着属于自己民族所独有的传统、信仰与禁忌。几百年来，相隔往往不过是一片竹林、一个山头、一个村寨的周边的汉族已经发生了翻天覆地的变化，这支民族却依然如故，日复一日地遵循着自己先民的生活法则，缓慢而雅致地向前行进。现代化的步伐虽然迈向了古老的村寨，却没有在根本上改变这支民族的生存轨迹。

本章所要探讨的是，在现代化的进程中，面对着国家权力对乡村社会的逐步渗透，花瑶民族的"地方传统"还占据着什么样的位置，起着什么样的作用？毫无疑问，同大多数的乡村一样，在清朝末期直到现在的这一百多年里，花瑶社会也在经历着巨大的冲击与变迁。本文旨在说明这一百多年以来，国家权力体系与乡村固有地方传统之间的相互关系、相互影响以及它们在乡村社会中所起的作用，并提出实际的例证。当然，对这样一个小的社会单位进行深入研究而得出的结论也许并不一定适用于其他单位，或者适用于构建一个宏观的理论模型，但是，如费孝通先生所言，至少，通过个案研究从小的社区中所得出的结论"可以用作假设，也可以作为在其他地方进行调查时的比较材料。这就是获得真正科学结论的最好办法"。[②] 而"对大型社会中小型社区的重点分析……能够使我们用对村落、小镇及社会阶级的分析，来体现对一般社会过程的认识"。[③] 从这个意义上说，"在对具体社会的研究中，微观个案与宏观规范研究的差别，仅仅是一种运用不同素材与叙述架构的差

---

① 有学者考证，这支自称为"唔奈"的民族所使用的语言为汉藏语系中的布努语，应当属于苗瑶语族苗语支。参见毛宗武、蒙朝吉、郑宗泽《瑶族语言简志》，转引自徐祖祥《瑶族文化史》，云南民族出版社 2001 年版，第 61 页。

② 费孝通：《江村经济——中国农民的生活》，商务印书馆 2003 年版，第 26 页。

③ Clifford Geertz：Peddlers and Princes，转引自王铭铭《村落视眼中的文化与权力——闽台三村五论》，三联书店 1997 年版，第 125—126 页。

别，而非是谁更容易得出真理的差别"。① 因此，本文就将建立在这一
基础之上，从微观的角度对花瑶社会展开进一步的研究，并将此作为一
个典型的个案，来反观从清朝末期到改革开放以后这一百多年的历史
中，国家权力对地方社区的渗透过程及其在这一过程中与地方传统之间
的相互关系。

二　本章所要考察的内容

本章所要关注的内容是，在清朝末期、民国年间、建国初期与改革
开放以来这几个大的历史时期内，控制与主宰花瑶社会的权力体系的逐
步变迁与演化。本章所要考察的内容包括两个方面，一个是他们的
"地方传统"。在王铭铭看来，"如果说存在地方传统的话，那么这种传
统就是一种文化，或结合了社会交往规则、空间分布和行动领域、社
会—经济模式，以及人对社会生活的解释的整体"。② 本章所谈到的花
瑶社会的"地方传统"，主要是指包括了经济制度、宗族权力、信仰方
式、人际关系、思维习惯等在内的广义的"传统"，这一传统，既可以
是有明确规定的，也可以是约定俗成的，还可以是潜在包含的；既可以
是目标明确的，也可以是功能复杂的……这一传统，弥漫在花瑶人民生

---

　　① 吴毅：《村治变迁中的权威与秩序——20 世纪川东双村的表达》，中国社会科学出版
社 2002 年版，第 28 页。关于个案研究在社会科学方法上所具有的价值，有很多学者都已经作
出过充分的论证，如吴毅就认为："个案微观研究与宏观规范研究一样，均是社会科学研究的
基本方法……无论是宏观规范研究还是微观个案研究的结论，都需要经历实践的证实和证伪，
不能被个案（即使只是一个个案）证实或证伪的宏观性结论，只是一种伪论。微观个案研究
的理论功能，则在于证实或证伪已有的宏观性结论，并且接受其他个案的证实和证伪，形成
新的类型学结论。所以，有一点是必须指明的，对于宏观规范研究，不能先定地赋予其代表
性和普遍性，同理，追问微观个案研究的代表性和普遍性，也会犯方法论上的错误……相对
于宏观规范研究，微观个案研究的优势在于，它可以帮助研究者深入到被研究对象内部去体
察活的历史、活的生活和活的事件，并通过这些历史、生活和事件去考察社区人民的日常生
活世界是如何与宏观的社会历史变迁融会贯通，从而透过'小社区'窥视'大社会'。"
（同上书，第 27—28 页。）
　　② 王铭铭：《村落视眼中的文化与权力——闽台三村五论》，生活·读书·新知三联书
店 1997 年版，第 148—149 页。

活的各个方面，渗透在花瑶人民思维的各个角落，已经成为他们生存与生活的毋庸置疑的基本前提与文化的内核所在。从这个意义上来说，这一"地方传统"，在很大程度上也可以用杜赞奇的"权力的文化网络"来解释。在杜赞奇看来，"'权力的文化网络'中的'文化'一词是指各种关系与组织中的象征与规范，这些象征与规范包含着宗教信仰、相互感情、亲戚纽带以及参加组织的众人所承认并受其约束的是非标准"。"文化网络由乡村社会中多种组织体系以及塑造权力运作的各种规范构成，它包括在宗族、市场等方面形成的等级组织或巢状组织类型。这些组织既有以地域为基础的强制义务团体（如某些庙会），又有自愿组成的联合体（如水会和商会）。文化网络还包括非正式的人际关系网，如血缘关系、庇护人与被庇护人、传教者与信徒等关系。这些组织既可以是封闭的，也可以是开放的；既可以是单一目的的，也可以是功能复杂的，总之，其内容十分广泛。必须指出的是，这些规范不能用市场体系或其他体系来概括或取代，它是由各种集团和组织交织而成的天衣无缝的一个网络。从外观来看，这一网络似乎并无什么用处，但它是权威存在和施展的基础。任何追求公共目标的个人和集团都必须在这一网络中活动，正是文化网络，而不是地理区域或其他特别的等级组织构成了乡村社会及其政治的参照坐标和活动范围。"①

本章所要详细考察的另一个内容是"国家权力的控制力"。在许多学者看来，国家权力对乡村社会的控制力主要表现为深入基层的自上而下的国家政权体系的建立；② 国家对税收的控制；③ 国家对乡村原有权

① ［美］杜赞奇：《文化、权力与国家——1900—1942 年的华北农村》，王福明译，江苏人民出版社 2003 年版，第 15、10—11 页。

② 详细的论述可以参见 ［美］杜赞奇《文化、权力与国家——1900—1942 年的华北农村》，王福明译，江苏人民出版社 2003 年版；以及张厚安、徐勇、项继权等《中国农村村级治理——22 个村的调查与比较》，华中师范大学出版社 2000 年版等。

③ 详细的论述可以参见 ［英］安东尼·吉登斯《民族—国家与暴力》，胡宗泽、赵力涛译，三联书店 1998 年版；［美］莫里斯·弗里德曼《中国东南的宗族组织》，刘晓春译，上海人民出版社 2000 年版，以及 ［美］杜赞奇《文化、权力与国家——1900—1942 年的华北农村》，王福明译，江苏人民出版社 2003 年版等。

威体系、乡绅集团的认同、接纳与控制;① 对经济与政治生活的全面干预;② 等等。本章中所涉及的国家权力对乡村社会的控制力,是包括了经济制度、政治干预、思想控制、政策影响以及对他们思维方式、信仰仪式和民间权威产生方式施加影响等在内的国家对乡村社会生活的全面干预。如同上文对"地方传统"的定义一样,对"国家权力的控制力"这一内容及其影响力的考察也是在较为宽泛的意义上进行的。

本章将从"国家权力的控制力"与"地方传统"之间的关系这一角度入手,考察清朝末期以来二者之间的相互关系,并以此来探讨国家权力是如何逐步渗入乡村社会,与地方传统相互结合,在花瑶社会中共同起作用的。从这一过程中我们将会看出,在这一百多年的历史中,现代国家权力对乡村社会的渗入并非没有界限;而在现代化的过程中,传统也并非一无是处,只能面临被抛弃的威胁,而是在花瑶社会中起着重要的作用。

需要特别指出的是,本章所采用的基本资料与数据,除了来源于公开出版的较为权威的材料与统计数字以外,还包括流传在花瑶民族内部的文字资料,如花瑶民族民间所收藏的《雪峰瑶族诏文》、《奉姓族谱》等等;以及在多处采访活动中所得到的能够彼此印证的口述资料,这主要包括了在花瑶民族中间流传甚广的各类传说和故事。因为,"研究民俗的学者之目的,即在将现存的迷信与古代民俗的故事加以搜集,进行比较,且将'过去的无谓的故事,及衰落的传说'贮积起来;因为所有民俗学上的零片断语皆有能够给人类文明史以回光的价值"。③

---

① 详细的论述可以参见〔美〕黄宗智《华北的小农经济与社会变迁》,中华书局 2000 年版;〔美〕杜赞奇《文化、权力与国家——1900—1942 年的华北农村》,王福明译,江苏人民出版社 2003 年版;以及费正清主编《剑桥中国晚清史(1800—1911)》,中国社会科学出版社 1985 年版等。

② 详细的论述可以参见〔美〕杜赞奇《文化、权力与国家——1900—1942 年的华北农村》,王福明译,江苏人民出版社 2003 年版。

③ 〔英〕M. R. Cox:《民俗学浅说》,转引自梁钊韬《中国古代巫术——宗教的起源和发展》,中山大学出版社 1999 年版,第 4 页。

三 区域与村落背景

（一）地理状况与基本生存环境

花瑶民族主要分布在湖南省邵阳地区。目前，除隆回县外，溆浦、洞口也有少量的花瑶居住。我们所开展调查的地区主要集中在隆回县虎形山瑶族自治乡和小沙江镇的几个瑶族村落，这两个地区是他们居住最为集中的地方。总体而言，花瑶民族的居住情况在整体上呈现出这样一种风格：村落之间的距离相对较远，在每个村落的内部，则基本上是单一姓氏的人居住，或者是形成一种以一姓为主、同时包括少量其他姓氏的人在内的小聚居状况。这样的村落状况之所以形成，主要在于以下几个原因：第一，历代花瑶人居住的地方主要集中在尚未开垦的山区，自然环境比较恶劣，房屋必须依山而建，这就决定了各个村落之间的位置不可能像平原地区一样聚集在一起，而是离得非常遥远，这也就在客观上使得花瑶人家彼此之间的交往处于非常不便的状况。在实地考察期间，我们往往要步行十几里山路才能从一个村寨到达另一个村寨。而在花瑶女子结婚时所唱的"拦门酒"歌中，也对他们的这种居住状况进行了形象的描述：

> 大人新年发财，人累了，亲戚辛苦了，亲戚实在太辛苦了。
> 从大人的门前走上走下，累得不得了了。
> 看你媒人，担起九个抬盒担子，十个抬盒担子。
> 媒人们爬山过界，上坡下岭，打通九条雪山界，十座雪山界，累得不得了了。
> 看我们女方父母双亲，九行没有一行，十样没有一样，① 拿来接待你媒人。
> 只请动上下男女老少，姑娘姊妹，接九块岩水，盛盆春水，用

---

① "九行没有一行，十样没有一样"表达的是同一种意思，其意为"家里什么也没准备"。

来当作淡淡薄薄的茶。拿来接待你媒人，你媒人也只能多喝一两杯。①

在这里，"爬山过界，上坡下岭，打通九条雪山界，十座雪山界"，虽然是夸大之辞，但无疑也显示出了花瑶人家的居住区域相互隔绝的分布状况。

第二，花瑶祖先曾经过了长时间的迁徙，直至明代时才定居在现在的隆回县虎形山、小沙江一带。在定居的最初，由于人口相对较少，各个家户之间保持着一定的距离。后来随着时间的推移，同一个祖先所发展下来的子孙人数逐渐增多，这些人往往就在祖先的住所附近开辟了新的居住区开始生活，长此以往，慢慢就形成了现在的单姓村落，或以一姓为主、同时兼有少量其他姓氏的人居住的小聚居状况。花瑶民族居住区域的分布状况，将在很大程度上影响到他们的生活方式、人际交往以及各个村落之间的关系等方面的问题，有关这一点，在后文中我们还将进一步地予以分析。

我们的考察主要集中在虎形山瑶族自治乡和小沙江镇。虎形山瑶族自治乡是花瑶聚居之地，1956 年 9 月建乡，并于 1995 年合并了同为瑶族乡的茅坳瑶族乡，是全县唯一一个瑶族乡。② 据 2000 年第五次人口普查资料显示，当时该乡花瑶人口达到 5272 人，占全县瑶族人口的 82.71%

---

① 所谓"拦门酒"是花瑶的传统习俗，为表示对客人的尊敬，凡尊贵的客人花瑶都要以喝"拦门酒"的方式来迎接。按照花瑶的习俗，酒要喝双杯，"拦门酒"也不例外。客人一般要喝二至四小杯，主客双方要互相讲一些尊敬的话。不同的场合，"拦门酒歌"的歌词亦不同。这首拦门酒是由娘家人唱给媒人的，媒人往往也会回答一些恭维性的语言，如："你们女方父母双亲大人，提前一年就操心准备起东西，早一年养的猪已长大，养起的猪有猪栏大，用来接待我媒人。我们媒人嘴就嘴好话，口就口不巧，实在没有几篇好话，用来褒奖你主东；是个嘴巴灵的也没有几篇好话，用来答谢你主东。我们媒人九行只晓得拿着领吃，十样只晓得领喝，样样吃干到底，口口喝到干干净净，我们九天也吃不完，十天也喝不了。就要向你主东的亲戚借条路，从你主东的亲朋借条路，空手来拜个年！拜个年！"在这里，"九行没有一行，十样没有一样"的潜台词是"家里什么也没准备"，叫媒人们不要生气，是客套的话语。这首歌是 2004 年 10 月 4 日崇木凼村的沈诗永用瑶语给我们演唱的，汉语译文由回楚佳提供，考察团成员余金刚对歌词的内容进行了整理。

② 马道明、谢元华：《隆回县志·民族篇》（送审稿），第 2—3 页。

以上。① 而对小沙江镇散居的几个花瑶村落的考察，将有助于我们比较聚居区和散居区的花瑶的民族心理、民族习惯及其应对不同的国家政策所作出的反应是否有所不同，等等。另外，麻塘山乡和大水田乡也有少量花瑶居住。② 我们对麻塘山乡的部分地区也进行了考察，必要的时候将把考察情况作为补充资料予以列出。对大水田乡则没有涉足，除了考虑到人数较少之外，还因为在调查过程中我们接触到的所有人（包括花瑶同胞）都认为，该地的花瑶已经基本上被汉化了，没有考察的必要。

由于历史的原因，瑶族大多居住于崇山峻岭之间，"入山惟恐不深、入林惟恐不密"③ 是他们在选择生活区域时一个重要的心理因素。而花瑶人所居住、生活的这一乡、一镇，更是被本县的人称之为"隆回的西藏"，以此来说明该地区位置之偏僻与条件之恶劣。小沙江镇位于隆回县西北隅，距县城虽然只有93公里，但是因为全程均为盘山泥石路，依山而建，绕山而行，道路一侧往往不是河谷，就是山坡，交通极其不便，遇到雨雪天气，更是如此。乘坐每天一两趟的班车到县里，如果顺利的话，至少也需要四五个小时。至于虎形山地区，则更是偏僻，直到近几年才开通了到镇上和县里的班车。据说在这之前如果有人要想到县里去的话，经常不得不半夜起床，一大早就要从各个偏僻的村落步行几十里赶到镇上才能坐上班车。而在没有通车之前，则全靠步行，如果走得比较快，而且一路上不怎么耽搁的话，也要一整天才能赶到城里。④

---

① 2000 年第五次全国人口普查数据。
② 2000 年第五次人口普查所得出的数据分别为 146 人和 214 人。
③ 徐祖祥：《瑶族文化史》，云南民族出版社 2001 年版，第 52 页。
④ 1994 年版的《隆回县志》里有这样一段话来描述该地区的地理状况："隆回县是一个山区县，县境地处衡邵盆地向雪峰山地过渡地带，地势自东南向西北呈梯式抬升。西北为山原区，层峦叠嶂，逶迤绵亘，构成海拔 1300—1400 米的丘状山原台地。北部为山地区，四周群峰林立，中间丘岗起伏，形成'三山一脉夹盆地'的自然景观。南部为丘岗区，地势较平缓。至高点西北部白马山顶山堂，海拔 1780 米。最低点东南角云峰乡大田张村郝水河畔，海拔 230 米。……年平均气温，北部小沙江 11℃，南部桃洪镇 16.9℃。"（隆回县志编纂委员会编：《隆回县志》，中国城市出版社 1994 年版，第 5 页。）当地还流传着这样的谚语，用以形容这里山高谷深、坎坷不平的地形："山高石头多，出门就爬坡，对面喊得应，走路半天多。"（熊知方编著：《隆回名胜》，国际文化出版公司 1997 年版，第 195 页。）虎形山乡以及小沙江镇的具体地理位置，可详见于本书所附的隆回县地图。

　　如此不便的交通，使得花瑶民族与外在世界的联系非常的少。在新中国成立之前，花瑶人很少会走出自己所居住的山寨，南下县城。在我们实地考察期间所接触到的花瑶当中，声称自己一辈子没有离开过瑶寨的人比比皆是。他们几乎不知道外界发生了什么样的变化，而且对此也并不关注。① 这样的地理、交通现状以及由此而带来的管理上的不便等方面的问题，是导致花瑶人几乎与世隔绝的重要原因之一。②

　　至于该地的气候，则更是恶劣。小沙江地区平均海拔 1350 米，属高寒山区，③ 年日照只有 1084.4 小时，④ 灾害性天气时有发生。据 1994 年版的《隆回县志》记载："1958 年：3 月中旬，小沙江、龙坪麻塘山降雹，大者如茶杯。小沙江分水村一棵两人围古树被刮倒，吹倒学校一座。"

　　"1959 年：6 月 10 日，小沙江、肖家垅等地水灾。

　　"1963 年：4 月，小沙江区降雹，打死野猪一头。

　　"1967 年：8 月，小沙江降雹，中稻谷被击落。

　　"1969 年：7 月 1 日，金石桥、司门前、小沙江暴雨持续约 5 小时，平地起水尺余，受灾田 1.8 万余亩，当年无法恢复的 4958 亩，冲走房屋 92 座，淹死 4 人。

　　"1974 年：1 月 16 日—2 月 6 日冰冻，元月底—2 月初最严重，小沙江地区冰冻 73 天，冻死耕牛 300 多头，压倒房屋 20 余座，区内电话数月未通。

　　"1983 年：4 月 14、15、25、27、28 日，小沙江遭 5 次大风冰雹袭

---

　　① 在田野调查过程中，当我们问及花瑶人是否知道现任国家主席是谁时，很多人都很茫然。在他们看来，国家主席是谁并不重要，对他们的生活也不会发生什么样的影响。他们更关注的是那些"好官"什么时候能再来瑶寨视察，能给他们的生活现状带来什么样的改善。

　　② 另外，语言问题也是导致花瑶人与外界长期隔绝的一个重要原因。由于花瑶有自己的语言，因此，他们的小孩往往要到上小学时，才开始学习当地的汉语，一两年之后，才可能学会识字与当地汉语。尤为糟糕的是，由于贫穷的缘故，花瑶小孩往往在小学还没有毕业就辍学了，因此，他们的文化水平极低，也难以与外界进行较好的沟通。

　　③ 隆回县志编纂委员会编：《隆回县志》，中国城市出版社 1994 年版，第 60 页。

　　④ 比县城少了 426.6 小时。参见隆回县志编纂委员会编《隆回县志》，中国城市出版社 1994 年版，第 70 页。

击，其中 27 日 1—2 时，茅坳乡岩儿塘遭 12 级大风冰雹袭击，围径 2 米以上古树有 17 棵被连根拔起，拦腰折断的 23 株，死 1 人，伤 7 人，倒屋 13 座，损 1390 座。"[1]

　　以上列举的各类灾难只是 1994 年县志中集中记载的一部分，其他散见于全书各处的比比皆是。[2] 而那些没有列入官方记载，却在历史上曾经真实发生、并对花瑶人的生活造成了巨大影响的灾难性事件则更是不胜枚举。正是这样偏僻的地理位置、不便的交通状况与恶劣的气候情况，构成了花瑶人自从过上定居生活以来祖祖辈辈生存的基本环境与生活的基本背景。

（二）经济状况与基本生活方式

　　花瑶民族所居住的地区为山区，能够用于农业生产的土地很少，在实际调查中我们发现，现在他们人均占有土地面积（在当地主要是水田）往往不到一亩。[3] 而且，当地的土壤质量很差，[4] 再加上在新中国成立之前，花瑶人还基本上停留在"刀耕火种"的阶段，这就导致他们的农业产量非常低，即便是在年景好的情况下，其粮食产量也很难满足一年生活所需，而在如上所述的气候条件下，则更是如此。实际的情况往往是这样：即便他们在人均占有量不足一亩的土地上辛勤耕种，但到了收获季节，也往往是所获无几。可以说，如果单纯依靠农业，花瑶

---

　　① 具体内容可参见隆回县志编纂委员会编《隆回县志》，中国城市出版社 1994 年版，第 66—76 页。

　　② 如清光绪《邵阳县志·杂记》"详异"类中记载："同治九年，隆回乡（今小沙江、司门前一带）虎食村民三十余人。"1954 年，小沙江地区被野兽咬死 6 人，伤 16 人。（参见隆回县志编纂委员会编《隆回县志》，中国城市出版社 1994 年版，第 82 页。）

　　③ 如：在麻塘山乡老树下村，人均水田面积为 0.7 亩；小沙江镇芒花坪村一组（即鱼鳞峒）人均水田只有 0.3 亩；江边村禾梨树组人均水田为 0.4 亩；虎形山乡岩儿塘村人均水田 0.7 亩。以上数字都是在考察过程中村、组里的干部或者当地的花瑶同胞向我们提供的。

　　④ 据 1994 年版《隆回县志》记载，整个隆回县"旱土肥力低下，养分短缺……山地土壤，从 939 个化验样本结果统计，有机质含量平均为 1.32%，全氮为 0.067%，均属劣等。速效磷普遍严重缺乏，属最劣等，平均为 0.80PPM。速效钾平均为 34.15 PPM，亦属劣等"。（参见隆回县志编纂委员会编《隆回县志》，中国城市出版社 1994 年版，第 81—82 页。）

人基本上是难以解决温饱问题的。从事农业生产的产出并不能满足他们维持日常生活的全部所需。

至今花瑶人仍不能忘记的是每年南下乞讨的日子。直至 2000 年以前，每到青黄不接的时候，他们还会成群结队地南下县城，到处乞讨，以渡过难关。[①] 在这一路乞讨谋生的过程中，他们除了要忍受饥寒交迫之苦外，还必须承受各种歧视、冷眼与嘲讽。今天花瑶老人在向我们讲述那段岁月的时候，总是唏嘘不已。衣食不足而且受尽苦难的漂泊生活给他们的心灵所造成的创伤，远非用几个简单的句子所能描述。

在历史上，作为对农产品不足以维持生计的一个重要的补充，花瑶民族一直保持着狩猎的生活习惯。在《新化县志》中，有这样一段文字记载了花瑶人这一打猎习俗："瑶人居住山区，野兽常出没。当玉米抽穗或成熟时，必昼夜防守，遍烧篝火，免遭兽类损害。其捕杀之法为放绊索：用一富有弹性的笛竹，去其枝叶，使竹梢坠地并系以棕索，做成圈套，埋于兽道，另有机关隐蔽，兽履其地时，紧缚兽脚弹至空中，然后枪杀之。瑶人猎虎，以游虎叉为武器。虎性喜弄叉，见人持叉至，即以前足攀踏旁枝，口衔中锋。猎者用力掀开，以手张叉。如是者多次，可乘势喷之。后人射虎多用火铳；而以捕虎为业的猎人，则装弩箭。箭镞涂剧毒药物，装弓于深山小径。虎踏机关，箭伤前足，痛痒难忍，以舌舐之，中毒立毙。此等猎户均崇奉'梅山神'和当地'山神土地'。每至住户人家，见下坛置有小型神塑者，可知主人即猎者无疑。古梅山分上中下三峒，民谚谓'上峒梅山，装车弯弩；中峒梅山，游山弋猎；下峒梅山，捕鱼打网。'旧时，猎人上山打'野物'，多信'兆头'，如上路遇着的头一个是女人，就说是'出门遇着妇，何不蹲在屋'，必扫兴而归。猎人平时进山，先要敬'梅山爷爷'，祈神保佑：一不被猛兽咬，二不被毒蛇噬，三不坠岩河，四不遭脚刺。发现野兽足

---

① 隆回县钟义凡县长在一次谈话中还向我们提到，这一状况直到 2003 年才通过各种办法杜绝了。主要的措施是加大了对花瑶同胞的粮食、资金等方面的投入，并在他们居住的地方栽培金银花等经济作物和各种中药材。

迹，即反手扯茅草三根挽结，以石头压于三岔路口，叫封山。亦有以树枝扫山腰、山顶数下，再绕山一圈者，称下法。捕获猎物，开头铳的得双份，其他人均得一份，即使是小孩持木棒呐喝，也不例外。捕猎多在秋末或冬季，开春后即'封铳'，民歌有'打鸟莫打三春鸟，儿在巢中望母归'……"① 现在，虽然这一习惯在整个民族中已经不再像原来那样普遍，但仍然有不少人家在农闲的时候会上山打猎。在进行实地考察时，我们在相当多的花瑶人家里还能够看到打猎用的兽夹、鸟铳，不少人家还养了猎犬，在他们的厨房里，还挂着各种各样熏干的猎物。在他们的世界中，一个成功的猎手往往享有较高的威信，是老一辈花瑶交口称赞的人物和众多年轻一辈的花瑶竞相仿效的对象。恰如马克思所说的那样，"物质生活的生产方式制约着整个社会生活、政治生活和精神生活的过程"。② 花瑶民族这种农业与狩猎互补的生活方式对他们的人际关系、交往方式、伦理道德、信仰形式以及社会组织的形成都产生了极大的影响。

除了从事农业生产与狩猎之外，在调查中我们还得知，近年来，在当地各级政府部门的指导之下，很多花瑶人家开始种植金银花、中药材等经济作物，这几乎已经成为他们最主要的收入来源。而另外还有一些年轻的人开始走出瑶山，南下广州等地打工，尽管他们的收入不多，但却为瑶寨里带来了一股新鲜的空气。有关这些变化会给整个花瑶民族带来什么样的影响，在后文中将逐步展开论述。

在这一节中，我们详细观察和分析了花瑶民族生存与生活的地理状况、基本生存环境、经济状况以及在这一背景下所形成的生活方式。这一节的叙述将有助于读者获取对他们的生活基本状况进行判断的背景性知识，同时也构成了我们研究这一民族的理论起点。在接下来的章节中，我们将进入论述的重点所在，即系统考察从清末到改革开放以来，主宰花瑶社会的权力体系的演化过程及其相互关系。

---

① 新化县志编纂委员会编：《新化县志》湖南人民出版社1996年版，第990页。
② 马克思、恩格斯：《马克思恩格斯选集》第2卷，人民出版社1972年版，第82页。

四 1911 年以前的花瑶社会

（一）与中央政府之间的关系 ——国家对花瑶社会的控制

在历史上，由于花瑶民族"率多劲悍"，"以刀耕火种为业"，不仅"其僻处山居者，则言语不通，嗜好居处（与诸华）全异"，而且"依山负固，抗粮抗役，性与人殊"，因此，他们往往被认为是"蛮獠"、"蛮夷"、"杂蛮"之人，[①] 多次遭到政府官兵残酷的镇压与清剿。面对着外来的种种镇压与清剿，花瑶人从来没有彻底地妥协，而是采取了各种形式予以抵抗，可以说，镇压与反镇压、清剿与反清剿，构成了1911 年以前花瑶民族与中央政府之间关系的主旋律和核心内容。这种激烈的对抗关系在花瑶人的历史记忆与民族心理中占据着极为突出的地位，并给花瑶人的生活带来了广泛而深远的影响。花瑶人没有自己的文字，但是从目前可以找到的为数不多的有关花瑶民族的文字记载中，我们可以看到，与这种对抗事件相关的内容占据了所有文字内容的相当一部分，由此也可以看出，这类事件在历史上所发生的频率之高与范围之广：

> 嘉靖三十八年（1559），溆瑶沈亚当叛杀龙潭巡检刘纲及生员唐元宗。事闻总督石勇，檄总兵石邦宪擒亚当，平之。
>
> 天启元年（1621），城步瑶入寇邵瑶奉云山，溆瑶卜前溪等乘间作乱，命将军林某讨之。
>
> 崇正（祯）十七年（1644），溆瑶刘南山、卜连山，邵瑶奉明远等劫两丫乡大竹、小竹二峒，烧其庐舍（俱《陶志》）。
>
> 国朝顺治中，薛士道不知何处人，入麻塘山诱邵、溆诸瑶掠靖州、武冈，官军剿平之。

---

① 同知衔署溆浦县事山右齐德五主修 [清同治十二年（1872 年）]：《溆浦县志》，溆浦县档案馆 2003 年 10 月重印，溆浦彩色印刷厂印刷（内部资料），第 212—213 页。

康熙五年（1666），武冈董麻子诱溆瑶卜罗把总、邵瑶沈海纲等寇武冈之峡口。二十五年流贼司道诱瑶沈亚当、溆民吴大福、武冈张百祥叛，宝庆副将吴云、辰州都司李学正捕斩之（俱《陶志》）。

按：《陶志》以瑶防、兵防分为二，以溆之宜防者莫如瑶也。而近来瑶尽服化，自不蠢动……①

明、清时期，小沙江瑶民先后多次起兵反抗封建统治者的欺压。

明嘉靖三十八年（1559），小沙江麻塘山瑶民起义，攻打隆回（今司门前）及黔溆边境，后被总兵石邦华镇压。

清康熙五年（1666），三月，麻塘山瑶民与武冈、城步各瑶民互相串联，聚众数万，据险称兵。沅州总兵李蓬茂，另营弁领兵前去镇压，驻营安江。黔阳知县张扶翼遣人入山与起义瑶民谈判，议成，瑶民息兵。②

……

从现有的资料中我们可以清晰地看出，历史上绵延不绝的战争，以及战争所体现出来的花瑶民族与中央政府之间镇压与反镇压、清剿与反清剿的对抗关系，构成了二者之间关系的主流，也由此奠定了花瑶人在面对汉族政府时所持有的特定的历史、文化、心理基础。在实地采访的过程中，曾有无数的花瑶老人向我们提起过他们这一民族大迁徙的事件，迁徙的原因就在于不堪忍受中央政府对他们的残酷剥削和压榨。在考察期间，我们就曾从花瑶老人那里听到这样一种说法："很久以前，官府为了加强对瑶族的统治，派专人管理瑶民，瑶民称之为'老子'，每十户瑶民设一'老子'。为了防止瑶民造反闹事，官府不允许瑶民拥

---

① 同知衔署溆浦县事山右齐德五主修［清同治十二年（1872 年）］：《溆浦县志》，溆浦县档案馆 2003 年 10 月重印，溆浦彩色印刷厂印刷（内部资料），第 301—302 页。
② 隆回县志编纂委员会编：《隆回县志》，中国城市出版社 1994 年版，第 8、9、451 页。

有柴刀，只在'老子'处有一把。'老子'非常骄纵蛮横，瑶民杀鸡必须要他先吃、娶妻要他先睡。瑶民们不堪忍受，就在中秋节互送月饼时于其中夹藏纸条，相互约定要杀'老子'过年。各姓花瑶收到纸条之后，联合起来于大年三十杀'老子'造反。这一行为引起了朝廷的痛恨，就在后来对花瑶人进行了血洗与镇压。"[①] 后来在其他地方我们也听到了类似的说法。尽管各种说法在具体的细节上有一定的出入，但是这一故事的主体内容基本上是一致的，即"花瑶人曾经受到了朝廷的残酷剥削和压榨，他们是由于不堪忍受才开始反抗的，并且还在后来遭到了镇压"。对于花瑶人来说，这一观念是渗入到了他们民族文化与民族心理的核心理念，也是决定他们在面对朝廷时所采取的态度的重要因素。有关中央政府对花瑶民族所实施的政策和对这一民族的镇压，在花瑶人的记忆中和所能收集到的有限的文字资料中，都占据着相当大的比例。对这些内容进行详细的分析，无疑将有助于我们清楚地了解1911年之前花瑶民族与中央政府之间的关系，以及中央政府对这支民族的控制力的强弱问题。

面对着汉族政府的镇压，花瑶民族不得不多次经历举族流亡、四处迁徙的悲惨过程。有关举族迁徙的原因与路线问题，在这一民族民间收藏和流传的记录其历史的手抄本《雪峰瑶族诏文》和清咸丰元年（1851）《奉氏族谱》中，都有非常清楚的记载：花瑶沈、奉、蒲、刘、步、回、严、兰、丁、唐、杨、梅各姓祖先，元代居住在江西吉安府，在徐寿辉天启元年（1358）遭到官府赵、鲁二督统领兵驱赶杀戮，逃离吉安府，向广西、云南、贵州迁徙。自明洪武元年，"始迁湖南洪江，嗣是又家龙潭"。《奉氏族谱》载：奉姓五房始祖"明洪武时由洪

---

① 2004年8月14日在虎形山乡岩儿塘村二组对杨兴旺老人进行采访时得知。据考察团成员李严昌考证，这一故事其中的一些细节与元代的相关规定有偶合之处，如其中讲道"官府不让瑶民拥有柴刀"，而元代确有此种类似的规定：汉人、南人不得聚众畋猎和迎神赛会，不得执弓矢，甚至连养狗羊雀鸟都不许可（参见苏天爵《滋溪文稿》卷一二《韩公神道碑铭》。）由此可以推断，花瑶民族曾有被元朝统治的记忆，而且是被朝廷派来的官吏（"老子"）直接统治。也就是说，在元代时，花瑶民族实际上就已经处于朝廷委派的官员（"老子"）的直接统治之下。

江徙居辰州龙潭"，其妻易氏，随二子褒士隆、褒士堂由龙潭迁居隆回县虎形山的歇官寨和金竹坪，他们便是隆回奉姓花瑶的始祖。此后，沈、唐、刘、杨、蒲等各姓陆续迁入，居住于麻塘山、青山、杉木坪一带，再渐渐向虎形山、茅坳一带移居。经过六百多年的繁衍生息，发展成现在有六千四百多人的世居少数民族。①

到了明清两代时，在花瑶人与汉族政府之间还发生了几场较大的战役，后来，为了缓和民族矛盾，实现对花瑶社会的全面控制，清朝政府对瑶族的统治政策进行了调整，清理了瑶汉地界，并设立了新的行政机构——"峒"，开始对花瑶社会实行羁縻政策。"峒、寨本是少数民族居民居住的聚落形式，为了管理的便利，一般的寨都设有寨长之职。数寨或一个大寨又可称为峒，设峒长之职。寨长与峒长管理本峒、寨之事，并负有征收赋税之责，是最基层的管理人员。峒、寨实与内地之村社相仿，只是内地在村社的基础上中央又增加了里甲的编制，而少数民族地区则完全依赖峒、寨等自身的社会组织实施管理。"② 清政府按照地理位置将瑶民所居住的地区划分为 16 个瑶峒，每个峒设"峒长"或"瑶总"，这些人经由瑶民推举，由政府任命产生，并规定"瑶山十六峒地业判为瑶民永远耕作，不准汉民侵占"。③ 到了清朝末期，还在花

---

① 参见马道明、谢元华《隆回县志·民族篇》（送审稿），第6—7页。关于花瑶民族具体的迁移路线，学界有一些不完全相同的看法，如1997年版的《邵阳市志》中认为："今隆回小沙江一带自古为梅山峒地，据奉姓、沈姓等族谱记载，奉、沈、蒲、刘、步、回、丁等姓花瑶，元代因受统治者的歧视和征讨，被迫离开世居的江西吉安田卢，西迁贵州，后又辗转广西桂林一带，元末再从桂林从北徙，经义宁、城步迁至今湘西南的洪江。明太祖年间，从洪江迁居溆浦龙潭等地，以后更向深山密林徙进，插标为记，相继定居在今隆回县西北的麻塘山、小沙江、龙坪、虎形山、茅坳等地和今洞口县大屋瑶族乡和桐山一带。"（参见邵阳市地方志编纂委员会编《邵阳市志》，湖南出版社1997年版，第552页。）但是普遍的共识是他们是在明代左右迁徙到现在所居之地。有关花瑶民族具体的迁徙路线，可参见米莉等著：《花瑶民族的历史、文化与社会》第二章，中国社会科学出版社2012年版。

② 杨国安：《明清两湖地区基层组织与乡村社会研究》，武汉大学出版社2004年版，第79页。

③ 2004年8月17日奉族良提供的《雪峰瑶族诏文》中记载：瑶汉分界在雍正元年（1723）。

瑶民族聚居的地区全面推行了"改土归流"政策,① 并在峒长、瑶总的上面又设立了"团总"一职,从而形成了"团总—瑶总—瑶户"的结构,以加强政府对这一地区的控制。如在花瑶人居住的湖南溆浦县,就设有瑶峒四:"雷打峒,瑶总一名,共瑶 98 户;白水峒,瑶总一名,共瑶 20 户;梁家峒,瑶总一名,共瑶 18 户;蒲字峒,瑶总一名,共瑶 146 户。以上四峒设立团总一人。"② 同时,瑶峒、瑶团的瑶总、峒长,也不再由瑶民推举,而是改由州、县委派。

附:隆回县境晚清时期行政区划图

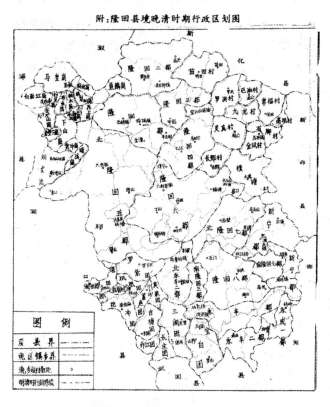

(摘自 1994 年版《隆回县志》)

---

① 见《邵阳市志》,湖南出版社 1997 年版,第 553—554 页。
② 民国《溆浦县志》卷 2《区乡·瑶峒村》,民国十年活字本。

清末、今县境政区对照表

县名	政区名	辖今乡村名
邵阳县	鹅梨树峒	小沙江镇金竹山村
	麻坑峒	小沙江镇江边村，茅坳瑶族乡茅坳村，青山坳村锡坪
	上山峒	小沙江镇小沙江村、白银村
	桐木峒	虎形山瑶族乡崇木凼村
	马蝗峒	茅坳瑶族乡草原、四角田、大圫、白水洞、周朋、岩儿塘等村，万贯冲村一部
	布当冲峒	虎形山瑶族乡富寨村布当冲
	筲箕峒	虎形山瑶族乡富寨村筲箕圫
	香炉山峒	龙坪乡光龙村、光化村、龙坪村
	白面江峒	虎形山瑶族乡铜钱坪村、水栗凼村、虎形山村、水洞坪村
	岩壁下峒	虎形山瑶族乡水栗凼村岩板下
	下山峒	龙坪乡响龙村、小沙江镇肖家垅村、白银村、分水村、洞江村
	贯冲峒	小沙江镇肖家垅村、杉木坪村
	暗溪峒	小沙江镇旺溪村
	刘家峒	麻塘山乡，青山乡

资料来源：摘自 1994 年版《隆回县志》。

有些学者认为，清政府在全国范围内所实行的这一系列地方自治的措施，其主要特点就在于："通过将地方自治机构纳入国家政权机构的组织体系，并使自治机构的负责人成为准政府机构的成员，达到国家政权机构的向下延伸，实现国家政权对乡村社会的完全控制。清代实行的乡村自治，实际上是皇权下的乡村自治，是皇权、族权和神权的结合，是保甲制与宗法制的结合。宗法制度是以血缘纽带连接的家庭社会，具有很强的继承性和凝聚力。当十分严密的保甲制度与这种宗法制结合在一起时，就能对农村社会施行教化、征收赋税、摊派徭役、征集兵丁、维持治安，以确保皇权统治在乡村社会的有效性。"① 但是对于花瑶民

---

① 傅伯言、汤乐毅、陈小青：《中国村官》，南方日报出版社 2001 年版，第 3 页。

族聚居的地区而言，峒、寨的设置和峒长、寨长的任命，实际上却起到了削弱皇权在地方上统治的效力。

从理论上说，掌管瑶山事务的"峒长"、"瑶总"由朝廷任命，对朝廷负责，受朝廷的制约。但是实际上，政府在任命这些"峒长"或"瑶总"时，仍然不得不听取地方的意见，而地方则往往倾向于推荐那些有能力对瑶山事务进行管理的人来担任这些职务，而这些人又往往不是寨主便是族长，这就造成了这样一种局面的出现：政府为了加强对瑶山控制而任命的"峒长"和"瑶总"，实际上却是朝廷对花瑶民族原有的"族长"、"寨主"所授予的一个官方称谓。这就在客观上赋予了花瑶人组织起来抵抗外来侵略的合法权威。因此，明清政府对花瑶民族所采取的控制措施并未取得预想中的效果。花瑶民族不仅没有臣服于中央政府的权威，反倒在面对这一权威的控制时经常进行抵抗。与朝廷进行对抗构成了清代以及之前的花瑶社会与国家之间关系的主旋律。在对花瑶民族的历史进行回顾时，我们经常可以听到很多有关他们与历代"朝廷"之间发生战争的事件。

在花瑶人的历史记忆中，有关朝廷对他们民族所进行的血腥镇压的传说，占据了极大一部分的内容。至今老人们仍在向我们讲述着有关他们的民族节日"讨念拜"、"讨僚皈"的来历。这两个节日的来历构成了他们对清朝以及之前的历代政府的基本态度与主要看法的基础。

据说虎形山乡水洞坪的"讨念拜"，主要是为了纪念明万历元年（1573）的一次血腥的杀戮。这一年，神宗皇帝遣兵数万余人镇压居住于溆浦、隆回地带的花瑶，历时三年六个月。官兵所到之处，烧杀掳掠，无所不为。但花瑶各姓人联合起来，在溆浦、邵阳的瑶山修建了以"歇官寨"① 为首的八大寨，共同对抗朝廷官兵的围剿。由于瑶族人体魄强健，善于奔走，而且对当地地形极其熟悉，因此明军想尽了各种办法，都难以攻破这八大寨。到第三年农历五月十五日夜晚，明军定下一计，将两百多只绵羊的尾巴上绑上灯笼，然后驱赶到位于歇官寨对面的

---

① 位于现在的虎形山乡水洞坪村。

香炉山上。瑶民生性喜欢热闹，又几年来没有过过节日，见到对面的灯笼，以为是在舞龙灯，男女老少就都涌到山头上去看，站岗的花瑶兵也一时忘了防守。明军则乘机从侧面偷袭，攻破了山寨，杀死瑶胞不计其数，当日该地血流成河。花瑶人遭此杀戮之后，幸存者四处逃散，大多躲入深山老林，以采食野菜、蕨根和打猎度日。直至明万历五年（1577）神宗才下令收兵。从此以后，歇官寨就改名为"血光寨"，以此来作为对这场大屠杀的纪念。在花瑶人的语言中间，"血光寨"叫做"昂浅"，意思就是"血流成河的地方"。① 花瑶祖先议定，自此以后每年的农历五月十五日至十七日，花瑶子民都要在血光寨举行集会，相互通报各家各姓所剩人口数目，并彼此之间交换信息，以便加强联盟，防止官兵对他们进行再度围剿。

在采访的时候，住在水洞坪一带的花瑶同胞们曾经带领我们到血光寨的遗址上去看了看。在穿越了大大小小的田地与曲曲折折的山路之后，我们来到了花瑶先民曾经血染瑶山的地方。血光寨所在的山头相对高度大概在 600 米左右，寨门向南，这一侧地势陡峭，攀爬不易，驻兵于此，正好易守难攻；而山麓北侧则地势平缓，据说当时花瑶人民便居住于这里一块叫做"本国胜"的地方。而"本国胜"再往北，则是悬崖峭壁，无法翻越。如今，岁月的风霜早已将原来位于八大寨之首的血光寨之上的屯兵建筑与驻兵痕迹洗刷得依稀难辨，然而在花瑶人的仔细指点之下，我们依然可以找到当时的血光寨战壕所在。战壕共有三层，环绕着整个山头而建，最低的一层距离山脚大概有两百米左右。另外两层由山脚向山顶依次递增，这三层战壕层层设防，互相呼应。站在最高的一层，视野陡然开阔，从这里站岗，可以清晰地看到方圆好几平方公里以内的情况。随行的花瑶同胞向我们解释，正是由于这样的地形地势，才使得血光寨能够位于八大寨之首，禁得住汉族官兵三年六个月的

---

① 实际上，在花瑶人中间，"昂浅"这一称谓比地方政府所划定的"虎形山乡水洞坪村"这样的称谓更具有代表性，在整个花瑶人中间传播得更为广泛。在整个瑶山，提到"水洞坪村"可能有些人还不知道，但是只要提到"昂浅"，却是人人皆知的。由此也可以看出这一事件在整个花瑶民族的历史记忆与现实生活中所占据的分量之大。

围攻。

血光寨遗址图示：

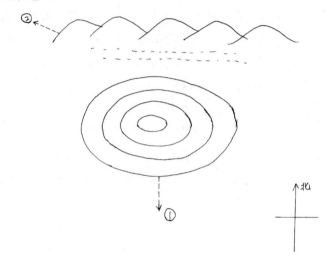

图片说明：①血光寨战壕遗址。
　　　　　　②本国胜（瑶民居住的地方，其后为一列大山）。

血光寨遗址引起了我们极大的兴趣。弗里德曼在对东南地区的汉人村落进行考察的时候，曾发现一个重要的现象，即：这些汉人村落并非是高度核心化的，而是错落有致地形成了一种防御性的聚落；而约翰·史卡斯（John Scarth）在考察 18 世纪中叶的潮州地区的时候，同样也发现了村落之间这样一种特别的现象：所有邻近的村落实际上长期处于一种无序的状态，村落、市镇和小村庄都被围墙所包围，有些村落之间的距离不及 1/4 英里，但却非常醒目地筑起了 16—20 英尺高的围墙。在他们看来，在对村落之间的关系和村落与国家之间的关系进行考察时，"这些尚武建筑的重要性，便更为清晰"。① 而从血光寨的地理位置及其建筑遗迹之"防御性"特点来看，我们也可以很清晰地判断出当

---

① ［美］莫里斯·弗里德曼：《中国东南的宗族组织》，刘晓春译，上海人民出版社 2000 年版，第 6—7 页。

时中央政府与花瑶民族之间紧张而激烈的对抗关系。这一遗址作为对他们口述历史与族谱记载的又一重要补充，成为我们考察花瑶民族与历代中央政府之间关系的一个有利的证据。

有关两次"讨僚畈"节日的来历也与汉族官兵对花瑶民族的屠杀相关。① 在花瑶人的语境中，"讨僚畈"（音译）的意思是"赶走凶恶的菩萨"，这一称谓本身就表现出了他们对汉族官兵以及历代汉族政府的看法——"凶恶而且需要予以驱逐"。另外有关花瑶在历史上受到官府严厉镇压的事件则数不胜数，有些在前文所提到的《雪峰瑶族诏文》与《奉氏族谱》当中也有记载。② 而且，在实际的采访过程中，几乎每到一处，都会有人向我们提到类似的事情。

对这样一段历史的难以忘却的记忆，是导致花瑶民族在相当长的一段时间内对汉人政府所持有的看法与态度之所以形成的主要因素。在他们的记忆中，花瑶曾是备受官府欺压的民族，他们所遭遇的又是一次又

---

① "讨僚畈"有两次。茅坳的那一次起源于元朝末年。据说当花瑶祖先还居住在江西吉安府田卢地带的时候，遭到了当地统治者的镇压。当时花瑶人四处逃窜，但仍被杀无数。有几十个孕妇行走不动，只好躲在黄瓜、白瓜藤下，但却由于连日的劳累和惊吓而早产，血流满地。追赶至此的官兵心有不忍，下令此地禁杀，才为他们留下了一点血脉。花瑶人因此便将黄瓜和白瓜看作自己的再生父母。又因当日为阴历七月初二，便下令子孙后代要过了此日才能吃食黄瓜和白瓜，"如有违者，子孙不昌"。并定于每年的农历七月初二至初四日举行集会，以示纪念。"讨僚畈"开始时在大托举行，但由于交通不便，清末才改在了茅坳。（详细的故事可参见田伏隆主编《湖南瑶族百年》，岳麓书社 2000 年版，第 226—228 页。）而在采访期间也获得了类似的口头资料。2004 年 8 月 3 日采访小沙江镇江边村禾梨树组的奉泽黄时最先听到这个故事。后来在江边村奉家院子的奉泽厂、旺溪村回家湾组的回云省、虎形山乡万贯冲村庙山组的奉道平和虎形山乡水洞坪村的奉族良那里也听到了这种较为系统的说法。小沙江的"讨僚畈"源于清雍正元年（1723），据说是因为汉族豪绅廖元翁垂涎麻峒花瑶回姓七姊妹的美色，率兵追赶，引起了回姓人的抵抗。廖元翁便上报官府，称瑶民造反。清政府派官兵前来镇压，在大沙江与花瑶大战一场，瑶民死伤甚众；退到小沙江一带后，清兵跟踪追杀，又小杀一场。后因溆浦花瑶的接应，才迫使清政府撤兵议和。瑶族为了纪念死伤的勇士，将两地命名为"大杀江"、"小杀江"，并定于每年农历七月初八至初十在小沙江街上举行集会，以作纪念。后来为了加强民族团结，这两个地方被改名为"大沙江"和"小沙江"。详细的故事也可参见田伏隆主编《湖南瑶族百年》，岳麓书社 2000 年版，第 226—228 页。

② 在这两份由花瑶人自己收藏的文字资料里，多处提到了汉族镇压花瑶人民，但"汉降瑶不降，男降女不降"的故事。

第一章　村落视野中的国家权力与地方传统

一次的血腥镇压与残酷驱逐。因此，他们对汉人政府怀有极度的排斥与不信任态度。这样的心理实际上在主宰着他们面对国家权力时所采取的行为与应对方式。在采访的过程中我们仍然能够察觉，直至今日，尽管影响花瑶民族的这种心理已经不再像以前那样强烈，但却依然留有痕迹。①

在吉登斯看来，"即便是在那些最传统的文化中，'传统'都通过反思而被利用，而且在某种意义上也'通过话语而被理解'。然而，在传统社会中，尤其是在小型的口承文化（oral culture）中，人们却并不是按照这样的方式来认知'传统'，这是因为一切均无法摆脱传统的影响，一切均无法与之对照。'历史'不是被理解为运用过去来动员未来的变迁，而是作为'可逆时间'的反复而存在的。一旦'历史'得以诞生，人类社会的存在条件亦便同时发生了意义深远的变化，自此之后，社会再生产的环境在致力于左右制度所采取的形式的过程中，也就自身通过反思而得以监控"。② 在实际的考察中我们得知，花瑶民族没有自己的文字，懂得汉字的人也只是极少数，在他们的世界里，传统的延续主要依靠祖祖辈辈口耳相传的传说与故事。在这一文明传承的过程中，关于瑶汉之间激烈的对抗关系的种种记忆，一直作为"可逆时间"的反复而存在；同时，这些记忆还构成了他们决定在现实生活中应该与政府保持何种关系、采取何种行为以及对未来情况应该如何进行判断的基本前提与重要组成部分。

有关历史记忆对于一个社区（或村庄）的运行方式所具有的影响力，在贺雪峰看来，"在传统乡村社会，村庄历史构成了村庄特性本

---

① 我们在 2004 年 8 月 2 日晚上对江边村麻坑组的花瑶进行采访时，该户一个过门大概已有三四年的年轻媳妇一直躲在桌子后面的阴影里沉默不语。有好几次我们都想和她进行交谈，但她似乎很害怕我们，甚至不敢正视我们。她的丈夫和婆婆向我们解释，这是因为从小就有人告诉她汉族人很坏、很可怕，见到花瑶就要殴打和欺负所导致的。虽然她已经在这里生活了几年，但是她一个人从来没有单独走进只有二十几步之遥的汉族人的地界。她的这种态度也深深地影响了她年幼的儿子对汉族人的印象与看法。

② ［英］安东尼·吉登斯：《民族—国家与暴力》，胡宗泽、赵力涛译，三联书店 1998 年版，第 12—13 页。

身，现在发生的所有事情，只不过是过去发生过的类似事情的重现与循环，社区生活中缺少新生的东西，也很少为新生事物留有生存空间。'老祖宗传下来的'，'过去就是如此这般的'思维成为习惯法的依据，也成为生活秩序中的合法性源泉。与这种'老祖宗传下来的'合法性相关，年纪越大经历的事情便越多，所具有的老祖宗传下来的经验便越多，也就越有权威，因此有所谓的'长老统治'"。① 同样，花瑶民族在长期的历史迁徙和与中央政府之间进行激烈对抗所形成的历史记忆，也逐渐沉淀为这一民族思维的基本出发点和生活秩序的合法性源泉，并将在花瑶人选择该如何应对未来的事件中起着十分关键的作用。

如上所述的有关花瑶与"朝廷"对抗的历史，构成了我们分析清末以及之前的国家权力对该民族所实际拥有的控制力的背景与基础。事实上，历代朝廷针对花瑶民族所进行的镇压和清剿活动，同在其他地区所采取的各种措施一样，多多少少表现出了在传统社会里，国家想要对自己疆域内的所有地区都能实现严密控制、建立一个"大一统帝国"的意图。然而，在这样一个前现代化的国家里，"由于国家控制的空间相对广袤，境内各地区文化的风俗差异较大，经济的发展颇不平衡"，② 这一意图在实际的操作层面上存在着许多难以克服的困难。从前文对花瑶民族生存的区域与村落背景的描述中我们可以得知，这一民族所居住的地区地理位置极为偏僻、交通状况非常不便，气候情况也极其恶劣，但是，只有在这样的地方，才能远离汉人居住的区域，逃出政府对他们的控制与镇压。他们对于居住与生活区域的选择，实际上就是建立在对政府与官兵的恐惧、敌视和躲避态度的基础上而被迫、无奈地作出的。③ 按照吉登斯的说法，这些区域正是传统国家的"次位聚落边陲"（secondary settlement frontiers），虽然位于国家的版图之内，但是中心区

---

① 贺雪峰：《乡村治理的社会基础》，中国社会科学出版社 2003 年版，第 149—150 页。

② 杨阳：《王权的图腾化——政教合一与中国社会》，浙江人民出版社 2000 年版，第 56 页。

③ 这些地区的原住民是花瑶。汉族人入住这些地区大概只有六七十年的时间，最长的也不过一百年左右。崇木凼地区的汉族是在新中国成立后才迁来的。

的政治权威仅能"波及或者只是脆弱地控制着这些地区"。① 在这些区域，清末以及之前的传统国家所采取的对花瑶社会进行控制的手段（主要表现为出兵进行镇压与清剿），并没有取得预期的效果。因此，在相当长的一段时期内，政府实际上只能默认该民族这样一种自在的生存状态的存在，并且逐渐形成了如下一种并非情愿的态度，即：只要他们不起兵闹事，不对政府的存在与权威构成影响，他们可以选择自己的生活方式，成为相对独立于国家权力控制体系之外的一个亚群体。②

这样，花瑶民族便居住在远离汉族人及其政府的"次位聚落边陲"里，过上了一种"天高皇帝远"的相对自在的生活。在他们的世界里，影响与控制他们生活的，并非国家权力，而是他们祖祖辈辈在这样的环境中逐渐形成的赖以维持生活的地方传统。

（二）宗族、族长与族规——这一时期花瑶社会的地方传统

在清末以前，在那些远离汉人政府的偏远山区里，花瑶人过上了属于自己民族独特的、并且基本上不受外来权威干扰与影响的生活。然而，秩序的获得依然需要权威，对于花瑶人来说，这个权威首先就是宗族。宗族的势力成为了这一时期主宰与控制花瑶社会的最重要的力量：宗族保有自己的祠堂，要组织族人进行集体祭祀，并负责安排婚姻、丧葬等重大的人生仪式；而且还要组织生产，以满足族内成员的生存之需；还需处理成员之间的纠纷，以便能在族内维持起码的法律和秩序；当遇到外来侵略的时候，还要组织族人进行抵抗和防御……实际上，在宗族势力的影响与干预下，花瑶民族逐渐形成的特别的历史记忆、血缘

---

① ［英］安东尼·吉登斯：《民族—国家与暴力》，胡宗泽、赵力涛译，三联书店1998年版，第60页。

② 有学者认为，实际上"清代，地方政治制度的基本事实是，在成文制度方面，国家行政权力的边陲是县级；县以下实行以代表皇权的保甲制度为载体，以体现族权的宗族组织为基础，以拥有绅权的士绅为纽带而建立起来的乡村自治政治"。（参见于建嵘《岳村政治——转型期中国乡村政治结构的变迁》，商务印书馆2001年版，第52页。）对于花瑶社会来说，以族长为核心的宗族权力，实际上成为了主宰他们这一社会日常生活和重大事宜的决定性力量。

关系、信仰方式、祭祀习惯、生产方式、人际关系以及交往形式等等，已经成为了这一时期内统领花瑶社会精神生活与物质生产等各个社会层面的民族文化与地方传统，并逐渐在花瑶人未来的思维习惯和生活方式中起到了相当重要的作用。

同汉族一样，花瑶民族的宗族，其外在的表现形式也是姓氏，在他们看来，他们虽然都是花瑶人，都讲唔奈语，但是，同一姓氏的人是由同一个祖宗传下来的，在血缘上具有更强的同一性。[①] 因此，在这个民族的内部，实际上就形成了以血缘关系（姓氏）为基础的几个大的宗族。每年清明节前后，各个姓氏（或同一姓氏内分属不同房支）的人往往都要召开"通族会"，其功能与汉族的"祠堂"基本相同，即将全族的男子聚集在一起，一同祭拜本族的祖先，在这之后，还要再次公开地讲述该族迁徙的历史与发展壮大的过程。[②] 这一做法是在本族人中间增强"一家人"之强烈信念的极为有效的手段。年幼的男孩也要随长辈一起出席，以便使同族的人相互之间更加熟悉，而且，这还为这些小孩能够亲身感受这种亲缘关系提供了机会。同时，各家还要在会上汇报这一年以来自家人口的增减状况，这可以使族内的人对本族的情况更加了解，从而在族内塑造出一种"大家族"的繁荣景象。

在重大的人生礼仪上，宗族也扮演着相当关键的角色。除了每年在通族会上要由族长主持、在同族人中间共同开展对已逝历代祖先的缅怀与祭奠活动之外，如果遇到有人新近去世，负责安排葬礼、主持整个下葬过程的，除了这位死者的直系子孙之外，还包括所有同族的家庭和有姻亲关系的家庭所派的代表，有时甚至是全家的成员。在丧葬和祭祀的过程中还必须遵守一整套完整的礼仪，包括进行传统的

---

①　因此，在花瑶民族内部，坚决持有"同姓不婚"的观念。但是，在人口较多的姓氏里，则又会根据血缘的远近而分为许多小的支派（如奉姓就分为三派和五派），这些小的支派分属于各房，彼此之间较为独立。

②　有时候是各个支派自己召开，以免人口太多，聚集不易。沈姓的人告诉我们，他们虽然不召开"通族会"，但是也要在这一时节举行聚会，其目的和任务与"通族会"基本上一样。

"瘳觋"、"送卯"① 活动，等等。而在为新成员出生所举行的庆祝仪式"打三朝"上，② 远近的族人以及不属于该族的其他各姓花瑶都会从各个村落赶来，欢聚在一起，除了向主人表示庆贺、对婴儿给予祝福之外，还要举行维持两天三夜的盛大的对歌会——"夜诎"（音译）。在对歌会上，熟悉的人一叙别离之情；陌生的年轻男女则通过夜诎开始互相了解，并为日后的交往奠定基础，而在一次"打三朝"的时间内就结成姻缘的也不乏例证。到了瑶家举行婚礼的这一天，整个瑶山都会弥漫着一种喜庆的气氛：同族所有的女子都将身着艳丽的挑花裙，陪伴着新娘浩浩荡荡地从娘家出发，一路走到新郎家去。这一队伍往往会绵延数里，其景象蔚为大观。在新娘踏进新郎的家门之前，在族里享有崇高威望的长者（往往也是能说会道的人）还要唱起世代相传的古老瑶歌，借此向新娘嘱咐各种注意事项，包括要孝敬父母、尊敬长辈、搞好妯娌关系，等等。这些仪式也是花瑶最古老的习俗之一。

在一个人生命中最重要的这些日子里，宗族遵守着据说是老祖宗从湖南洪江（大概在明朝初年）的时候就传下来的这一整套礼仪，并通过各种各样的方式，将全族人的生活、交往和情感紧密地联系在一起。

族谱的编修也在清末开始出现。咸丰年间花瑶民族中间出了一名秀才奉德芳，他在父亲奉成美的带领下与族人一起完成了到他为止已有十六代人的奉姓五派族谱的编纂工作。直至他的太祖父这一辈之前，由于文化水平较低的缘故，花瑶人还没有像汉族人一样，能将名字中第二个字形成一个较为统一的标准，而是都叫做"丫"某（如："沈丫当"），这就不能使他们只是凭借名字本身就能判断出这个人在族里的辈分。为了改变这种状况，奉德芳和族人在经过充分的协商以后，为奉姓五派的

---

① "瘳觋"是花瑶民族特别的带有巫术与宗教双重性质的活动。适用于许多场合，此时举行的目的是安置亡魂和向子孙交代身后事宜。有关"瘳觋"的详细研究状况可参见本书第四章。

② 在花瑶民族中，在孩子出生的第三天会举办一场盛大的庆祝活动。一般情况下，直到这一天，孩子的母亲才接到娘家所给的嫁妆，才被认为是丈夫家的正式成员。

人确定了这样的排行："光世成德泽，锡祚兆祯祥，忠厚传家久，文章华国长。"① 其他姓氏的人大概也在这一时期开始拟订包含了名字排行的诗句。编修族谱和拟订辈分诗句的这些做法有助于在族内形成明确的辈分概念，这不仅能够在他们民族的内部加强亲缘上的联系，而且也在同族人中间明确确立了由族谱上记载的辈分所规定的权威。对于花瑶人来说，这一权威，不仅是写在族谱上的简单的文字，更重要的是，需要他们在日常的生活中坚定地予以执行与体现。

以上所提到的种种做法使得宗族更多地体现为血缘的聚集体，多少带有一点"象征性"的意味。论说至此，我们可以看出，花瑶民族的宗族，也有些类似于汉人的家族，在很大程度上是"家庭之上的'虚体'或纯粹的意识形态和认同感"。② 但是，对于花瑶来说，宗族的意义不仅仅在于"纯粹的意识形态和认同感"，还具有组织生产、维持生活的经济功能，以及在族内维持基本的法律与秩序的政治功能，并在此基础上形成了一整套固定的人际关系、交往方式以及制度、权威体系。

在研究宗族与村落之间的关系时，许多人类学家注意到，相当多的汉人居住的村落具有这样一种特点，即宗族与村落实际上出现了部分重叠或者完全的重合。③ 花瑶民族在这方面也与汉人非常类似，大多数村落居住的都是同一族的人，例如：小沙江镇旺溪村的回家湾组为回姓聚居地，虎形山乡的崇木凼村是沈姓花瑶的聚居地。在这两个地方，除了嫁入的外姓女子之外，基本上没有外姓人居住。④ 如果同族的人口太

---

① 这一首记录辈分排行的小诗，除了记录在族谱中之外，《雪峰瑶族诏文》中也记载。而奉姓五派的人，无论男女老少，都对这首小诗耳熟能详。

② 王铭铭：《村落视眼中的文化与权力——闽台三村五论》，三联书店1997年版，第86—87页。

③ 胡先缙在考察华中和东南地区的时候发现，在这些地区，"许多村落完全由单姓人居住，或者占绝大部分"。而陈翰笙发现，在广东地区，通常一个村落居住的是一个宗族，"即使不止一个宗族，但是每一个宗族都明显地占据着村落的一部分；几乎没有杂居的近邻"。参见王铭铭《村落视眼中的文化与权力——闽台三村五论》，三联书店1997年版，第2页。

④ 由于花瑶民族也是父系社会，女子出嫁之后搬到夫家居住，因此，对村落家族居住情况的判断应该以男性的姓氏为主。

多，则是血缘关系上更为亲近的人居住在一起，如：奉姓花瑶分属于同一个祖宗的两个儿子的后代（他们称之为"五派"和"三派"）分别聚居于虎形山乡水洞坪村的老山组一带和现在的虎形山乡政府所在地一带。另外，有时候在同一个村落里也会出现好几个姓氏，但这样的村落要么就是以一个姓氏为主，要么就会在内部形成大杂居、小聚居的状况，前者如虎形山乡的岩儿塘，① 后者如虎形山乡青山坳村的梓树组。

由于花瑶民族在事实上是同族（同姓）的人居住在一起，因此，同族的人除了具有血缘上的同一关系之外，在日常的生活中，他们彼此之间还自然而然地形成了广泛而深入的合作关系。前文中我们曾经谈到，由于地理与气候的双重因素，单纯从事农业生产并不足以提供花瑶民族维持日常生活所需的全部物品。在清末以及之前的传统社会里，所有的家庭都不得不依靠狩猎所获的猎物来度过一年中相当长的一部分时间。长期的狩猎生活不仅令他们形成了一整套行之有效的狩猎方法与习俗，更为重要的是，这对他们的社会关系与社会组织的形成也产生了相当重要的影响。

打猎的时间主要集中在秋冬两季，② 猎物主要为野猪、豹子和老虎之类的大动物。在打猎时，全族的男子必须一起出动，采用的是围猎的方式，并且分工明确：围猎开始之前，年长和年幼的人将由一个事先选定的有经验的人指挥，自动地在猎区围成一圈，待到其他的人发现猎物的踪迹之后就齐声吆喝，目的在于使其受到惊吓，四处奔窜。而年轻并且善于奔走的人则要在首领的带领下予以追踪捕猎。每次打猎完毕，所有参与的人都会分到一定的猎物。③ 当然，也有零星的狩猎活动，一般

---

① 该村尽管有奉、沈、回、刘等几个姓氏，但在成年男性中占据绝大多数的人都为杨姓，是杨姓花瑶的聚居地。

② 原因在于这一时节山上的树叶都掉光了，视野比较开阔，如果下了雪，则更容易寻找到猎物的足迹。

③ 在《新化县志》中，就对花瑶人这种打猎的习俗进行了记载："捕获猎物，开头铳的得双份，其他人均得一份，即使是小孩持木棒吆喝，也不例外。"参见《新化县志》，第990页。

不需要全族人一起出动，但是猎物主要限于山鸡、兔子之类的小动物，尽管单独一个人进行也会有所收获，但往往只能占到较少的比例，而且效率也不高，难以满足每家每户维持大半年的生活对食物的需求量，所以并不普遍。全族青年男子一起出动是他们能够捕获大量猎物的主要方式。

花瑶人也曾多次向我们提到这种共同的狩猎方式在他们整个生活中所占据的地位。[①] 生存的现实条件要求花瑶人民彼此之间互相配合，互相协作，以便能够获取生活的基本必需品。长此以往，他们之间便形成了一种较为紧密的"共生"关系，这种"共生"的生存方式又导致了一种特殊合作圈的形成。事实上，在上文中我们已经提到，由于他们总是同姓的人共同居住在同一个村落里，因此，共同盘山打猎所形成的合作圈便自然地与地域和血缘的共同体——宗族相重合。这样，宗族便在客观上具有了相当重要的经济功能。对于花瑶人来说，宗族不仅具有血缘上的象征意义，而且，实际上还是该民族在长期艰苦生活中所形成的经济共同体。这二者之间的关系，并非一个决定另一个，而是与许多汉人的宗族所具有的双重意义之间的相互关系一样，是"互相包容，形成一个复合整体"。[②] 合作圈内的互助主要就表现为族内互助，而控制这个合作圈的权威体系实际上就是传统的宗族势力。在这个合作圈（也就是宗族范围）内，个人的权威往往与其能力、威望直接联系在一起。

在对家族活动的研究中，"社会学经常关注的是'日常生活中的家

[①] 在花瑶民族生活的许多方面都可以看出花瑶祖先这种生活方式的痕迹。定亲、结婚以及"打三朝"（孩子出生三天时所举行的庆祝仪式）时都要用到雄鸡或者猪头，在他们的神龛上也时常可以看见粘着几根鸡毛的鸡血的印迹。而在花瑶民族的宗教仪式——"瘕飯"中，狩猎的生活方式在他们的生活中所占据的地位则表现得更加明显：当他们要学习法术拜师父（巴梅）以及学成师满的时候，雄鸡或者猪头都是拜师与谢师的必需品；在施法的过程中，巴梅也必须将这几种东西作为祭品供奉给自己的历代师父，以便促使他们帮助自己实现作法的目的。而在去世的花瑶下葬之时，也需要在坟头宰杀一只雄鸡作为祭祀用品。实际上，这种对活的带有毛血的献祭品和献祭方式的钟情应该就是长期狩猎生活经历所遗留下来的习俗。

[②] 王铭铭：《村落视眼中的文化与权力——闽台三村五论》，三联书店1997年版，第86—87页。

族'和'事件中的家族'。将家族活动分作这样两块并在时间上作出相应区分以将'事件'时间从日常生活中剥离出来，是因为在事件中能清楚凸显家族成员内部的关系与家族和外界的社会关系的真实情况，看到家族成员是如何被动员起来，家族意识如何指引着人们的行动"①。因此，我们将把对家族活动这一内容的研究分别放在花瑶民族的"事件时间"和"日常时间"中予以探讨。

在花瑶各个姓氏的宗族里，族长拥有着相当大的权威。在这一时期内族长是世袭的还是由民间选举而产生，我们在包括族谱在内的各类文字资料中都没有看到相关的记录。但是，在花瑶人的记忆中，族长是由全族人公开推举而产生的，选举的依据是才能、威望以及此人在族内的辈分。同时，对于宗教仪式和宗教知识的掌握程度也是决定一个人在族内所拥有地位的极为关键的一个因素。花瑶人对于本民族那套特殊的宗教仪式——"瘟飯"极为相信，因此，也将具有施行这套宗教仪式之能力和资格的法师"巴梅"（音译）奉若神明。事实上，在这一阶段里，有许多族长本人就是颇具法力的"巴梅"，②这便在很大程度上加强了族长的权威与合法性，使得他们在对本族事务进行处理时，基本上不会遇到质疑与挑战。以上这些因素也是族长在对族内事务进行处理时所能凭借的重要资源。③在花瑶人看来，选举有才能的人当族长，能够给整个家族带来好处，使整个宗族更加兴旺。这一看法也决定了在各姓花瑶的宗族中，族长将具有至高无上并且不可动摇的权威。

在重大的历史事件中，族长要作出最高的也是最后的决策，并带领全族的人为实现预定目标而共同努力。奉姓花瑶有许多人都曾向我们提到，在前文所提到的血光寨战役中，他们的女族长奉姐率领着全族的人

---

① 杨善华、刘小京：《近期中国农村家族研究的若干理论问题——一个社会学的视角》，载《中国社会学年鉴（1999—2002）》，社会科学文献出版社 2004 年版，第 211 页。

② 族长与巴梅身份合一的人，如在血光寨指挥族人抵抗汉族官兵入侵的奉姓女族长奉姐。据说每次打仗之前，她都会进行瘟飯和算讲（类似于汉族人的占卜），以此来预测战争结果，并作出详细的规划和部署。花瑶人普遍相信，正是她所拥有的高强法力，使她能以女子身份位列八大寨寨主之首。

③ 2004 年 10 月 5 日在虎形山乡崇木凼村采访沈诗永老人时得知。

一起驻守寨子达三年六个月之久。在这三年六个月的时间里，她不仅要安排与抵抗汉族官兵有关的战事，还要组织躲在寨子里面的百姓进行生产，同时还得同其他各姓花瑶同胞所立的七个寨子的首领保持紧密的联系。忙碌辛苦的生活曾令这位在花瑶历史中留下深刻印记的杰出的女族长对自己民族的未来产生了深深的担忧与焦虑，至今我们仍然可以看到，在血光寨战壕边的一块巨石上，还留有她坐过的痕迹。据说每当战事不紧的时候，她便坐在这里，一边绣着瑶家女子每日身着的挑花裙，一边观察着寨子外面的动静，一边守望着不远处自己同族人的生产与生活。时间久了，她便在石头上留下了两个深坑。另外，沈姓、杨姓等姓的花瑶也曾向我们提到，作为其余七大寨寨主而带领各姓花瑶抵抗汉族官兵入侵的，也是他们各姓的族长。① 在这段花瑶民族历史中最悲惨的岁月里，是族长在全权处理着全族的事务，并带领着全族的人共同应对汉族官兵的围剿与镇压。在他们看来，这几位伟大的族长不仅是他们民族事务的领导者，而且也是保存了他们民族血脉的杰出的精神领袖。如今，奉姓和其他各姓的花瑶在谈到包括奉姐在内的各位族长的时候，仍然表现出了对她（他）们相当的崇敬与深远的怀念之情。

　　除了这段特殊的日子之外，在对日常事务的处理中，族长也具有着相当的权威。在这类事情中，族长的权威是有传统的，即：他是按照祖先传下来的那套固定的族法族规来决定如何处理族内事务。在通族会上，除了要开展祭祖、上坟、回忆历史以及维系感情上的紧密联系等"象征性"的活动之外，还将由族长主持进行一项重要的活动：宣讲族法族规，并对这一年之内违反这些规矩的人予以惩罚。那些不孝敬父母的人、有偷盗行为的人、未婚先孕的女子以及犯有其他族规所禁止的错

---

　　① 据说刘姓花瑶基本上没有参与过这几场与汉族官兵的战争。原因在于当时刘姓的族长很有谋略，及早就预见到了官府会对花瑶人进行镇压，因此，很早之前就将刘姓的人分散到各地，每十里地就有一户，号称"十里不断刘"，相当于每十里就有一个哨所，彼此之间互相通报，互相联络。族长的这一做法使得该姓的花瑶能够有效逃避战乱。由此也可以看出当时族长的号召力与影响力之大。包括小沙江镇刘庆生在内的许多花瑶都曾向我们提到过这位刘姓族长及其"十里不断刘"策略所带来的影响。

41

第一章　村落视野中的国家权力与地方传统

误的人都将在全族人面前公开地接受各种形式的惩罚。惩罚的方式包括：将犯错之人扣在大木桶里不许吃饭、画地为牢不许离开、长时间地顶着水碗跪在地上且不许将水洒出来，等等。有些错误虽然严重，但并非不可原谅，惩罚的目的在于令其改悔，从而在全族人中间形成这样一种信念：应该在族内保持上慈下孝的家庭关系以及互相帮助、团结一致的内部成员关系。但是，有些错误则被认为是不可饶恕的，其中，与汉族通婚就是一种。在花瑶民族内部，这是无需多说的规矩，也是严格的禁忌。在他们看来，汉族人是自己民族的仇敌，与自己的仇人通婚是对自己祖先和族人的背叛，将会为整个民族带来更多的灾难。因此，不怕违背族人意志、损害族人利益而坚持要与汉族通婚的人将会接受最严厉的惩罚：被活埋或者淹死。有些地方虽然不采取这种从肉体上进行消灭的惩罚形式，但是，这些人也会被彻底地赶出瑶山，终身不再被认为是花瑶族人。这是从精神上对这些人予以消灭的极其严厉的惩罚。这一决策将由族长最终作出，而在其家长或者族长本人的指挥下当着全族人的面公开执行，以儆效尤。

在花瑶内部，绝大多数的族规是没有文字表述的，只是一些口头的规定。但是，在实地调查的过程中，我们在小沙江镇江边村麻坑组的奉家院子（瑶族）与黄家院子（汉族）的交界处，看到了花瑶民族用文字记录下来的一些规定。这些规定被刻在了村口的一块石碑上，抬头写着"永远禁碑"几个大字，碑文具体内容如下：

> 盖闻朝廷有律例，乡党有禁条，不加团规，人心不一。且地界邵溆，瑶汉同居，耕田种土，勤劳度日。迩来习俗伦薄，往来人等，同顾地方，无端骚扰，侵削元气，良儒难安。是以阁（团）集议，互相劝诫，奉宁示谕刊碑约禁于后，小（罪）公同重罚，大则鸣关（注：应该是"官"）上究治：
>
> 　一禁打牌押宝　　一禁行强等项
> 　一禁窝贼窝赃　　一禁纵放兹牲
> 　一禁面生歹人　　一禁勾役索诈

一禁游食强丐　　一禁田禾山墦
一禁否匪游棍　　一禁斗秤公平
……
皇上宣统元年冬月麻坑阁团会仝立①

永远禁碑

盖闻朝廷有律例乡党有禁条不加团规人心不一且地
界邵漤瑶汉同居耕田种土勤劳度日迩来习俗伦薄往来
人等同顾地方无端骚扰侵削元气良儒难安是以阖
互相劝诚奉宁示谕刊碑约禁于后小
关上究治

一禁打牌押宝　　一禁行强等项
一禁窝贼窝赃　　一禁纵放兹牲
一禁面生歹人　　一禁勾役索诈
一禁游食强丐　　一禁田禾山墦
一禁否匪游棍　　一禁斗秤公平

⊙公同重罚大则鸣　⊙集议

奉成保　奉成香　奉成陆　回个⊙

皇上宣统元年冬月麻坑阁团仝立

另外，在虎形山乡的崇木凼村，我们也发现了一块带有这样一种乡规民约意义的禁碑，具体的内容是禁止砍伐古树与捡柴烧灰，结尾之处这样写道："倘有不遵者，一经拿获，送（官）上究治，决不容情。"

---

① 由于年代久远，碑上有几处缺损，以至于具体的字迹难以辨认。括号内的文字以及标点为笔者根据上下文的意思所加。"⊙"为根据上下文也难以判断之字。

永　远　蓄　禁

祖茔重地禁止不许开砍捡烧
灰此系大典亦系仁人孝子所
函严者也倘有不遵者一经拿
获送上究治决不容情

沈开当公　牧晚公
男香保公　后裔
明进兄弟叔侄
明富兄弟叔侄
明光兄弟
明伯兄弟叔侄
明士兄弟叔侄
明德　家
明作成元兄弟
明九明寅
生　步琳
步芹
立

光绪九年腊月二十八日

从上面两块碑文中我们可以看到这样的文字："小（罪）公同重罚，大则鸣关（官）上究治"、"送（官）上究治，决不容情"。这两句话翻译成现代文之后意思大致就是"小的错误将在族内公开予以惩罚，大罪则要送到官府予以惩治，决不留情"。从这里我们可以发现，似乎在花瑶民族之上又出现了一股不同于宗族的势力——官府。但是，花瑶人告诉我们，虽然这上面写着重罪要送交官府查办，事实上却从来没有出现过这种情况，都是在族内予以解决。他们还特别向我们讲述了这样一件事情以作例证：光绪八年，大雪压倒了崇木凼的几棵古树，当时这里恰是沈姓祖坟所在。按照族规，祖坟上的古树归全族人所共有，除了于清明节集体祭祀完毕之后可以捡些树枝用于为参与祭祀的人烧火做饭之外，私人不得砍伐，也不得从树下捡柴。但沈姓仍有三人私下里将这些树枝捡了回去。对于花瑶人来说，古树和祖坟是绝对不能冒犯的，因为他们代表着整个宗族的龙脉与气运，因此，这三个人所犯的是极其严重的罪行，必须予以严惩。但是，他们并未像禁碑上所规定的那样被押送到官府，由"官上究治"，而是在族内由族长带领着族人，按照族规对其进行了处罚。①

有关族长、寨主等花瑶民族内部首领在处理本民族事务中所具有的权力，我们在道光年间修订的《宝庆府志》中还看到了这样的记载："至苗瑶命盗案件，向不与内地同。嗣后图财谋命及苗人与军人交涉，仍按律例究。拟户、婚、田产、偷窃并雀角纷争、一时斗殴伤杀人命者，按苗例见报道官，责成该寨头、甲长人等秉公理谕，其愿按苗例定结者，当官赔价清楚，仍取其息结，遵依存案。"② 这是我们从官方文献中找到的中央政府对这些族内权威公开赋予权力的记载，也恰恰证明了花瑶社会中官方权威之外的另一股地方势力之存在的合法性来源。

除了族长之外，还有一些人也具有相当的权威，这主要包括族内的长者、各家的家长以及有能力的人。许多重大的决策虽然是由族长最终作出的，但是族长仍然会和他们一道，事先进行共同的协商，以制定出较为符合全族人"公益"的政策。花瑶人多次向我们强调，族长的统治靠的是说服及其在族内的威望。费孝通先生在论述乡土中国的权力结构时提到了"横暴权力"、"同意权力"和"教化权力"三个概念，并认为"中国传统的农业经济，不足以提供横暴型政治所需要的大量资源，因此封建帝王通常采用'无为而治'来平天下，让乡土社会自己用社区的契约和教化进行社会的平衡，从而造成农村社会'长老统治'的局面"。③ 事实上，花瑶民族内部也形成了这样一个由族长以及族内有威望的人共同组成的"长老团体"，凭借着个人才能、个人魅力所拥有的"同意权力"以及传统、习俗、乡规民约所赋予的"教化权力"

① 该事例于 2004 年 10 月 7 日由崇木凼的沈德炉向我们提供。
② 道光《宝庆府志》卷 5《大政记》，清道光二十九年刻本。
③ "'横暴权力'概指利用暴力进行自上而下的不民主的、威吓性统治的力量；'同意权力'指在社会中经由默认、契约、退让而形成的力量；'教化权力'指通过文化的传承和传统的限制所造成的力量和社会支配。"转引自王铭铭《村落视眼中的文化与权力——闽台三村五论》，三联书店 1997 年版，第 77 页。

而实行着对这一社会的控制与管理。

关于传统国家里汉人居住区域的地方自治状况，西方学者持有这样一个观点："清朝以前很久，一种理性的官僚制形式就已使所有行政运作整齐划一，取代了地方上的独特做法并彻底排除了地方自治的一切权力。"① 但这一观点却不能适用于整个花瑶社会的状况。花瑶人居住在远离汉人朝廷的"次位聚落边陲"里，既不用对朝廷承担纳税和服兵役的义务，也不受朝廷的控制与制约，② 而是在以族长为核心的长老团体的带领下，过着一种"地方自治"式的自在生活。

在以上这一节的内容中，我们详细考察了清末以来国家权力试图对花瑶社会进行控制的努力及其结果，并得出如下结论：尽管政府曾采取了种种手段，包括残酷的围剿与镇压，以便能够实现对花瑶社会全面的控制，但是，国家权力在对这一社会进行渗透的过程中，实际上遇到了相当大的阻力。作为对边远山区这样一股顽强坚韧的乡村势力的妥协，传统国家不得不默认这一并未对其统治构成挑战的相对独立的地方势力的存在。同汉族地区的状况一样，尽管"从政府的意识形态看，明清时期宗法制度的民间化是为了延伸中央集权对于民间社会的控制，但是，这一政策的客观结果，是导致民间社会（如乡族组织）的大量发展与势力延伸，从而削弱了中央集权在地方上的势力"。③ 主宰花瑶民族乡村社会生活的，不是国家权力，而是在宗族势力影响下所形成的固有的地方传统。这一地方传统的内容主要包括：血缘纽带、族内互助的经济关系、特殊的信仰、祭祀方式、人与人之间特殊的合作—亲缘关系

---

① ［美］吉尔伯特·罗兹曼主编：《中国的现代化》，"比较现代化"课题组译，江苏人民出版社 1988 年版，第 78 页。

② 花瑶人告诉我们，在清朝以及之前的历朝历代，他们既不向朝廷纳税，也不服兵役。有些花瑶人还告诉我们，他们的祖先也是"莫徭"的一支。关于莫徭的状况，在《南史》卷五十六《张缵传》中还有这样的记载："州界零陵、衡阳等郡，有莫徭蛮者，依山险为居，历政不宾服，因此向化。"（转引自徐祖祥《瑶族文化史》，云南民族出版社 2001 年版，第 2—3 页。）对于花瑶人来说，他们与朝廷的关系，主要表现为相互对抗的紧张关系。

③ 王铭铭：《村落视眼中的文化与权力——闽台三村五论》，三联书店 1997 年版，第 42 页。

以及以族长为核心的"长老政治"，等等，而且，这一地方传统，还将在未来的生活中继续起到极为重要的作用。

五　1911—1949 年间国家权力的渗透
与该社会的地方传统

（一）行政建制之变革与保甲制的实行——国家对花瑶社会的控制

在上一节中我们已经提到，虽然清朝政府采取了许多措施，意欲实现对花瑶的全面控制，但实际上并未取得预想中的效果。在晚清时期，隆回还没有建县，分属于邵阳、武冈、新化县境。花瑶民族所居住的这些地处帝国"次位聚落边陲"的地方，大多属于当时的邵阳县管辖，被划分为包括鱼鳞峒、麻坑峒、暗溪峒、马蝗峒等在内的 16 瑶峒。当时，清政府在全国范围内的地方建制主要为：省下设府和直隶州，府、州下设县和散州，州、县是最小的行政单位。① 而在市镇关隘，距离县城较远的地方，则设置巡检进行管理。② 据相关学者考据，"清代地方行政官员平均每县五名，但他们所辖县的平均人口却由（明代的）10 万增加到 25 万"，③ 因此，仅仅凭借几个地方行政官员之力，根本无法实现对其所辖区域的严密控制。同样，花瑶民族所居住的这 16 瑶峒，虽然被纳入了帝国的行政区划，但因处于偏僻之地，国家权力鞭长莫及，对其内部事务几乎不能进行干预，他们在实际上基本处于宗族自治、族务自理的放任自流的状态。

中华民国于 1911 年成立以后，加大了对广大乡村社会的控制力。民国初年，其在对地方进行治理的方法选择上基本是遵循孙中山先生的

---

① 刁田丁主编：《中国地方国家机构概要》，法律出版社 1989 年版，第 9 页。

② 巡检："官名。宋置，掌训练甲兵，巡逻州邑，擒获盗贼之事；所辖为沿边沿溪或沿江沿海要害之地，或数州数县，或一州一县。明清之世，凡市镇关隘，距县城远者，多设巡检分治之。"参见辞海编辑委员会编《辞海》，中华书局 1981 年版，第 998 页。

③ ［美］吉尔伯特·罗兹曼主编：《中国的现代化》，"比较现代化"课题组译，江苏人民出版社 1988 年版，第 81 页。

遗愿,实行"地方自治"。在孙中山看来,"国家之治,原因于地方,深望以后对于地方自治之组织,力为提倡赞助。地方自治之制既已发达,则一省之政治遂于此进步,推之国家亦然"。① 而蒋介石在 1929 年内政部第一期民政会议上也曾这样说道:"地方自治,治无由美备,而训政设施,亦感困难。"② 这些观点就在实际上为乡村社会实现"地方自治"这一治理形式赋予了合法性的权威。而且,由于这段时期内军阀混战连绵,国民革命不断,政府实际上根本无暇关注地方事务,对于地处偏远山区的花瑶民族来说,民国政府则更是允许了其地方长期以来所形成的以族长为核心的"长老政治"的存在。这样,在民国初年,花瑶民族所居住的地区行政建制仍然沿用旧制,虽然名义上属于 16 峒的管辖,但实际上仍是以宗族权力作为地方的主宰势力,地方传统也没有发生根本性的变化。

然而,接下来所发生的一系列事件促使该地行政建制发生了改变,保甲制逐渐建立起来。1925 年罗卓云在隆回县境内建立了第一个党小组"中共司门前党支部",并发展了一大批党员。随后还在全县范围内成立了农民协会 150 多个,农民协会会员达到了 29800 余人,并开展了减租减息、废除苛捐杂税等一系列声势浩大的农民运动。而在 1927 年 4 月 18 日,滩头区农协和纸业工会甚至发动了农民自卫军千余人,攻打了当地土豪陈和春,没收了陈家财产,开仓济贫……这一系列的政治运动在事实上危及到了国民党政府在隆回县的统治,促使其不得不对该地采取激烈的镇压措施:1927 年 6 月,在国民党军队周磐部下任营长的陈光中率部攻入宝庆城,疯狂追捕、残酷屠杀共产党人,并在隆回县乡下开展了规模极大的"清乡清党"运动。③ 这几年之内隆回县的政治斗争状况促使国民政府产生了废除该地的"地方自治",转而实行"保

---

① 孙中山:《地方自治与责任心》,转引自曹成建《二十世纪二十至四十年代国统区地方自治与县政改革考察》,国家图书馆博士论文文库,2001/k26/21。

② 内政部第一期民政会议秘书处:《内政部第一期民政会议纪要》,转引自李德芳《民国乡村自治问题》,人民出版社 2001 年版,第 136 页。

③ 隆回县志编纂委员会编:《隆回县志》,中国城市出版社 1994 年版,第 363—364 页。

甲制"，以便对这一区域实现更为严密的控制的决心。

　　1947 年 8 月 1 日，政府析邵阳西部的 8 乡 1 镇置隆回县，并将其划分为兴隆乡、隆中乡、隆治乡等 8 个乡和桃洪镇 1 个镇。当时，全国范围内的行政区划和行政建制，大体上是省、道（专区）、县三级制或省、县、区、乡四级制。① 1946 年民国政府颁布了《县各级组织纲要》，对县以下行政机构的设置作出了这样的规定："县以下为乡（镇），乡（镇）内之编制为保甲。县之面积过大或有特殊情形者，得分区设署……县为法人，乡（镇）为法人。"② 这一规定，将乡镇纳入到了国家正式的行政区划的范围之内。③ 同时，这一规定还要求乡（镇）设置下属组织——"保"和"甲"，在乡镇的范围内，实行普遍的"保甲制"："县为地方自治单位……至地方下层组织则定乡（镇）为县以下基本的单位，保或村街为乡（镇）的细胞组织……"④ "乡（镇）之划分，以十保为原则，不得少于六保，多于十五保……保之编制，以十甲为原则，不得少于六甲，多于十五甲。"⑤

　　按照南京国民政府的设计，保、甲实际上是政府实现其统治的最基层的"细胞组织"，由一个保或者几个保联合起来"设立学校、合作社及仓储等机关"，⑥ 保还可以有壮丁队，用来维护保内的治安，以及为国家提供军队后备军。保内的所有事务由保长或首席保长统管。这样，就形成一个由保长控制每一保之内的所有事务，由乡（镇）长来控制各个保长，乡（镇）长又受县政府管制的景象，从而在全县乃至全国范围内形成一个严密的控制网络。显然，这样一种制度的设计，其主要目的就

---

① 刁田丁主编：《中国地方国家机构概要》，法律出版社 1989 年版，第 9 页。
② 行政院县政计划委员会主编：《县各级组织纲要》，正中书局 1946 年版，第 1 页。
③ 在于建嵘看来，乡镇是这一时期最基层的行政组织："民国时期，无论是军阀专制，还是农民运动以及国民政府统治，总的特征是城市强制性地进入乡村社会，强人和暴力是社会秩序的主导性力量。这一时期，地方政制发生了重大变化，其中最显著的就是行政权力从县级下沉到乡镇级，乡镇从自治单位成为了国家最基层的行政组织。"参见于建嵘《岳村政治——转型期中国乡村政治结构的变迁》，商务印书馆 2001 年版，第 134 页。
④ 行政院县政计划委员会主编：《县各级组织纲要》，正中书局 1946 年版，第 14—15 页。
⑤ 同上书，第 6—10 页。
⑥ 同上书，第 10 页。

在于加强国家对基层社会的控制力。按照他们的设想，保甲制既有"现代警政之长"，而又"俨然有现代组织民众与经济合作意"，[①] 这一政策的全面推行，将会在广大的农村地区形成这样一种状况：一方面地方能够实行自治，但另一方面却又完全位于中央政府的掌控之中。蒋介石甚至认为这种制度"立制之精，运用之善，信可准之百代而不惑"。[②]

另外，这一时期还增加了"区"的设置。[③] 从全国范围来看，国民政府"将区政府视为国家权力的延伸和加强"，[④] 但是，有关这一时期内隆回县"区"这一级的建制对花瑶社会产生过什么样的影响，我们没有看到相关的文字资料。而在花瑶老人的记忆中，对"区"是否曾经存在，以及"区"曾有过什么样的行为，也几乎没有什么印迹。考虑到影响他们的，更多的是与他们的日常生活有关的"乡"、"保"和"甲"，因此，我们就将关注点主要集中于这几个方面。

在全国范围内，保、甲的划分主要是按照地理位置的远近而展开的，同样，花瑶民族所居住的地方（隶属于兴隆乡），也被按照地理分布分别划入了三个不同的保，与该乡其他地区的汉人居住地混合到了一起。其中，现小沙江镇芒花坪村的鱼鳞峒被划为第九保，现小沙江镇旺溪村的回家湾组被划为第十二保，而现虎形山乡的绝大部分花瑶村落以及小沙江镇的江边村则被划入第十一保。[⑤] 在保下面，基本上一个自然

---

① 蒋介石：《保甲为基本要政》，转引自曹成建《二十世纪二十至四十年代国统区地方自治与县政改革考察》，国家图书馆博士论文文库，2001/k26/21。

② 同上。

③ 按照规定，"区之划分以十五乡（镇）至三十乡（镇）为原则，区署为县政府辅助机关，代表县政府督导各乡镇，办理各项行政及自治事务……区署所在地，得设警察所，受区长之指挥，执行地方警察任务"。（行政院县政计划委员会主编：《县各级组织纲要》，正中书局 1946 年版，第 6 页。）

④ "区"是位于县和乡（镇）之间的行政区划，在理论设想上将会担负起统计人口、丈量土地、征收赋税、维护治安以及兴办教育、参与自治、多种经营、发展经济等各项任务。参见 ［美］杜赞奇《文化、权力与国家——1900—1942 年的华北农村》，王福明译，江苏人民出版社 2003 年版，第 42 页。

⑤ 现虎形山乡的岩儿塘村、白水洞村 3—7 组、周朋村、大托村、四角田村、茅坳村和青山坳村则仍归溆浦县管辖，属于永和乡的第十二保。参见隆回县志编纂委员会编《隆回县志》，中国城市出版社 1994 年版，第 42—49 页。

村就被划分为一甲，虎形山乡共有十甲，现在的乡政府所在地在当时属于第一甲，崇木凼村属于第五甲。

花瑶民族所在地区的保长和副保长并不是按照《县各级组织纲要》所规定的那样，经由保民大会选举产生，而是政府借口瑶民愚昧，不懂选举，由其直接委派产生的。这一时期内被任命的保长大致有奉才禄、奉德金、杨文华等人。当时，保长要负责完成包括征兵、抓壮丁、收粮以及收税等在内的国民党政府所安排的任务。[①] 据花瑶老人介绍，保长还拥有警卫，以协助其执行公务。通过这样的行政设置与地方长官任命，花瑶社会被纳入到了政府的全面监控与管制之下。

经过政府的这一番努力之后，花瑶民族所居住的瑶山，其行政区划就外在地表现为政府按照其地理位置所强行划分而形成的区域——"保"、"甲"体系，同一个保、甲范围内的人将面临着相同的情况，接受同一批人的管理与控制，原有的族与族之间的联系、一族之内各房之间的联系与交往，在一定程度上遭到了破坏。另外，花瑶社会原来固有的以族长为核心的"长老"集团所具有的权威，在外在的表现形式上也有所隐退，而被现在由国民政府所任命的"保长"所具有的权力与权威所取代，对地方事务施行管理与控制。那么，对于花瑶社会来说，保甲制这一"准基层行政组织"，[②] 是否能够全面接替花瑶社会原有的

---

① 2004年10月4日在虎形山乡崇木凼村采访沈诗永老人时得知。

② 在有关学者看来，将"保甲制"界定为一种"准基层行政组织"更能够反映它在基层组织中的独特地位："一方面，里甲、保甲作为法定基层组织，拥有国家赋予的统治乡村的权力。与由世世代代聚族而居的血缘群体不同，它是由政府强制在乡村推行的，是以地缘为特征，在村落共同体的基础之上制定的法定行政区划，带有强烈的政治色彩。它是官府控制乡村的主要工具，是国家政权管理基层社会的一项基本制度。里甲长秉承官府的政令，管辖乡村社会各方面的事务。他们内部还有明确的职务分工，如明代的里甲制中，里长负责征收赋税徭役，三老则掌管教化治安。就他们的权力来源和实质而言，他们体现了国家的行政支配。从这一意义上讲，里甲、保甲组织具有国家基层行政组织的性质。另一方面，我们也应看到，就地方行政单位而言，县级衙门的确是传统国家对地方控制最基层的行政设施。里甲、保甲只具有'半官方'的色彩。首先，保甲长是一种职役，他们是不拿国家俸禄的，更谈不上官品和职位，只能是供官府跑腿听差的一种职役。其次，保甲长都是由当地土著人员担任，不像县级官员实行回避制度。而且其职务一般实行轮流充任，并没有严格的选拔考试、监督考核等程序。从正规官僚体系而言，里甲、保甲又不具备完全意义上的行政组织的资格。"参见杨国安《明清两湖地区基层组织与乡村社会研究》，武汉大学出版社2004年版，第18—19页。

宗族权威下的长老政治所拥有的一切权力？国民政府的这一系列努力，是否已经取得了全面控制乡村社会这一预想中的效果？这一社会固有的地方传统，是否也因此受到了全面而致命的挑战呢？

（二）与"保长"的对抗——这一时期花瑶社会的地方传统

在国民政府任命的保长中，有一位在整个瑶山都享有很大的名气。这位保长名叫奉才禄，据说他的叔父奉成安在对奉姓整个家族事务的处理上就很能"说得上话"，① 而奉才禄本人也具有他叔父这样的权力，他在接受任命之前就已经是一位族长，负责处理与本族有关的绝大多数事务。在国民政府开始实行保甲制之前，花瑶社会各个族的事务都由本族的族长以及本族中享有较高威望的长老进行管理，基本上不受外姓人的干预。但是，由于奉才禄本人是一名国民党党员，所以，他不仅被任命为保长，而且也被授权可以对整个花瑶民族的事务进行管理。这就在事实上使他处于花瑶民族所在的三个保的"首席保长"的地位。同时，他还配备了8—9个警卫，以协助自己完成征兵、抓壮丁、收粮收租等任务。② 从表面上来看，奉才禄拥有国民政府的正式任命，在对瑶族事务进行管理时具有相当大的法理上的权威，但在实际情况中，却并非如此。

在名义上，由奉才禄统管花瑶各姓各族的事务，但在实际问题的处理中，他依然不得不听取各族族长的意见。当时沈姓的族长沈成松，便

---

① 花瑶老人告诉我们，奉成安是从魏光焘那里获得了管理瑶族事务的权力。魏光焘是隆回县司门前镇金潭人，是晚清的重臣之一，曾任新疆地区建省后的第一任布政使，第二任代理行政首长（巡抚），后来他又历任云贵、陕甘总督，后官至两江总督、南洋大臣、总理各国事务大臣。据说他的小妾死了之后，他看中了瑶山一块风水宝地，就想要来作为她的坟地。但是地的主人奉成安（也有一说是奉成安的父亲奉学傲）不肯，于是魏光焘便给他封了个秀才，允许他管理整个花瑶民族的事务，以此来作为交换，获得了这块坟地。这在整个瑶山都是广为人知的重大事件。

② 这一时期瑶民开始向政府交税，但是税额非常的低，以至于基本上可以忽略不计——整个崇木凼村的花瑶一年之内总共只要上缴三升半的秕子粮就可以了。也就是说，这一时期国家对花瑶所收取的赋税，基本上是象征性的。可见，从税收的角度来看，国民政府对花瑶社会的控制依然非常薄弱。

在对本族事务进行处理时可以完全不听从这位保长的指挥。相反，凡是涉及沈姓家族的事务，则必须经由他点头同意，奉才禄这位官派的保长才能予以干涉。据说当时沈姓花瑶中间曾出了三个土匪，不仅小偷小摸，还到处骚扰自己的同胞，因而被认为是整个瑶族中的败类。沈姓家族在对这三个人进行处理时，就完全没有按照当时政府所规定的程序那样，应上报保长、乡长，由政府出面来予以处理，而是在征得族内多数人的同意之后由沈成松派人直接将他们处死了。得知消息以后，所有瑶族的人都拍手称快，并对沈成松这位族长更加折服。这一事件在很大程度上折射出了当时花瑶民族对官派权威的态度。在他们看来，本族的事就应该由本族的人处理，奉才禄只不过是奉姓的族长，与沈姓和其他各姓族长之间并不存在上下级的隶属关系。这种观念也很能反映出国民政府所设计的那套意图对乡村社会实现全面控制的保甲制本身并不具有什么坚强的民意基础，而且也在事实上体现出了花瑶民族原有的宗族权力依然在他们社会中占有主宰地位的现实状况。另外，我们还可以从一件事情中看出地方人物对保甲制在花瑶社会中所占据的地位与享有的权威的重大影响与削弱。这一时期花瑶民族内部还有一个非常重要的人物：奉鸿。他是一名地下共产党员，虽然不是族长，但很有才华，[①] 而且办事也很公允，因此，他在整个瑶山中都享有着很高的声望，也属于能对重要事务的处理方法发表意见的"长老"级人物。据说他和另一位步姓花瑶（步承）一起，都是奉才禄的死对头。在对花瑶男子进行征兵这一问题上，奉鸿便坚决不同意奉才禄的做法。在他看来，花瑶人数本来就很少，如果再进行大规模的征兵，将会导致本民族人口的剧烈减少，甚至可能会带来灭族的后果。他的这一观点在族内取得了广泛的认同，并很快在所有的花瑶人中间也得到了声援和支持。他本人甚至还得到了各姓族长与瑶民的委托，负责妥善处理这一棘手的问题。后来，经过多方协商之后，他们作出了决定，即：应该将此事直接反映到省长那里，而不是通过保长、乡长、县长这样的官僚体系层层上报。之后，奉

---

① 奉鸿毕业于省立师范学校，并加入了中国共产党。在北伐战争开始后回到了家乡。

鸿便和几个口才很好的瑶胞一道，找到了当时湖南省的省长程潜，向他反映了花瑶人对于征兵制的看法以及对这一政策实施将会带来的后果的担忧。后来程潜特别批准，不再在花瑶民族中间征兵，而且这一政策一直持续了十多年。奉鸿所采取的这一行为，虽然在极大程度上构成了对保长、乡长乃至县长这些官方权威的间接的挑战，但是却为他在整个瑶山中赢得了更高的威信，因为在花瑶人普遍看来，他的心是"向着我们花瑶这一方"的。从此以后，奉鸿对瑶族事务所进行的干预，获得了公认的权威，大家对他所作出的决策，都心服口服，而奉才禄这位获得了官方授予权力的"保长"，在许多情况下反倒处于孤立无援的状态。

另外还有一位保长，地位比奉才禄更低，身份比他更尴尬，遭遇也比他更惨。这位保长叫奉德金，平时就又赌又嫖，在族内和整个瑶山都没有任何威信。他是如何获得"保长"这一职位的，现在的花瑶老人已经没有什么印象了，但却都对与他有关的一件重大事件记忆深刻。据说有一年正月的一天，他又赌输了，被债主逼得很紧，实在无计可施，就打上了他舅舅沈道信的主意：沈道信当时很有钱，属于花瑶人中的"大户"，可以从他这里要一些钱去抵债。但是他的舅舅并不愿意将钱借给这样一个没有什么威信的人。于是，这位保长就找了个借口，命令自己的警卫队将沈道信绑到了乡联防队，并以此来作为要挟，逼迫他的亲戚交出一笔赎金来换人。这件事情立刻在沈姓花瑶中间引起了极大的震动，所有的沈姓人都认为，奉德金的行为，其性质远远要比"不孝顺长辈"更为严重：问题的实质是"奉姓的人抓了沈姓的人"，奉姓严重地干预了沈姓家族的事务，影响了沈姓的权威，必须予以严惩。这样，沈姓花瑶一干人等，便浩浩荡荡地开进了乡联防队，将奉德金抓了起来，并五花大绑地送到了邵阳县，关进了监狱，不久后他就惨死在了狱中。国民政府大概怎么也不会想到，他所任命的应该"督导地方群众进行乡村自治与完成现代化建设任务"的保长，竟然会被他所管辖的地方群众运用宗族的力量自发地进行了处置。

奉德金这位官任保长的遭遇，从另一个角度更加清晰地反映出了国民政府时期国家权力对乡村社会的控制力的脆弱状况。尽管这一时期政府采用了许多措施，意图实现对整个乡村社会的全面控制，但是却远远没有取得预想中的成效。其原因主要在于以下几个方面：

首先，对国内大多数地区来说，政府按照地理位置而非血缘关系对乡村所进行的行政区划的划分，以及保甲制的全面实施，其主要目的在于割裂乡村社会中原有的建立在血缘纽带与亲缘关系基础之上的联系网络，并将一个统一的宗族整体重新划分为彼此之间相互独立的区域，从而使得原有的血亲团体不能轻易地联合起来，形成一股政府难以控制的力量。这一措施实际上是从对乡村社会的组织形态的控制方面入手而实行的，其意图在于避免原有乡村社会所存在的强大宗族力量将会对其统治造成威胁这一隐患的出现。"保甲法的实施，在一定意义上意味着明清时期以乡约为象征的伦理道德性村政向社会—经济控制的村政的转型。"① 但对花瑶社会而言，这一意义却并不明显，这主要是由该民族地方传统的特殊性所决定的。在对民国之前的花瑶社会进行分析的那一节内容中我们已经知道，花瑶是一个认同感很强的民族，共同的语言、习俗、信仰、生活方式以及他们共有的民族迁徙经历及其与汉族政府之间多次对抗的历史记忆，都是令这个民族保持团结一致的重要因素，而且也是不会轻易改变的因素。国民政府短期的统治给这个民族所造成的影响，远远不能消解他们的民族特性，甚至也不能对他们的认同感构成威胁。对花瑶民族的居住区域所进行的强行行政划分，也不能从根本上瓦解他们族内以及族与族之间的亲缘纽带与紧密的联系。"族内的事务就是应该由族内的人处理，花瑶民族的事务，也不应该由汉人及其政府来插手"，这一观念是国民政府所不能轻易改变的。

其次，国民政府在对地方官员，尤其是对与乡村社会有直接联系的"保长"这一人选的确定上，也不能完全另起炉灶，另外设置一套体系，而仍然不得不借用乡村社会原有的地方权威。在上文对几位保长的

---

① 王铭铭：《村落视眼中的文化与权力——闽台三村五论》，生活·读书·新知三联书店 1997 年版，第 44 页。

事迹介绍中我们已经看出，国民政府在这一问题上的选择主要是两种：一种是选择在当地原本就很有威望的族长或者"长老"级的人物担任他们在乡村进行管理的地方官员，如奉才禄；另一种则是任命在地方上虽然没有威望，但却愿意为他们实现地方管理而卖力的人，如奉德金。但是两种方式都产生了同样的后果，即：并不能从根本上改变花瑶社会原有的地方权威体系，反而却在实际上再次加强了宗族的势力。

从奉才禄的事迹来看，他原有的权威是作为一个"能为花瑶人说话、办事"的族长而产生的，并非来自于受任的"保长"一职；因此，当他不顾本民族的利益，替国民政府在本民族中进行征兵的时候，他原本所拥有的传统性权威就受到了极大的挑战，这便导致他在对本族事务进行处理时开始大权旁落，另一个能代表花瑶民族利益的能人（奉鸿）则在实际上接替了他的职务，在花瑶社会中，继续扮演着杜赞奇所说的乡村社会中的"保护型经纪"的角色。①

奉德金的事迹则更是显示出了国民政府的软弱与无力。尽管这个在花瑶中间并没有什么好名誉的人得到了官方的授权与任命，可以对本民族的事务进行管理，但他却并未成为一股能够协助政府实现对当地的控制的有效力量，而是在很大程度上恶化了当地的风气与社会状况。而且，当他的行为在事实上违反了花瑶民族的族规以后，这一国民政府的代言人，也被族人采用非常激烈的手段剥夺了其所拥有的并不具备实际效力的权力。取代他的，还将是花瑶社会中能够为本族人乃至全民族都实施保护和带来利益、并被他们所公认的民间权威。

国民政府所作出的以上这两种选择都不能改变花瑶社会原有的地方传统。原有的权威体系与权威价值观并没有遭到破坏，尽管从表面上看

---

① 杜赞奇认为，在分析帝国政权与乡村社会的关系中，"经纪模型"将比"乡绅社会模型"更为准确。在他看来，保护型经纪实际上是"乡村社会为了完成某些义务……或有效地与国家政权及其代理人打交道时，数个村庄自愿或由国家政权指令结成一集体组织，这些组织往往承担起经纪的角色，但其目的不是为了赢利，而是要保护社区利益"。[美] 杜赞奇：《文化、权力与国家——1900—1942 年的华北农村》，王福明译，江苏人民出版社 2003 年版，第 34 页。对花瑶社会来说，"保长"这一角色及作用，恰恰就类似于这种"保护型经纪"。

来，控制着花瑶民族地方生活的原有的族长、长老等人要么被置于"保长"的权威之下，要么就变成了保长，但是，"保长"这一职位以及保甲制，只不过是一个外壳，其内在的核心仍然是以族长、宗族的势力为核心的长老政治。

最后，由于以上两个原因的存在，也导致了这样一种情形的出现，即：宗族组织与保甲组织在实际上出现了结合，有时甚至是重合。保甲的势力越大，实际上宗族组织的势力也就越大。那时的崇木凼村，就是由宗族势力在控制保甲组织。因此，作为一个合法的保甲组织，居住于这里的沈姓花瑶还合法地拥有着48支鸟铳、3支土枪和几支"九骨枪"（类似于现在的霰弹枪），保护着自己的族人不受外来势力的侵犯。他们甚至还运用这种力量来保护附近的汉人：小沙江镇上的地主王文斋因为不堪忍受土匪的骚扰，就举家搬到崇木凼村，向这里的瑶民寻求庇护，并且每年供给他们一定数量的粮食与银钱作为保护费。[①] 而且，随着政府对保甲组织所指派的任务的增多，宗族的势力以及地位也就越来越得到了强化。[②] 在必要的时候，宗族所拥有的武装，也有极大的可能成为对抗政府控制的一支重要力量。

从上文的分析我们可以看出，在1911—1949年国民政府统治期间，国家权力力图对乡村社会进行全面渗透的努力基本上没有取得实质性的效果，主宰花瑶社会的固有的地方传统实际上并未被打破，而是依然在继续。每年清明节前后都要召开的通族会从来就没有中断过，会上还要对违反族法族规的人予以处置，并且这一处置不需要通知政府就可以进行。而且，除了想要加强控制之外，这一届政府并没有想出什么办法或者采取什么措施来改变花瑶民族贫困的生活现状，因此，祖辈相传的打猎的生活习俗也一直在保持，这也就决定了他们在这种生产方式中所形成的人际关系、交往方式、情感上的维系以及古老的生活方式仍将继续

----

① 2004年10月4日在虎形山乡采访沈诗永老人时得知。

② 在中国东南部地区，也出现了这种宗族（主要表现为祠堂）控制保甲组织的情况。具体的论述可以参见［美］莫里斯·弗里德曼《中国东南的宗族组织》，刘晓春译，上海人民出版社2000年版，第84—86页。

地保持下去。其他的包括婚丧嫁娶仪式在内的各种古老习俗，也在默默地延续。

六　1949 —1978 年间国家权力的
　　渗透与地方传统的减弱

（一）乡村建制、政治运动与思想改造——国家权力对花瑶社会的全面渗透

在上一节中我们已经提到，保甲制是一个脆弱的体制，既缺乏实际操作层面上的可行性，也缺乏能够最终实施下去的民意基础。再加上国民政权本身的无力，这二者共同决定了其对乡村社会所施行的旨在实现全面控制的措施不过是个一相情愿的设想，最终只能流产。日复一日地影响花瑶社会、构成花瑶人生活背景与主体的地方传统依然在延续。而在这一节的内容中，我们将主要考察从建国以来直到改革开放这 30 年的时间内，国家权力对花瑶社会所进行的全面渗透的过程及其所产生的影响，以及这一时期内该社会地方传统的变化状况，并探讨二者之间的关系所在。

1949 年 10 月 11 日，隆回县解放。共产党所领导的新的人民政府在建立之后没多久，就立刻开始着手对包括乡村社会在内的各个领域进行渗透与控制。这主要是通过重新规划乡村建制、设立各级党组织、对经济进行一体化控制、开展历次政治运动、进行思想改造等方式而进行的。这些措施，在阶段时间内取得了相当显著的成就，不仅使国家权力在极大的程度上渗入到了乡村社会的每个角落，而且也对乡村固有的地方传统与习俗造成了很大的影响。花瑶民族的生活，也逐渐地发生了一些以前没有出现过的变化。在接下来的文字中，我们将对此予以详细的考察与分析。

在详细展开关于新中国所实行的一系列措施及其对乡村社会所带来的影响的讨论之前，我们有必要首先分析一下其之所以能够取得这些效果的原因所在。共产党的政府及其所发动的历次运动，之所以没有在整

体上遇到花瑶人大规模的强烈抵抗，并且还能对他们产生较大的影响，除了其本身所具有的以强大的武装力量做后盾的控制能力与先进的控制手段之外，主要还得归功于他们在这一社会中所赢得的坚强的民意基础。这一基础最初是建立在对一次较大规模的"剿匪"工作的开展之上的。在1949年隆回解放之前，小沙江地区土匪活动非常猖獗，瑶民不得不组织起来，利用现有的武装（大多是鸟铳、铁锹以及柴刀，等等）来保护族民不受土匪的骚扰，共同抵抗他们的侵犯。而当共产党在隆回县建立了人民政权之后，就立刻着手对这股势力进行打击和清剿，并派遣驻桃洪镇的中国人民解放军147师440团挥师北讨，总共缴匪200余名，很快肃清了这股恶势力。[①] 这一做法为共产党在整个隆回县（尤其是小沙江地区）赢得了广泛的声誉。在包括花瑶民族在内的所有当地人看来，这个新出现的组织（共产党）与以前的政府、朝廷有很大的不同，它们从来没有致力于改造当地的政治风气、改善居民的生活环境，而只是关注如何加强对这一区域的控制；但是共产党这一坚决彻底的剿匪行动，不仅从根本上消除了他们生活的隐患，而且也显示出了他们对这一地区人民的普遍关照，瑶民切实地感受到了来自政府的关怀。这样的看法和心理实际上为共产党以后在该地区实行统治打下了一个良好的基础，尤其是在花瑶民族中间，共产党取得了相当程度的信任。

除了剿匪工作以外，政府为了改善瑶族同胞贫困的生活状况而作出的努力，也在花瑶人中间获得了相当的好感。1949年冬天，政府募捐了四、五百套衣服，发到了小沙江花瑶同胞的手中；此后每年入冬，他们都会从县民政部门领到一定数量的棉服和棉被，这在以前是极少发生的事情。1962年，花瑶同胞又接收到了县政府拨来的少数民族救济费5000元，以及一些布票和衣物。其他类似的事件还包括在各个乡村建

---

① 这股土匪主要是陈光中的部队。陈在1949年8月27日至隆回县解放之前任隆回县县长，同年12月16日被捉拿归案，25日在邵阳市伏法。参见隆回县志编纂委员会编《隆回县志》，中国城市出版社1994年版，第418—419页。

立合作医疗室、帮助瑶民修缮破旧的房屋，① 等等。所有这些事情都为
共产党的政权在花瑶社会里能够顺利开展工作赢得了情感上的支持与心
理上的认同，也由此而确立了其在进行统治所需要的合法性权威。这些
都是以前的政府所不曾拥有的。对这一问题的探讨有助于我们理解花瑶
社会在面对共产党这一外在权威时所持有的支持态度的原因所在，也有
助于我们明白共产党在改造乡村社会时能够取得一系列成功的内在
因素。

新中国成立之后，为了便于更好地开展工作和实行控制，政府对全
国各地的行政区划都进行了重新的划分。② 隆回县人民政府建立之初，
便宣布将全县划分为三个区，并在各个区建立了区人民政权，但在区以
下，则仍暂时保留民国时期的乡、保体制。同年11月，各个乡、保建
立了民兵组织，在实际上起着保卫新生政权的作用。1950年5月底，
隆回县人民政府在全县范围内废除了保甲体制，并建立了102个乡级、
622个村级人民政权，而且召开了隆回县第一次各届人民代表会议。③
中国共产党从建立政权到乡村建制的确立，先后用了不到一年的时间，
这不仅表明了这一政权想要实现对乡村地区的全面控制的决心，同时也
显示出了其所具有的极为强大的动员能力与实施能力。对于花瑶民族来
说，他们所居住区域的行政区划则主要经历了这样的变化：1951年时
被划入小沙江区（即四区）；1956年8月，全县范围内撤销了区建制，
9月虎形山成立了瑶族乡，但隶属于小沙江办事处的管辖；1958年10
月，全县撤销办事处和乡镇建制，建立人民公社，实行政社合一，虎形

① 参见隆回县志编纂委员会编《隆回县志》，中国城市出版社1994年版，第461、566
页；以及马道明、谢元华《隆回县志·民族篇》（送审稿），第15页。
② 从全国范围内来看，其行政建制主要经历了这样一个变化过程：1949—1953年的国
民经济恢复期，实行大区、省、县、乡四级制或大区、省、县、区、乡五级制；1954年至60
年代前期，实行省、县、乡（人民公社）三级制或省、县、区、乡（人民公社）四级制，但
是乡的规模有所扩大，为县直接领导乡创造了条件；1958年以后取消了乡建制，全国建立起
了政社合一的人民公社共26578万个。刁田丁主编：《中国地方国家机构概要》，法律出版社
1989年版，第12—15页。
③ 隆回县志编纂委员会编：《隆回县志》，中国城市出版社1994年版，第417、418页。

山瑶族乡改建为虎形山人民公社，1959 年 2 月并入小沙江人民公社；到 1961 年小沙江人民公社又改为小沙江区，重设虎形山人民公社，并将茅坳（当时也是花瑶民族聚居的地方）也新建为人民公社。①

　　以前的历代政府，包括国民政府在内，在地区建制的设计和确立这一问题上，从来都没有倾注过像共产党政府这么大的热情。在共产党之前，各届政府在对地方划定了行政区域与建制之后，往往就不再考虑当地环境的变化与当地社会所发生的变迁，也很少对这种建制进行调整，即便是这种建制在很多情况下已经不再适应当地的实际状况，并由此而进一步导致了国家对这些区域的控制力的减弱。而共产党所领导的国家则改变了这种状况，它通过一次又一次对行政区域的重新设计、规划和调整，能够更有效地将这些区域纳入到便于自己进行管理与动员的行政网络之内，从而在极大程度上加强了对广大乡村社会的控制力度。仅仅从花瑶人居住的小沙江区公所的组织机构沿革状况中，我们就可以看出共产党政府在这一问题上所付出的努力与良苦用心："1951 年建立隆回县小沙江区公所（原 4 区）。1956 年 6 月，撤销小沙江区建立司门前办事处。1957 年 2 月从司门前办事处分出小沙江、麻塘山、虎形山 3 个乡建立小沙江办事处。1958 年 9 月县委、县人委根据《中共中央关于在农村建立人民公社问题的决定》精神，原麻塘山、虎形山 2 个公社并入小沙江公社，公社建立管理委员会。1959 年 1 月，原麻塘山、虎形山、小沙江 3 个社合并为小沙江人民公社。1961 年 8 月，恢复小沙江区公所，管辖原小沙江人民公社，分设麻塘山、虎形山、小沙江 3 个人民公社。1962 年 1 月，县委根据上级指示精神，调整区、社体制，小沙江区管辖的 3 个公社改建为 7 个公社。原麻塘山公社划分为麻塘山、青山两个公社；原虎形山公社划分为虎形山、茅坳两个公社；原小沙江公社划分为小沙江、龙坪、肖家垅 3 个公社。1966 年 5 月'文化大革命'开始后，处于瘫痪状态。1968 年 9 月，成立小沙江区革命领

---

① 参见隆回县志编纂委员会编《隆回县志》，中国城市出版社 1994 年版，第 49 页；以及马道明、谢元华《隆回县志·民族篇》（送审稿），第 2—3 页。

第一章　村落视野中的国家权力与地方传统

61

导小组，取代了党委和政府的职能，管辖青山、麻塘山、龙坪、茅坳、虎形山、肖家垅、小沙江 7 个公社。1971 年 2 月，建立了党的核心领导小组，设正、副组长，同年 12 月，区核心领导小组撤销，建立区委会。1976 年 10 月粉碎'四人帮'，进入社会主义现代化建设新时期，全县仍设区不变。1978 年 7 月，进行体制调整，小沙江区原管青山、麻塘山、龙坪、茅坳、虎形山、肖家垅、小沙江 7 个公社，合并为 5 个公社，青山公社并入麻塘山公社；肖家垅公社并入小沙江公社，其他公社规模不变。小沙江区管辖麻塘山、龙坪、茅坳、虎形山、小沙江公社。1981 年 5 月，各公社革委会改为管理委员会。1984 年 5 月社改乡时，改建 6 个乡，将麻塘山公社分为青山、麻塘山两个乡。1987 年 10 月，小沙江区委管辖青山、龙坪、茅坳、虎形山、小沙江等 6 个乡。1995 年 9 月撤区并乡时小沙江区被撤销。"[①] 这样，同全国各地一样，

---

① 《隆回县档案馆指南》（初稿）下册，第 540—541 页。除了小沙江区公所组织机构的沿革之外，在同一本书中还详细记载了与花瑶人生活密切相关的小沙江镇（公社）、茅坳瑶族乡（公社）和虎形山瑶族乡（公社）的组织机构的沿革状况："小沙江镇清末属邵阳县瑶山十八峒。1947 年隆回县建县时属隆回县兴隆乡，刚解放时属第三区，1952 年时改为第四区。1956 年 5 月，几个小乡合并为小沙江乡。1958 年 10 月，建立人民公社。1961 年 8 月又设立小沙江区，辖麻塘山、虎形山、小沙江 3 个人民公社。1962 年 1 月设立小沙江人民公社。1968 年 9 月建立小沙江公社革委会。1981 年 5 月建立小沙江人民公社管理委员会。1984 年 5 月成立小沙江乡人民政府。1987 年 1 月建立隆回县小沙江乡人大主席团。1990 年 1 月建立隆回县小沙江镇人大主席团。根据湖南省民政厅 1987 年 12 月 16 日湘民政字（1987）45 号文件批示，1990 年 1 月正式撤销小沙江乡，建立小沙江镇，辖原小沙江乡行政区。1991 年 1 月成立中共隆回县小沙江镇纪律检查委员会。1995 年 5 月撤区并乡时，与龙坪乡合并为小沙江镇，设立中共隆回县小沙江镇工作委员会。1995 年 9 月成立中共隆回县小沙江镇委员会……隆回县茅坳乡（公社），建立于 1961 年 5 月，同年建立茅坳人民公社委员会，1968 年，即'文化大革命'期间，成立了茅坳人民公社革委会，其公社党委、政府职能被革委会所取代，1982 年 3 月，省政府（1982）8 号文件批准，将茅坳公社改为茅坳瑶族公社，1984 年建立茅坳瑶族乡人民政府，1995 年 5 月，全县撤区并乡，将茅坳瑶族乡并入虎形山乡……1956 年 6 月，撤销司门前、小沙江、金石桥 3 个区，设立司门前办事处，辖虎形山等 9 个乡。1957 年 2 月，从司门前办事处分出小沙江、麻塘山 3 个乡，设立小沙江办事处。1958 年 9 月，撤销虎形山乡，建立虎形山人民公社；1959 年 1 月并入小沙江公社。1961 年 8 月，恢复小沙江区，辖原小沙江公社分设的麻塘山、虎形山、小沙江 3 个公社。1962 年 1 月，虎形山公社划分为虎形山、茅坳 2 个公社。1982 年 3 月，省政府（1982）8 号文件批示，将虎形山公社改为虎形山瑶族公社。"具体内容可参见《隆回县档案馆指南》（初稿）下册，第 546、554、558 页。

经过行政区域划分的一次又一次的排列组合和重新调整，花瑶社会最终被纳入到了严密的一体化控制体系的管辖范围之内，而失去了以前作为"次位聚落边陲"所拥有、所享受的相对自在的生活。

同时，共产党还花费了极大的精力在各个基层建立自己的政权。与以前的政府所借助的资源和采取的措施不同，现政府既不依靠各个乡村固有的乡绅集团的协助，也不再将目光投向保甲制这一脆弱的体系，她所采用的方式是在基层培养"自己人"，并由这些"自己人"来执掌基层政权，从而实现对基层事务的管理与全面控制。这一方式的实际表现形式就是在全县各个乡镇、各个部门培养党的骨干分子，并由这些骨干分子组成党的各级组织，由党组织及其成员来对其所在的各个部门和区域实行管理。[1] 尽管这些"自己人"在事实上也并不能完全脱离村庄的实际，但是，他们却经过了更加充分的培养和教育，对这一政权具有更强的认同感。这样，在花瑶社会，其原有的权威体系就被完全地抛弃，几乎所有的事务处理都是在党支部成员的参与和"指导"下进行的，族长、长老等原来的能人不再在新的政权中担任重要职务，除非他们经过了漫长而复杂的思想改造，被认为是能够为人民政权服务的"又红又专"的人才。例如，在崇木凼村，共产党就将他们的战斗英雄沈诗永任命为村支书，[2] 由以他为核心的村支部对全村人的事务进行全权处理和全权负责，而不是选用原来的族长兼能人沈成松担任这一重要职务。各个宗族在每年清明节前后所举行的"通族会"自然也不再召开，其原来所具有的权威也随之而去。[3]

---

① 据资料显示，在从 1949 年 10 月到 1957 年的这八年时间里，隆回县农村党支部的数量就从 3 个增加到了 509 个，而到了 1964 年时，已经达到了 928 个。参见隆回县志编纂委员会编《隆回县志》，中国城市出版社 1994 年版，第 366 页。

② 沈诗永，1928 年生人，1955 回乡后开始担任村支书，一直持续到 1993 年，1993—1996 年为副支书，之后一直赋闲在家。

③ 正如一些学者在其他地区所看到的那样，这种基层干部的任命方式使得"1949 年后，中国农村基层权力的获取具有突出的国家外赋特征。这是因为 1949 年后，农村的一系列变革都是在国家的领导和推动下进行的。国家推进变革的过程，实际上也是国家体制性权力不断向下延伸，并赋予符合国家意志的人员治理农村权力的过程"。（张厚安、徐勇、项继权等：《中国农村村级治理——22 个村的调查与比较》，华中师范大学出版社 2000 年版，第 39 页。）

　　这样一种对基层权威人士进行选拔和任用的机制，从组织形态方面极大地打破了花瑶民族原有的权威体系与认同方式，以族长为核心的乡村长老集团不再能对族内事务进行干预，共产党所领导下的国家，通过自己亲自培养的人，开始将自己的权力伸入到了花瑶社会的组织内部。当时，在全中国的范围内，"共产党通过不断向下延伸的中共农村基层组织和政权体系，克服了前现代中国社会国家与村庄社会的相对分离状态，将独立于国家之外的基层社会单元——村庄纳入了国家政权体系，国家权力扩充到以前从未被深入触及的村庄之中"。① 花瑶社会也完全处于这种受国家严密控制的状态之中。

　　历次政治运动的开展对整个花瑶社会也产生了很大的影响，其中，人民公社化运动所产生的影响尤其强烈。在这一运动期间，花瑶民族原来的狩猎习俗开始遭到禁止，原因就在于这种习俗一方面被认为是原始的、落后的生产方式，另一方面又被认为是具有"资本主义尾巴"性质的私有制的体现，因此应该在新的、先进的、人民当家做主的政权里予以全面的破除。这就使花瑶社会原有的以共同狩猎为主要形式的族内互助的生产方式遭受到了毁灭性的打击。而且，出于安全的考虑，他们还被要求将鸟铳全部上缴给政府。尽管很多人实际上暗自保留下了这些狩猎工具，但也只能将其搁置在墙角或者隐蔽的地方，不再使用。土改之后很多花瑶人分到了一些土地，然而由于历史的原因，他们并不习惯于完全地从事农业生产，也不具备汉族人那样的生产经验和生产知识，因此，农业的产量依旧不是很高。旧的习俗从很多方面都被破坏，新的方式又不适应，也使得花瑶社会在很长的一段时间内都表现出相当的不习惯以及无所适从。传统也开始出现空白和裂缝。在共产党强大的政治运动的控制之下，所有的生活都不得不让位于所谓的"生活集体化，组织军事化，行动战斗化"的"一大二公"的生产方式和生活方式。族内成员之间的人际交往方式也遭到了破坏，亲缘关系被所谓的"阶

---

① 张厚安、徐勇、项继权等：《中国农村村级治理——22个村的调查与比较》，华中师范大学出版社2000年版，第199—200页。

级关系"和"阶级情感"所代替。至今当花瑶老人向我们回忆那段特殊的日子的时候,仍然会说,他们所有人的生活都是被列在人民公社的控制范围之内的,基本上没有个人可以做主的事情,原来的族长等人更没有能够说得上话的时候。"族"和"姓"这一概念也不再被提起,人们开始用"某某公社"、"某某大队"以及"某某生产队"来代替原来的"鱼鳞峒"、"禾梨树"、"麻坑奉家院子"等等已经延续了几百年的对花瑶人所居住区域的旧时称谓。正如许多学者所认为的那样,"人民公社既是农村集体经济组织,同时又是基层政权组织"。通过这一席卷全国的人民公社化运动,国家权力的扩充"这一进程达到顶点,完成了国家对村庄社会的深度介入和直接治理,建立起以国家本位为特征的国家—村庄一体化的政治社会结构。这一格局,使国家在村庄政治社会发展中开始扮演主导者与支配者的角色"。①

伴随着政治运动一起进行的思想改造也产生了强大的效果。包括"破除迷信"、"破四旧"和"开展党员教育"等在内的无数次的政治教育活动,在逐渐瓦解着不少花瑶人原有的宗教信仰,也在逐渐破坏着他们祖辈相传的习俗。在前文中我们曾经谈到,花瑶人对他们民族的宗教仪式"瘘皈"极其信奉,在遇到重要事情的时候,都要举行这一仪式,并会依据瘘皈的结果来作出预先的安排和初步的判断。但是,隆回县人民政府在取缔"同善社"、"一贯道"和"归根教"等几个活跃在该县的会道门组织时,② 也将花瑶民族这一信仰看作是迷信而予以破除,民间禁止再次出现这种"封建迷信仪式","屡教不改"的法师"巴梅"也受到了公开而严厉的批斗。因此,在公开的场合,花瑶人不再表现出他们对这一信仰的兴趣与持守。花瑶人中间那些原来需要在族长的领导下"依靠神判"③ 来解决的争端,现在也开始通过各个乡新成

---

① 张厚安、徐勇、项继权等:《中国农村村级治理——22 个村的调查与比较》,华中师范大学出版社 2000 年版,第 199—200 页。

② 参见隆回县志编纂委员会编《隆回县志》,中国城市出版社 1994 年版,第 589—591页。

③ (清)许绍宗修,邓显鹤纂:《武冈州志》,嘉庆二十二年刻本,第 193—195 页。

立的人民法庭来解决。另外，他们为了纪念发生在元朝末年的那场大屠
杀而持守了几百年的不在农历七月初二日之前吃食黄瓜、白瓜的习俗，
也开始在一些人的家庭里被认为是"四旧"而逐渐抛弃。

　　经过这一系列的建制改变、政治运动、思想改造等事件之后，在这
30 年左右的时间内，花瑶人维持了几百年的乡村生活开始出现了重大
的改变。不管情愿与否，国家权力都已侵入了乡村社会，主宰着花瑶人
日常生活中的许多方面。旧有的经济生活、政治形态、人际关系、情感
维系方式以及宗教信仰都已不再是原来的面貌，地方传统出现了短暂的
空白。然而，我们是否就可以因此而作出以下判断，即：传统已经开始
消失？国家权力和意识形态的渗透是否没有界限，已经直达花瑶民族文
化的核心呢？

（二）一个个案："保树运动"——国家权力的阈限与地方传统

　　共产党政府在建立初期所开展的历次运动，绝大多数都在花瑶社会
中得到了贯彻和执行，其主要的原因一方面在于其所拥有的较强的民意
基础；另一方面也在于这个政府所拥有的权力十分强大，甚至到了不容
抵抗的地步。在大多数花瑶人看来，这些运动虽然给他们的生活带来了
巨大的改变和极度的不适应，但是其中的一些变化为他们的生活所带来
的是改善，而不是恶化。① 因此，大多数的政策属于他们可以理解、接
受或者虽然不理解、但是也只能接受的范围之内，或者有些旧习俗虽然
在私下里仍然被偷偷地持守，但却在表面上表现为对新的观念和做法的
接受。在没有相当的必要之前，花瑶人不会选择与这些运动以及这个政
府进行对抗，就像他们的祖先曾经做过的那样。然而我们还应该意识
到，并非所有的政策都能产生这样的结果。虽然从表面上来看，政府正
在取得前所未有的全面胜利，国家权力基本实现了对乡村社会的严密控

---

　　① 例如，尽管他们不再打猎，但是可以在土改后分到的土地上进行农业生产，而且农
忙的时候，还会有各个生产队组织的互助合作组来帮助完成工作。如果当年收获的粮食不够
满足一年的生活所需，他们还能够从政府那里接到救济，而不是像从前那样只能饿肚子。

制，国家与社会开始出现"高度的融合"，[1] 但是，依然没有证据可以表明，这种"融合"将会适用于所有的领域。花瑶民族祖辈相传的传统已经向强大的国家机器作出了妥协，但这也不意味着这种"高度融合"的结果在最终出现的过程中一直都没有遇到过任何抵抗，同样也不意味着这种妥协将会永无休止、毫无界限。在这一小节的内容中，我们将从一个特别的个案入手，来分析国家权力在向花瑶社会进行渗透的过程中所遭遇到的抵抗状况，并以此说明，在这一过程中，国家权力也具有自己的阈限，既不能直达花瑶社会文化与传统的最核心处，也不能最终实现对这一社会和传统的全面解构，而只能停留在一定的区域之外。

1958 年，隆回县县委贯彻省党代会的精神，开始在全县开展"大跃进"运动。10 月，为响应"破除迷信，解放思想，烧掉保守"、"大办各种事业"等号召，全县范围内开始出现了砍伐树木、大炼钢铁的行为，大量的古树、森林遭到了严重的破坏。据县志资料显示，民国时期隆回县林业用地面积约占总面积的 75%，森林覆盖率为 65%，但是到 1975 年时，森林覆盖率却只有 35.71%。[2] 这一运动也迅速从县里波及到了花瑶古寨，并在花瑶人的世界里掀起了一场巨大的波澜。

前文中我们曾经提到过一起花瑶人动用宗族的力量对三个违反族规、私自在古树禁地捡柴烧的人予以严肃处理的事件。实际上，对古树的崇拜和信仰，一直是花瑶自古相传的习俗之一。在他们看来，古树颇具灵性，因此，当小孩初生时，为了保护其不遭小鬼等污秽之物的骚扰而能顺利养大成人，其父母往往要领着孩子拜祭一棵古树作为其寄父

---

① ［英］安东尼·吉登斯：《民族—国家与暴力》，胡宗泽、赵力涛译，三联书店1998年版，第5页。

② 对于隆回县整体而言，从清朝以来就一直有着各种各样的护林规定。民国三十二年（1943）时隆回县的 8 乡 1 镇都成立有半官方性质的林业公会，并且还制定了严厉的规约，民间还流传着"禁山会团，不认爷娘"的歌谣。但汉族社会的这些规矩在这场运动中遭到了全面的破坏。参见隆回县志编纂委员会编《隆回县志》，中国城市出版社1994年版，第170、185 页。

母。而且，许多古树往往长在花瑶人祖坟所在之地，它们不仅被认为是祖宗的象征，同时还被看作是该地的龙脉所在和风水的保护者，因此绝对不能遭到破坏。这在花瑶人中间是一直被持守的禁令和习俗，自从他们定居在这一地区以来，从来都没有被打破过。但是，"大炼钢铁"这一场运动却对他们这一祖辈相传的规矩发出了挑战。

可以想见，这一运动立刻在花瑶民族内部遭到了各种形式的抵抗。有两个地方的抵抗运动尤其具有典型性，其中一处就是虎形山乡的崇木凼村。当时，村里的一把手、共产党在基层的代言人、担任村支书的是沈诗永。在前面我们曾经提到过，沈诗永是以"战斗英雄"的身份被任命为村支书的。他在1948年参加过地下武装起义，1950年加入了共青团组织，还曾当了几年兵，参加过几次大的战役，接受过共产党系统的教育，而且由于表现突出，思想进步，在1954年就加入了中国共产党，是共产党亲手培养的又红又专的人才。1955年他返回家乡之后，立刻就出任了村支书，开始对村里的事务进行全面的管理。

可以说，在对绝大多数的政策和运动的贯彻执行中，沈基本上没有打过什么折扣，取得了令上级政府满意的结果。然而这一次，情况却远不相同。即便是在这位共产党亲自培养的基层干部看来，砍伐古树也是作为一个花瑶人绝对不能容忍的事情。这不仅是对祖宗的背叛，也将会给花瑶人未来的生活和命运带来灾难。然而，他的这一看法并没能在当时的乡政府以及县政府相关部门中取得任何支持，反而遭到了他们的指责，认为这是他依然具有"落后思想"的表现，并且还限定他要在某日之前将该村的古树全部砍倒，等待政府的人前来运送。但是沈并未执行这一决定。在他看来，尽管这是党和政府下达的"命令"，他是"党的人"，应该予以执行；但是，他却更加强烈地意识到自己首先是一个"唔奈"（音译，即"花瑶"人对自己的自称），更应站在"唔奈"这一边。

因此，当规定的日子到来的时候，县里前来运树的工作队却发现，崇木凼里古树依旧，青山依旧，另外还有全村的瑶民在场，手持锄头、铁锹以及鸟铳等各类武器，将古树林团团围住。当时的态势很明显，如果工作队要硬来的话，势必要出现血拼的局面。僵持了很久以后，工作队只好撤出了崇木凼，无功而返。在花瑶人的保护之下，这里的古树再也没有被破坏过，而是一直存活至今。后来，沈诗永本人因为此事而受到了极为严厉的处分，并被发配到另一个地方进行劳动改造，当地的工作则暂时由别人接管。但是村里的瑶民却并不买这些新干部的账，并且总是在各种场合与其作对。直到沈诗永本人被迅速地从改造之地送回来，重新接任村支书一职之后，崇木凼村才又恢复了原来的状况。

另一场"保树运动"发生在小沙江镇旺溪村的回家湾，却比崇木凼上演的这一幕更具传奇色彩。回家湾世代生活着回姓花瑶，据传祖上系武学世家，曾出了许多英雄，当时"云"字辈的回云省、回云龙等五兄弟就在整个瑶山极有名气。回云省本人在1951年12月至1953年12月期间还曾担任过小沙江区的副区长，也属于共产党信得过的干部。[①] 但是当政府派人来强行砍伐古树的时候，回家湾的男女老少在这五兄弟的带领下，将一帮人团团围住，甚至还将带头的人给绑起来，吊在树上，下面用火烤，将其烧伤了。政府因此特意从司门前调来了一百多名解放军，与当地的民兵一道，于半夜荷枪实弹地摸进了回家湾，在床上将几兄弟给逮捕了，各蹲了三、四年的监狱。而回家湾的古树，也一朝尽毁。现在，回家湾"保树运动"的主角回云省、回云龙两兄弟依然健在，而且与我们相处甚欢。但每每谈及此事，仍然唏嘘不已。

在其他地方，也发生了类似的事件，瑶山的古树，大多被保留了下来，但也有少数的例外。上面我们所提到的这两场在当时产生了较大影响力的"保树运动"，一则以成功而告终，一则却以失败而结束。然而，从这两件事情当中我们却可以很清晰地看出，当时的花瑶社会里国家权力与地方传统之间所存在的张力以及由此而引发的矛盾。

---

① 《隆回县档案馆指南》（初稿）下册，第543页。

　　在建国初期到改革开放以前的这段时间内，面对着国家权力的强力渗透，花瑶民族在很大程度上采取了妥协的态度，也在很多方面发生了改变，原来的地方传统也似乎出现了空白和断裂。[①] 然而，"保树运动"这一个案所反映出来的，却是花瑶社会在面对国家权力的入侵时所坚守的最后阵地。被放弃的只是其中的一部分，也是那些能够被放弃的部分，保留下来的却是不能轻易被改变的文化的内核。在花瑶人的世界中，那些经过了几百年、上千年的沉淀、已经内化为民族心理的观念、信仰和习俗，并不是短短几十年的时间、几十次的运动就能予以完全消融的。而且，国家在这一问题上的强力干预在很大程度上再次触动了花瑶人有关政府与他们之间关系的历史记忆，当国家采用较为温和的方式来应对他们的许多习俗的时候，花瑶人或者妥协，或者退让；但是，当国家对这最关键、也是最核心的一部分进行清洗的时候，花瑶人勇敢地选择了对抗。这一民族在历史上曾用血的代价来保留自己的传统；如今，他们所坚守的这一文化的内核，依然是国家权力所无法超越的阈限。在新中国成立初期，曾通过对花瑶社会进行的一系列有助于改善其生活状况的活动而在极大程度上赢得了花瑶人的认同。但是，在其意图实现进一步的权力扩张的过程中，这二者之间却发生了目标上的差异。对于国家来说，它需要有坚决地完成一系列能够提高全民生活水平、改善全民生活状况的任务的决心和能力，尽管有时候这种决心和能力会给局部地区以及生活于这一地区的人带来负面的影响。但是对于花瑶社会来说，情况则远远不是这样。他们更关心的是自己本民族利益的维护和实现，而毫不在乎他们之外的世界。这二者之间目标上的差异也是导致它们发生冲突的最重要的因素。这一差异如果不能予以消解，则有可能给双方带来较大的伤害。国家逐渐实现对乡村社会的全面控制的过程，就应该是将二者之间的目标差异逐渐缩小的过程，然而，在这一点上，

[①] 有学者认为，"总的看来，共产党改造了乡村，实现了外来控制，将之整合成为一个较大的地区体系，并在某种程度上将这种外来控制永久地渗透进去了"。[美] 吉尔伯特·罗兹曼主编：《中国的现代化》，"比较现代化"课题组译，江苏人民出版社1988年版，第488页。

此时的共产党却陷入了困境。① 对于它来说，这种困境的突破，既需要付诸努力，也需要依据经验，更需要等待时间。

同时，在对自己的基层代言人进行选择时，共产党的政府虽然不像以前的政府那样消极被动，只能借助于乡村社会原有的权威体系，但是也遇到了相当大的困难。从本性上说，它倾向于挑选那些对自己有着强烈认同感，并且是自己能够把握与控制的人，但是，它也不得不考虑到乡村生活的实际。尤其对于一个有着强烈的民族意识、认同感的少数民族来说，则更是如此。在前文的论述中我们已经看得很清楚，政府要选择自己亲手培养、并经得住历次考验的人来充当其伸入乡村社会的媒介，但同时这个人还不应该受到当地人的排斥，这就注定他必将是本民族的成员。这也将不可避免地导致以下这种状况的出现：他的权威虽然是国家赋予的，但在很大程度上也是乡村社会承认的结果；他需要贯彻国家的政策，但同时也应该代表乡村的传统、文化和利益。只有这样，他才能够具备真正的权威。共产党没有解决这一困难，也就只能听任这一局面的出现：当国家的利益和民族、村庄的利益发生冲突时，它所选择的代言人，最后却站到了它的对立面。

而且，宗族赖以存在的区域背景也没有完全消失。虽然占据花瑶社会主导地位的生产方式（合猎）已经被新的农业生产所逐渐取代，但是，共产党在 1949 年以后所采取的严格限制人口流动的政策却依然将花瑶人牢牢地捆绑在村庄的内部。也就是说，同一宗族的人居住在相同的村庄或者相邻近的区域这一传统还在延续。这便在客观上形成了有助于加强宗族之间联系的条件，不管这种联系的外在表现是"合作社"、"生产大队"，还是"互助合作组织"。这一条件的形成，也将导致改革以后建立在血缘基础之上的人际关系与人际交往方式的重新复兴与再度兴盛。

---

① 在有些学者看来，尽管共产党在建立政权初期采取了一系列的措施，但仍然不能完全实现对乡村社会的全面控制，其根源"在于反复强求实现超过其资源承受能力和实际需求的控制"。参见［美］吉尔伯特·罗兹曼主编《中国的现代化》，"比较现代化"课题组译，江苏人民出版社 1988 年版，第 654—655 页。

七 1979 年以来地方传统的复兴及其原因
——经济状况、国家政策影响下的花瑶社会

（一）国家控制力的放松、新的经济状况的出现与地方传统的复兴

1979 年以后，政府吸取了前一阶段的经验教训，开始逐渐调整自己原先的目标和策略。它不再热衷于开展各种各样的政治运动，也坚决地放弃了那种以为只要通过调动普通群众的积极性和热情，发挥他们盲目而高涨的"主人翁精神"，就能"赶英超美"、"迅速实现共产主义"的幻想。相反，它开始将关注点集中在如何通过经济建设来提高人民生活水平这一问题上来。因此，政府逐渐放松了对整个国家的严密控制，而开始放手让乡村社会依靠自己的力量来恢复和发展生产。① 这一时期在全国广泛进行的经济改革，给中国大多数的乡村社会都带来了巨大的影响。有学者认为，"构成传统中国农村权力运作基础的文化网络，经过建国后持续不断的政治运动的冲击和市场经济的冲击，大多已经解体……在市场经济的冲击下，农村旧有的价值体系和道德观念正在解体，新的价值体系和道德观念还没有建立起来。农民之间的关系很快便暴露在赤裸裸的经济利益的理性算计之中……"② 然而，这一结论却并不适用于花瑶社会。根据我们在实地调查期间所观察到的现象来看，地方传统既没有解体，也没有消失，反而在市场经济的影响和冲击下开始重新浮现，并再次在规范花瑶人民的日常生活、指导他们的生产实践中重新起着重要的作用。

1979 年以后政府所制定和出台的政策明显地淡化了意识形态的色

---

① 在调查中有花瑶人告诉我们，改革开放以后，当地政府很少召集他们开会，也很少向他们宣讲国家政策的变化。对于大多数花瑶人来说，除了要交税以外（这一时期国家对花瑶民族所定的税额为每人每年平均 40 元），在一年中的绝大多数时间里，他们都在自己的血缘圈内交往和生活，很少与政府及其官员发生关系，也并不关注外面世界的变化，有很多人甚至不知道现任国家主席是谁。从这一个小的细节上很可以看出 1979 年以后国家对乡村控制的放松。

② 贺雪峰：《新乡土中国》，广西师范大学出版社 2003 年版，第 54 页。

彩，而开始更加贴近乡村社会日常生活的需要和实际，并致力于改善乡村生活状况，以从根本上提高他们的生活水平。如 1987 年 9 月 20 日湖南省第六届人民代表大会常务委员会第二十七次会议通过并于 1988 年 1 月 1 日开始执行的《湖南省散居少数民族工作条例》第七条、第八条、第九条中就明确规定："省和散居少数民族人口较多的设区的市，辖有民族乡和散居少数民族人口较多的县（市、区）在编制预算时，应安排一定数量的专项资金，扶持散居少数民族发展经济、文化事业。辖有民族乡的县（市、区）核定民族乡的财政收入基数应当留有余地。乡财政的超收部分全部留给当地……民族乡应根据当地的自然条件、资源状况和民族特点，决定经济、文化事业和公共事业的建设计划。有少数民族聚居的乡在决定经济、文化事业和公共事业建设计划时，应照顾少数民族的特点和需要……县级以上人民政府应当增加投入，帮助民族乡和有少数民族聚居的乡加强能源、交通、通讯、农田、水利、林业等基础设施建设。县级以上人民政府的工作部门要在资金、物资、技术、信息等方面提供优惠条件，帮助民族乡和有少数民族聚居的乡开发资源，搞活流通，发展经济。"① 在这些政策的指导下，花瑶社会的经济状况有了相当大的提高，生活水准比起以前来也不能同日而语，然而，仍然没有证据可以表明，他们的交往方式、人际关系以及彼此之间的血缘联系就有了根本性的变化。

首先，"生产责任制"的改革将土地分给了农民，在许多地区，家庭开始重新成为生产的基本单位和主体。对于花瑶社会而言，虽然也是独立的家庭在承担着大部分的农业生产任务，但是，由于生产力水平低下和土地质量很差的原因，他们通常不得不借助于家庭以外的一些力量来完成最终的生产。尤其在最为繁忙的耕种时节和秋收时

---

① 参见《湖南省散居少数民族工作条例》，第七条、第八条、第九条。1987 年 9 月 20 日湖南省第六届人民代表大会常务委员会第二十七次会议通过，根据 1997 年 8 月 2 日湖南省第八届人民代表大会常务委员会第二十九次会议《关于修改〈湖南省散居少数民族工作条例〉的决定》修正。

节，就更是这样。① 由于在这一时期，政府不再干涉具体的农业生产活动，也不再事无巨细地插手整个生产的流程，这样，"不仅生产成了个人—家户的事，公益事业和社会互助亦变成民间的事。这一状况为民间传统社会—经济制度的恢复提供了一个'自由空间'"。② 花瑶社会也开始重新诉诸有血缘关系的同族人以及有姻亲关系的亲戚的帮助，以前族内互助的生产方式再次开始出现，尽管现在他们所面对的主要对象是土地，而不是猎物。而且，他们也开始重新用传统的方式来称呼前来协助自己完成农活的这些有亲缘关系的同族人，而不再是将他们定义为同一个"互助组"、"合作社"的"组员"和"社员"，尽管在许多情况下，这些成员在事实上出现了交叉或者重合。但是，称谓的变化依然可以明显地反映出这一时期内花瑶民族社会关系的变化状况，传统的血缘关系重新又凸显出来，占据了他们生活的中心，而人际交往也在"回归传统"，朝向宗族内部的方向发展。

其次，国家还加大了经济扶持的力度，并根据当地实际制定了新的经济政策，以帮助少数民族地区发展生产，改善生活水平。如湖南省人民政府办公厅（湘政办发〔1996〕20 号）文件《湖南省人民政府办公厅关于进一步做好散居少数民族工作的通知》中就规定，应该在"2000 年以前，继续对民族自治地方以外的民族乡的农业税实行减半征收；对国家、省定贫困县中的民族乡和省定的特困民族乡的农业税实行全免"。而且，"从 1996 年起设立湖南省散居少数民族发展资金，主要用于帮助民族乡和散居少数民族发展经济和社会事业，各级政府要安排

---

① 土地的质量很差，而且也有很大一部分是山地，因此，开垦、耕作起来非常费力，需要有人合作才行。遇到秋收或者农忙的时候，他们并不是各自忙各自的，而是同姓的人或有亲戚关系的人联合起来，挨家挨户轮流进行。在我们调查的期间，刚好赶上他们"打禾"（即收稻谷）的时候，田野里的场面就是亲戚之间这样带有"换工"性质的互助组合和联合作业。

② 王铭铭：《村落视眼中的文化与权力——闽台三村五论》，三联书店 1997 年版，第 63—64 页。

适当配套资金"。① 而在《中共湖南省委湖南省人民政府关于少数民族和民族地区发展经济和社会事业若干优惠政策的通知》一文中，也明确规定了当地政府应该从"基础设施建设、财政税收、资金保障、生活资料和生产资料的保障、粮食问题以及教育、科技、文化、卫生"等各项社会事业问题入手，对少数民族居住地区实施优惠政策，以促进该地区经济的发展。② 这样，少数民族地区不仅可以享受高于一般地区的财政补贴金、减免农业税，而且还可以从银行系统贷款来加大对农业、林业以及乡镇企业的投入。同时期地方政府出台的相关政策还有《邵阳市人民政府关于认真贯彻民族法规、民族政策若干问题的通知》等一系列文件，③ 在这些文件中明确规定："'八五'计划期间，市财政安排的民族专项资金应逐年有所增加。从今年（1992 年）起，每年递增 2 万元，'八五'末期达到 30 万元……各县（区）在编制年度财政

① 湖南省人民政府办公厅文件（湘政办发〔1996〕20 号）：《湖南省人民政府办公厅关于进一步做好散居少数民族工作的通知》。

② 在中国共产党湖南省委员会（湘委〔1994〕23 号）文件《中共湖南省委湖南省人民政府关于少数民族和民族地区发展经济和社会事业若干优惠政策的通知》一文中这样明确规定："1. 加大水电、交通、邮电等基础设施建设和技术改造项目的投入，在民族地区兴办大中型企业，增加农业收入；2. 在财政税收政策方面实行高于一般地区的财政补贴，并减免农业税的优惠政策，民族自治地方按国家规定设立'三项经费'，民族自治地方的预备费，在预算中所占比例要比一般地区高出百分之一；民族地区补助费按照少数民族人口的数量设立，并应设立民族自治地方的机动资金；省对新增不发达地区发展资金的配套资金，按照国家当年给我省新增不发达地区发展资金到位数的百分之十五进行配套；3. 适当放宽民族地区的贷款条件，不许抽走民族区域的资金；4. 继续对民族自治地方收购农副产品实行价外补贴，并妥善安排好民族地区的生产生活资料的购买和配置工作；5. 切实解决民族地区的粮食问题；6. 帮助民族地区发展教育、科技、文化、卫生等社会事业问题。"具体的内容可参见中国共产党湖南省委员会、湖南省人民政府于 1994 年 12 月 30 日颁发，湘委〔1994〕23 号文件《中共湖南省委湖南省人民政府关于少数民族和民族地区发展经济和社会事业若干优惠政策的通知》一文。

③ 具体的内容可参见邵阳市人民政府文件（市政发〔1992〕14 号）：《邵阳市人民政府关于认真贯彻民族法规、民族政策若干问题的通知》、中共邵阳市委员会、邵阳市人民政府文件（邵市发字〔1997〕33 号）：《中共邵阳市委邵阳市人民政府关于认真贯彻落实少数民族政策问题的意见》、隆回县人民政府文件（隆政发〔1990〕10 号）：《湖南省隆回县人民政府关于实施〈湖南省散居少数民族工作条例〉的若干措施》以及隆回县人民政府文件（隆政发〔1996〕96 号）：《湖南省隆回县人民政府关于认真贯彻〈湖南省人民政府办公厅关于进一步做好散居少数民族工作的通知〉的通知》等文。

预算时，也应安排一定数量的民族专项资金。"① "从 1998 年起，按照省里的要求，市财政设立散居少数民族发展资金；市财政设立的'少数民族补助费'逐年有所增加，逐步达到按全市少数民族人口年人均 1 元钱标准。各县、市、区在编制年度财政预算时，也应安排一定数量的少数民族发展资金，民族资金主要用于帮助少数民族、民族地区发展经济、社会事业。"② 1990 年隆回县"县财政每年安排 4 万元少数民族专项资金，由县财政局和县民委具体安排到民族乡或少数民族受援单位，用于发展少数民族经济文化事业。民族乡的财政包干，在核定财政收入基数时应留有余地，超收部分全部留给当地。民族乡要将财政超收的大部分资金，用于发展经济、文化、教育、公益事业"。③ 到 1996 年时，隆回县人民政府又再次规定："从 1996 年起县财政预算内安排的少数民族补助费由原来的每年 4 万元增加到每年 6 万元，用于发展少数民族经济和社会事业。由县财政局和民族工作部门商定，具体安排到民族乡或少数民族受援单位。"④ 这一系列相关文件的出台，就从制度的层面为少数民族地区发展经济确立了政策保障。从各个层面对花瑶民族所居住的地区开始实施优惠政策。

这样，除了直接的救灾救济措施以外，在政府和相关政策的支持和资助下，瑶民根据当地的气候、土壤等实际情况，开始种植适合当地条件的药材，而不再将全部的希望都寄托在单纯的农作物上。据隆回县县志记载，到 2000 年时，虎形山瑶族自治乡种植药材达到 2.8 万亩，2002 年全乡药材总收入达 1060 万元，人均药材收入达到了 800 元。⑤

---

① 邵阳市人民政府文件（市政发〔1992〕14 号）：《邵阳市人民政府关于认真贯彻民族法规、民族政策若干问题的通知》。

② 中共邵阳市委员会文件、邵阳市人民政府文件（邵市发字〔1997〕33 号）：《中共邵阳市委邵阳市人民政府关于认真贯彻落实少数民族政策问题的意见》。

③ 隆回县人民政府文件（隆政发〔1990〕10 号）：《关于实施〈湖南省散居少数民族工作条例〉的若干措施》。

④ 隆回县人民政府文件（隆政发〔1996〕96 号）：《关于认真贯彻〈湖南省人民政府办公厅关于进一步做好散居少数民族工作的通知〉的通知》。

⑤ 参见马道明、谢元华《隆回县志·民族篇》（送审稿），第 15—16 页。

而且，乡镇企业在瑶山里也开始发展，林场、茶叶场、木材场等随处可见，也为改善瑶族人的生活作出了相当重要的贡献。这一时期，花瑶人中间还广泛传唱着一首旨在反映新经济政策给瑶山所带来的巨变的山歌：

> 山高石头多，出门就爬坡。
> 对门喊得应，走路半天多。
> 冬天无被盖，夜晚困柴窝。
> 锅里有米煮，蕨汤当粥喝。
> 来了共产党，瑶岭唱新歌。
> 处处通公路，出门有车坐。
> 农业讲技术，年年增产多。
> 高山遍竹树，牛羊放满坡。
> 洋芋苡米好，有钱买百货。
> 村寨办学校，电影进山窝。
> 户户夜明珠，家家有广播。
> 瑶汉共一家，个个乐呵呵。①

现代化理论的一个非常流行的观点认为，经济状况的改善和农村社会的工业化进程将会逐渐导致乡村社会传统的人际关系和交往方式的解体，并最终让位于一种新型的与市场经济体制相适应的人际关系和交往仪式。② 然而，这一观点同样不能适用于花瑶社会的实际。如同在农业

---

① 此民谣出自袁士泽，参见熊知方编著《隆回名胜》，国际文化出版公司1997年版，第196页。类似的民谣还有许多，如"鸟靠翅膀才凌云，竹靠春雨才发笋。党的政策到农村，一夜山河绿十分"，等等。

② 如贺雪峰就认为："革命时间之后，市场经济越彻底，村庄历史的性质就越单纯地利益化了。而一旦村庄历史单纯地利益化之后，村民之间的联系便进一步地被割断，他们越来越成为原子化的个人，与自己利益无关的事情，自己就不会去参与，同时，自己的个体利益与其他人无关时，其他人也不会来评说，除非自己个体利益增加或是受到损害。甚至村民们在争取自己的利益时，也已经很难用传统记忆所构成的联系来一致行动，这就可以理解为什么有些地方普通村民会对村委会选举无动于衷。"参见贺雪峰《乡村治理的社会基础》，中国社会科学出版社2003年版，第156—157页。

生产中所表现出来的那样，家族网络、血亲关系，依然是他们在为改善经济状况而进行的一系列工作中所依赖的主要关系网络，并且这一网络在目前也并没有出现任何衰败的迹象。同爱德华·布鲁纳（Edward Bruner）在许多亚洲城市中所发现的那样，"社会并没有变得世俗化，个体也没有变得孤立，亲属关系的组织并未崩溃"。① 整个花瑶乡村社会重新呈现出了一种亲属之间、宗族之间、同姓之间、民族之间联系非常紧密的"关联度"很高的状态。②

另外，外出打工的潮流也开始出现。年轻的姑娘和小伙子结伴南下广州，去外面的世界闯荡。但是花瑶人有着强烈的归根意识和乡土观念，没有人作出从此不再回来、在外面安家落户这一选择。因此，在短暂的打工期结束以后，资金和劳力开始向乡村回流，从外面的世界里所挣到的钱依然用于那些对乡村传统内容的履行：作为自己将来结婚时的彩礼或者嫁妆；支付办理丧事所需的费用；用来偿还盖房和支付其他较大开销时所欠下的债务；以及作为开展新一年的生产、提高生活质量而购买的生产资料（农药、化肥等）和其他物品的储备资金。这样，外出打工所得的收入中的绝大部分就被投入到了"扶植本土生产方式"③中去了。换句话说，外出打工这种新的生活方式所带来的最终结果，不仅能够在他们中间增强民族意识和民族认同感，并且也在客观上促进了本民族文化、生产方式以及交往关系的保持，而不是消解。

在日常生活中，传统的以家族关系为主体的人际关系网络的作用也

---

① ［美］马歇尔·萨林斯：《甜蜜的悲哀》，王铭铭、胡宗泽译，三联书店 2000 年版，第 138 页。

② 贺雪峰将"村庄社会关联"定义为"村庄内村民与村民之间具体关系的总和，它指的是处于事件中的任何一个具体的村民在应对事件可以调用关系的能力……若一个村庄中的所有村民都缺乏调用相互之间关系的能力，我们就说这个村庄缺乏社会关联或者社会关联度很低"。具体的论述可参见贺雪峰《新乡土中国》，广西师范大学出版社 2003 年版，第 6 页。

③ 马歇尔·萨林斯在对克瑞人、伊奴人或者尤皮克人等爱斯基摩土著进行研究时发现，"土著的内部经济显然统合了外来经济。更进一步说，在村落当中，一个人或一个家庭，其在金钱经济中越是成功，就越会加入到本土的秩序中去。与亲属之间进行资源共享，随着金钱收入的增加而增加，这典型的是通过在狩猎和采集中获得金钱让大家获益而实现的"。参见［美］马歇尔·萨林斯《甜蜜的悲哀》，王铭铭、胡宗泽译，三联书店 2000 年版，第 135—136 页。

体现得更加明显。同以前一样，产生借贷关系的双方也主要属于同一个宗族内部的成员。花瑶人很少会向外姓人或者汉族借钱，因为他们往往认为，将钱借给需要帮助的同族、同姓的人或者亲戚这一行为，不单纯是出于"做好事"的动机，而常"含有亲属责任的原则"。① 尽管在这一过程中，他们也会找保人来担保，或者是请人到场来当见证，但是，这只不过是对他们自古相传的古老习俗的沿用，而并不能表明他们是受到了市场经济的影响，或者是他们理性意识提高的产物。

一旦遇到类似于修房子这一类的重大事情时，花瑶人则更是倾向于依靠亲戚和同姓人的帮助。当 2004 年 8 月 12 日我们来到虎形山乡万贯冲，想要寻找熟悉花瑶历史的奉道平老人进行采访的时候，刚好遇到附近一家人在盖房子，奉作为同姓的亲戚去帮忙了，我们没有在家里见到他。一直等到吃午饭的时候，他的家人和为我们充当翻译的花瑶向导才终于将他寻了回来。但是很显然，我们的来访打搅了他的工作。我们可以清楚地感觉到，此时在他的心目中，帮助同族的亲戚完成这件大事，远远要比接受采访更为重要。因此，我们的访谈也就没能持续很久，他在吃完午饭以后又很快地去了工地。而当我们回去的时候，恰好要经过这家人的门口，这就使我们有机会亲眼目睹了这一场景。当时的情况看起来紧张而又有序，男子们主要是在上梁、递瓦、盖瓦，女子们则在地面上有条不紊地忙碌，每个人似乎都能找到最适合自己去干的工作。这样的一幅场景几乎就可以看作是一个家族集体劳作场景的完整体现。而且我们还得知，等到晚上的时候，他们还将聚在一起喝酒吃饭，按照瑶山的规矩，男子每人至少要喝上四大碗，有时还会不醉不归；女子则趁此机会与自己娘家的亲人团聚。对他们来说，盖房子为他们"同一大家的人"提供了一个难得的加强交流、增进感情的机会，也为以后他们彼此之间延续这种关系奠定了基础。盖房子原本只是一件单纯的家庭

① 斐斯（Raymond Firth）：《中国农村社会团结性的研究》，费孝通译，载燕京大学社会学系编辑《社会学界》第十卷，燕京大学哈佛燕京学社引得校印所 1938 年版，第 256 页。2004 年 8 月 2 日我们在虎形山乡青山坳村采访时，刚好有一家人在盖房子。主人告诉我们，他们盖房大概要 1 万块钱，主要是从亲戚那里借来的。

事务，然而却被赋予了整个家族的意义。

从以上的论述中我们可以看出，国家放松了对乡村社会的控制力之后，其所出台的新的经济政策以及由此而带来的新的经济状况并没有导致花瑶民族传统的家族制度和社会认同的消失，也并没有带来新的人际关系和交往形式的改变，而是在很大程度上促使花瑶社会开始重新回归传统。这一点与闽台地区的乡村社会非常类似，"真正在经济过程起社会化作用的，是民间传统的家族制度与社会认同。换句话说，现代化并没有带来传统的家族房支、姻亲与邻里关系网络的破坏，而是促进了这一系列非正式的地方性制度（local institutions）进入功能再现的过程"。① 对于花瑶社会来说，同过去的几百年里一样，传统的民族认同和血缘情感依然在主宰着新形势下的乡村社会，成为支撑他们走进新时代的关键因素和重要内容。

（二）国家政策影响下的地方传统的复兴

这一时期隆回县政府所实行的建立在"贴近少数民族居住地区生活现状"基础之上的民族政策，不仅在客观上加强了花瑶民族的凝聚力，同时也促进了他们民族意识和民族认同感的增长。1984 年 4 月撤社建乡的时候，花瑶人所居住的两个公社被改建为民族乡，并开始推行民族自治政策。② 按照国家所颁布的民族政策规定，"自治区主席、自治州州长、自治县（旗）县长由实行区域自治的民族的公民担任。民族干部在人民政府各工作部门应占到一定的比例"。"民族自治地方的人民政府，要采取民族形式，在执行职务时，要使用当地一种或几种民族语言文字，要尊重民族风俗习惯。"③ 而在花瑶人居住的隆回县，政

---

① 王铭铭：《村落视眼中的文化与权力——闽台三村五论》，三联书店 1997 年版，第 139 页。

② 虎形山人民公社和茅坳人民公社都在这一时期内被改建为民族乡，但在 1995 年 6 月撤区并乡的时候，茅坳瑶族乡被并入了虎形山瑶族乡，这一状况一直保持到现在。参见马道明、谢元华《隆回县志·民族篇》（送审稿），第 3 页。

③ 刁田丁主编：《中国地方国家机构概要》，法律出版社 1989 年版，第 431—432 页。

府还明确规定："民族乡除乡长由建立民族乡的少数民族人员担任外，还要配备一定的少数民族干部，逐步做到少数民族干部所占比例，不低于这个乡少数民族人口所占的比例。"① 这一政策的颁布和执行，公开地赋予了花瑶人"选择本族人来担任本民族领导职务"这一做法以合法性的权威。在这些政策的指导下，1978 年以后，花瑶人曾相继担任过小沙江区副书记、副区长、区长和小沙江镇书记、人大副主席、副乡长、副镇长，茅坳公社副书记和茅坳乡人大常委会主任、人大常务主席、乡长、副书记，以及虎形山公社副书记和虎形山乡书记、副书记、乡长、副乡长等重要职务。② 这在很大程度上为花瑶人自己处理本民族的事务提供了保证。

与此同时，在事实上，花瑶社会内部还出现了一种"村级权力结构的模化"③ 状况：在几个姓都存在的地区，按照姓氏的比例来产生领

---

① 隆回县人民政府文件（隆政发［1990］10 号）：《关于实施〈湖南省散居少数民族工作条例〉的若干措施》。有关少数民族地区领导人的确定问题，在湖南省出台了一系列文件予以规定，如1987 年颁发、1988 年 1 月 1 日开始实施的《湖南省散居少数民族工作条例》的第三条就明确规定："民族乡的乡长，由建立民族乡的少数民族公民担任；民族乡人民代表大会主席或者副主席或者乡人民政府副乡长中，应当有建立民族乡的少数民族公民；民族乡人民政府的其他工作人员中，应当有一定数量的建立民族乡的少数民族公民。"邵阳市人民政府文件（市政发［1992］14 号）：《邵阳市人民政府关于认真贯彻民族法规、民族政策若干问题的通知》中规定："辖有民族乡的绥宁、隆回……县人民政府领导班子中，都应配备少数民族干部；民族乡政府领导班子中，民族干部的构成，要与当地各民族人口比例大体相当，民族乡的乡长必须由建立民族乡的少数民族公民担任，乡政府其他工作人员中，要有少数民族公民……"隆回县人民政府于1990 年颁布的文件（隆政发［1990］10 号）：《关于实施〈湖南省散居少数民族工作条例〉的若干措施》中也规定："民族乡除乡长由建立民族乡的少数民族人员担任外，还要配备一定的少数民族干部，逐步做到少数民族干部所占比例，不低于这个乡少数民族人口所占的比例。少数民族人口较多的小沙江……的领导班子中，要有少数民族成员。民族乡以外，凡少数民族人口较多的乡、镇和县属有关部门，也要相应地配备少数民族干部。"

② 在1978—1995 年期间，曾担任过这些重要职务的花瑶人有：奉道水、奉德高、奉泽课、奉锡辉、奉锡耀、奉锡华、奉锡永、奉族旗、奉兆佳、奉承业、奉瑶姐、奉永红、奉修齐、沈道崇、沈德友、沈德清等人。

③ 贺雪峰所调查的江西贯村、仝志辉所调查的江西艾村、梅志罡所调查的河南汪村都出现了这样一种"模化的村级权力结构"。参见贺雪峰《新乡土中国》，广西师范大学出版社2003 年版，第76—77 页。这种现象在陕西北部也很普遍，笔者的家乡榆林地区，村级权力结构基本上就是这种模式。

导；在一姓人居住的区域，则由该姓的人当领导。如虎形山乡的乡长（公社主任）一职在很多年以来主要被该乡大姓（奉姓）的人所把持；① 崇木凼村由沈姓的人来担任村长；回家湾的工作主持者则是回姓。村民倾向于选举本族的人来担任本族事务的领导，而且本族的干部也比较容易做通本族人的工作。这就在事实上使花瑶社会再次恢复了由本民族的人来处理本民族事务的状况。政府对花瑶社会的管理，则大多是间接的和宏观的。② 同时，这也再次在客观上有益于加强同族人彼此之间的凝聚力。

这一政策所带来的更为重要的影响则在于对"尊重民族习惯"这一观念的强调和贯彻。在国民政府以及之前的历届朝廷看来，花瑶民族只不过是一个位于汉族之下的亚群体和次等群体，从来都不具有与汉族同等的地位；但是共产党政府却采取了与它们有着天壤之别的态度。1979 年以后，更加强调"要在充分了解、尊重民族地区地方特色和地方传统的基础上开展工作"。如 1997 年中共邵阳市、邵阳市人民政府联合颁发的《关于认真贯彻落实少数民族政策问题的文件》中就明确规定："市直机关和各县、市、区在出台政策措施前，要充分考虑照顾少数民族和民族地区的特点和需要，注意尊重民族自治地方的自治权，保障他们的合法权益……各民族的风俗习惯是在长期的历史发展中形成的，尊重少数民族的风俗习惯，就是尊重少数民族的民族感情。维护民族团结是各民族人民的共同愿望和最高利益。各级党委、政府、各部门，都要把尊重少数民族风俗习惯、维护民族团结作为广泛开展马克思主义民族观和党的民族政策教育的重要内容，广泛宣传。各民族在相互

---

① 在 1979—1992 年期间，历任虎形山公社主任、虎形山乡乡长的主要为奉姓花瑶，如奉修齐（1979 年 3 月至 1984 年 5 月）、奉道水（1984 年 5 月至 1992 年 11 月）等人。

② 很多花瑶人告诉我们，当他们之间发生纠纷的时候，他们往往会请在政府里担任干部的花瑶来处理，而不是服从于汉族政府官员的调解和裁判。这种观念和做法在花瑶人中间非常盛行，例如：几年以前，小沙江镇江边村的村长、村支书和村秘书都是汉族人，他们在对该地进行管理时，就遇到了很大的困难，原因在于麻坑组的花瑶认为这些汉族的"官"并不能代表他们花瑶人的利益。2001 年时，这些花瑶曾经组织了 30 多个年轻的男子将镇上主管花瑶工作的干部围了起来，胁迫其迅速改变江边村没有花瑶人担任职务的这一状况。

交往过程中，要互相尊重，互相学习，互相帮助。对于各民族之间出现的矛盾纠纷，一定要高度重视，慎重对待，坚持实事求是的原则，做好过细的思想工作，妥善处理。"① 这一政策的出台和实行就在客观上促使情况朝着有助于地方传统的复兴和保持的方向发展。

一个典型的例子就是花瑶民族传统节日的再度兴起，以及这一节日的法定化地位的获得。在 1949—1978 年那段时间内，他们民族的传统节日"讨念拜"、"讨僚皈"曾经被中断，但是，1979 年之后又在政府的默许下开始恢复正常。而且政府也逐渐开始介入这一节日本身。2001年政府宣布将由官方来主持当年七月初二至初四的那次"讨僚皈"，而且还计划在节日期间推出一台"既具民族特色、又具现代气息"的"首届瑶族佳丽服饰风采大赛"。后来比赛果然如期举行，节日当天，几十名瑶族姑娘身着艳丽的民族服饰第一次走上了"T"型台，在县里来的讲解员的解说下向自己的父老乡亲和游客展示传统服饰的魅力所在。这次活动在很大程度上促进了花瑶人民族自信心的增长和民族优越感的萌生，因为，不仅县城和省城里来的"大官"和"领导"们都在赞扬他们民族的"独特性"和"神秘与美丽"，而且外来观众的眼中也流露出了对他们民族的惊讶和羡慕的神色。最后得奖的"瑶族佳丽"们还得到了极高的荣誉：她们被送到祖国的首都去见识，同时也让伟大的首都来见证她们民族的魅力。这是花瑶人第一次从更高的权威那里获得认可，第一次感觉到他们的生存所具有的别样意义。而且，从这年以后，几乎每年的节日都会由政府部门来参与，或者干脆就是政府在出面组织。国家和政府在这件事情上所持的态度和所采取的做法，在花瑶民族内部产生了类似于亨廷顿所说的能够导致一个民族的传统和文化开始

① 中共邵阳市委员会文件、邵阳市人民政府文件（邵市发字［1997］33 号）：《中共邵阳市委邵阳市人民政府关于认真贯彻落实少数民族政策问题的意见》。类似的规定在 1987 年颁布的《湖南省散居少数民族工作条例》、隆回县人民政府在 1990 年颁布的隆政发［1990］10 号文件《关于实施〈湖南省散居少数民族工作条例〉的若干措施》、1996 年颁发的湖南省人民政府办公厅文件（湘政办发［1996］20 号）《湖南省人民政府办公厅关于进一步做好散居少数民族工作的通知》等文件中都有明确的说明。

第一章 村落视野中的国家权力与地方传统 二

复兴的"第二代本土化现象"①：强烈的优越感促使他们产生了更加强烈的民族意识和文化认同，也在很多方面推动着他们更加迅速地回归传统。②

在花瑶社会整体的范围内，民间习俗也开始普遍地兴起。结婚、打三朝、丧葬、祭祀等传统的仪式不再受到官方的压制，也不再被与"落后"、"守旧"之类的代名词等同起来，相反，政府正在不停地通过各种各样的方式和途径向他们表明，这些习俗恰恰是他们所具有的"民族独特性"，是能够证明他们在文明圈里所占有的特殊地位的东西。

神秘的宗教仪式"瘟皈"，虽然仍然被有些官员评价为"迷信"、"封建"和"不科学"，③ 但也挡不住它在花瑶人中间再次兴起和公开化的强烈趋势。前文中我们曾经谈到过，过去花瑶民族对这一仪式极为信奉，有人生病的时候，往往要通过瘟皈仪式来予以救治。④ 而到了现在，尽管很多人也会上医院求医问药，但他们仍要在家中同时举行这一仪式。在实地考察期间，我们还有幸亲眼目睹了这样一个过程：2004年10月10日晚19点35分左右，我们在从虎形山乡水洞坪村采访结束将要返回住处的途中，隐约地听到了一阵富有节奏的铁器撞击声和喃喃的念叨声，在这些声音的韵律中，寂静的瑶山突然间显示出了一种空灵的意境。村长告诉我们，这是巴梅在通过瘟皈仪式为人治病。在他的带领下，我们来到了这家人的家里，这时夜幕已降，在昏黄的灯光下，一

---

① ［美］塞缪尔‧亨廷顿：《文明的冲突与世界秩序的重建》，周琪、刘绯、张立平、王圆译，新华出版社1998年版，第88页。

② 在调查期间我们得知，花瑶民族的第一位大学生奉文卿和他的叔叔奉武文（已经通过自学考试获得了法学大专文凭）正在努力收集和整理花瑶的山歌、拦门酒礼仪、瘟皈咒语等古老的习俗。而且，他们还打算创办花瑶人自己的刊物，以在民族内部统一思想，促进发展。这一做法，也在极大的程度上促进了花瑶民族传统的复兴。

③ 与我们同行的县文化局的一名干部就多次当着我们的面指责花瑶人对这一"封建迷信"的持守。另外还有很多的政府官员向我们谈到他们对这一习俗的看法：落后、守旧，以及与"科学精神"不符。

④ 而且，掌握瘟皈仪式和资格的法师"巴梅"在一般状况下也掌握着大量运用草药的知识，是本民族的医生。因此，瘟皈的过程往往也伴随着用药的过程，是"巫医合一"的过程。

位中年的巴梅口中念着咒语，右手拿着巴耶，敲打着卜耶上的铁丝，左手握着师刀，^① 在木地板上富有节奏地撞击，师刀上的铁环彼此碰撞，发出清脆而悦耳的声音。在整个过程中，巴梅有时双目紧闭，频率加快，据称是师父附体了，但大概只持续了几十秒钟便松弛下来，恢复到原来的韵律之中，紧张只是穿插其中的一个小片段，在这整个的过程中，既没有混乱，也没有疯癫，而是呈现出了一种井然有序的景象。在花瑶人看来，病人之所以生病，很大程度上是因为他被小鬼、污秽物缠上了，必须要通过瘦饭将其驱逐之后才能从根本上解决这一问题；医生所做的工作只不过是"治标"，完成一些外在的工作，但是"治本"的任务还需要巴梅来完成。这一观念在他们民族中间非常盛行，也极为普遍。包括村长在内的花瑶人都相信，这一仪式过后，那些缠着病人的污秽之物就会被赶跑，病人也会逐渐地痊愈。因此，尽管政府一直持着批评和不支持的态度，但在整个瑶山，"瘦饭"这一古老的花瑶习俗，仍在顽强地生存、延续着。

对花瑶人所居住的区域进行旅游开发的政策也在实际上起到了促进传统复兴的作用。开发初期，基本上是由政府部门在对整个旅游开发的项目进行总体上的规划与控制，但后来他们甚至也参与了对具体细节问题的设计工作，成为整个民族地区旅游开发项目工程的主宰。但是这很快就被证明是行不通的。政府的官员对这一民族内部的许多习俗和禁忌完全不了解，导致其所制定的政策有时严重地脱离了该民族的实际，从而遭到了本民族人强烈的抵触和抗议。^② 因此，在这之后，政府基本上采取了由民间自己主持本地区旅游活动，政府只是在宏观上对各个村庄的政治方向进行把握这样一种做法。这样，深刻了解本民族习俗和传统的老人就被纳入到了旅游开发的决策圈之内。在他们的指导下，与传统

---

① "巴耶"、"卜耶"、"师刀"都是瘦饭法器名的音译。具体的含义和相关论述可参见本书第四章。

② 旅游区崇木凼村的表演队曾经排练了一台节目，名为"抢亲"，旨在向游客展示他们"过去的风俗"。但是，这一节目受到了绝大多数瑶民的反对。这些花瑶同胞告诉我们，这一节目所展现的内容根本就是对花瑶民族的污蔑，不能代表花瑶民族的真实习俗和精髓。

相悖的做法受到了批评，而且逐渐开始予以纠正；① 那些普通人已经忘却的记忆开始重新得到回忆和整理；那些带有强烈文化内涵的东西开始被重新挖掘和整理……

旅游开发这样一件颇具现代意义的事情，并没有像我们原来所预想的那样，破坏了花瑶民族的古老文化和古老习俗，也没有从根本上改变他们民族的生存方式。相反，这一政策的实行却为传统文化的复兴与传承创造了契机。这是与现代化理论所矛盾的一个事件，却又是真实的事件。那些记录了花瑶民族的起源、历史，并包含了这一民族祖辈相传的礼仪的古老瑶歌——"夜讪"和"唱讪"，那些承载了花瑶民族祖辈的信仰，曾是他们民族文化的核心的古老宗教仪式——"瘰皈"，那些体现了花瑶民族古老婚俗的文化内涵的仪式——"拦门酒"，都曾有可能随着老一辈人的去世而永远地消失；但是，旅游开发的需要使得这些珍贵的民族文化被精心地保存了下来——政府组织电视台录制了大量的节目，而民间自发的组织也安排了专门的人去向老人们学习这些古老的文化……那些在1949—1978年间出生、长大的年轻的一代对传统的一切不甚了了，但却在这些年长的民族文化继承人和地方传统的传载者这里，开始重新了解传统，了解过去，并开始致力于将这一传统继续延续下去。②

旅游开发在一定程度上也造成了花瑶这一整体民族内部的分化。在开发区和那些未被列入开发区的地方，人们的经济状况出现了差距。然而，这些经济上的差距并没有带来负面的效应：那些暂时还不属于旅游区的人开始主动地寻找自己所具有的与其他地方不同的特色和传统，并将其作为能够使自己这一区域在未来的世界中更具竞争力的筹码：水洞

---

① 在崇木凼村，原来的表演队总是穿着花瑶女子一生中不能随便穿的嫁衣跳舞，而迎接客人的礼仪"拦门酒"，原来也因为没有懂礼仪的行家的指导而不具真实性。这些违背传统的现象遭到了沈诗永老人严厉的批评，现在，这一情况已经开始得到逐步的改正。

② 在实地的采访中我们经常能够看到这样一种学习的景象。崇木凼的沈诗永老人和回家湾的回云省、回云龙就是这样一些文明的传承者。我们从他们那里所获得的，不仅是有关花瑶民族的历史、宗教、习俗等方面的知识，更重要的是，我们从他们身上体味到了花瑶民族文化和传统的精髓所在。

坪的奉姓花瑶开始致力于血光寨的修复计划，回家湾的回姓花瑶更加关注回姓的武学传统……这些民间的力量暗流涌动，各显神通，不仅有助于花瑶民族内部多样文化的保存，还给整个瑶山带来了一股新的活力和永不停止的动力。而且，正如贺雪峰在其他地方所观察到的一样，那些具有突出的个人才能和领导能力的年轻人正在逐渐成为新的家族权威，并很快在他的族人中间脱颖而出。[①] 在对本民族的文化进行整理和带领本族人朝着更好的生活努力的过程中，这些有才能的人重新获得了领导的地位，并形成了一个以他为核心的领导圈来对本族人的事务进行管理。一个典型的例子就是：在旺溪村的回家湾那里，回姓花瑶已经形成了一股以年轻的回雄飞为核心的强大的家族力量，他们正在进行着一项意图将回家湾的武学、习俗、景色融为一体的传统复兴事业，并且已经取得了较好的效果。尽管这个新的领导圈所拥有的权力不能与以前以族长为核心的宗族所拥有的权力相提并论，也不再施行家法族规，但是，他们却构成了新形势下带领花瑶民族走向复兴和繁荣的中坚力量。

在这一章的内容里，我们主要考察了改革开放以来，处于新的经济状况和新的国家政策之下的花瑶社会，其地方传统的生存状况及其原因所在。1979 年以后的花瑶社会发生了很大的变化，但是，市场经济的冲击并没有解构花瑶民族传统的亲缘关系、交往方式和家族认同感，反而从新的意义上增强了他们彼此之间的这些联系。国家在这一时期内针对花瑶民族所实施的一系列民族政策，也在极大程度上促进了这一社会地方传统的复兴与蓬勃发展。对于花瑶人来说，传统的复兴既是政府行

---

① 有关农村社会分层的情况，贺雪峰认为："就全国一般情况来看，当前农村社会分层具有以下基本特征：第一，建国前以土地、权力、声望三维因素展开的分层已被革命时间所消灭，所谓族长头人、绅士儒生大都已不再存在；第二，改革开放前的以阶级斗争为基础的政治分层已不存在；第三，人民公社时期的经济平等虽然已经打破，但农村社会的经济差别一般都还不是太大，少有经济上的特别大户。此种情况下，农村社会中的一些具有强烈自我意识或具有口才或具有某方面特长或善于交际或经济收入较高的农民，便顺利地成为村庄精英，并逐步发挥出影响村庄政治格局的作用。而构成明确自我意识的因素，大致与接受过较多教育，有过在外工作与生活的经历有关。"参见贺雪峰《乡村治理的社会基础》，中国社会科学出版社 2003 年版，第 155 页。

为促进的结果，也是他们在适应新的形势要求的过程中而产生的自发行为，这二者相互结合的过程和结果，为整个瑶山赋予了一股全新的活力。主宰了花瑶人几百年的社会生活的古老习俗，承载了花瑶人祖祖辈辈相传下来的文化核心的地方传统，在 1979 年的改革以后，没有濒临默默消失的威胁，反而得到了"重新获得生命力的机会"。①

八　结　语

在以上的章节里，我们系统考察了清朝末期直到现在这一百多年的时间里，主宰与控制一个特殊的社会群体——"花瑶"民族的权力体系的逐步变迁与演化过程。简言之，在这一百多年里，存在于花瑶社会内部的国家权力和地方传统这两股力量，主要经历了这样一个变化的过程：

国家权力：（1911 年以前）弱—（1911—1949 年间）与宗族权力结合，并加大渗透力度—（1949—1978 年间）增强而不独占—（1979 年以来）与地方传统相结合；

地方传统：（1911 年以前）强—（1911—1949 年间）与国家权力结合，但仍占主要地位—（1949—1978 年间）短暂的空白与断裂—（1979 年以来）传统之复兴。

至此，本文所要考察的内容已基本考察完毕。然而，依然有一些想法在笔者的心头萦绕，久久挥之不去。坦率地说，在正式的田野调查工作开始之前，我们曾经抱着"抢救地方传统"、"保存地方文化"的态度来设计这次考察计划，因为我们曾经以为，就像流行的现代化理论所认为的那样，旧有的传统是制约现代化进程的主要因素，随着现代化进程的不断深入和现代"民族—国家"的全面兴起，国家的权力将逐渐渗入到乡村社会，成为主宰乡村社会的主要力量，传统的力量与影响将

---

① 王铭铭：《村落视眼中的文化与权力——闽台三村五论》，三联书店 1997 年版，第 150 页。

逐步消解，并最终消失。"现代化是人类历史上最剧烈、最深远并且显然是无可避免的一场社会变革。是福是祸暂且不论，这些变革终究会波及到与业已拥有现代化各种模式的国家有所接触的一切民族。现存的社会模式无一例外地遭到破坏，现代化总是成为一种目标，尽管搞现代化的决心在程度上大小不一。"① 现代化的结果将是国家与社会实现"高度的融合"。② 而对于这支居住在汉族人生活区域以外的、独自在世界上行走了上千年的独特民族来说，也将不能避免最终被"同化"和"消失"的危险。然而，考察的结果却令我们欣喜地大吃一惊，同时也不禁为自己由于无知所作出的错误判断而汗颜。

从目前我们考察的情况来看，对于这支古老的民族来说，从来就没有什么"旧"的传统，这些传统也从来都没有真正成为与"现代化"所对立的"落后"的制约因素，相反，却一直都是他们沿着祖辈相传下来的生活轨迹和生存意境，为实现更好的生活一直向前走下去的文化的内核所在。我们所预设的"传统"与"现代"的对立，只不过是我们这些居住在他们的世界之外的陌生人，带着不切实际的情感因素和价值判断，为了实现"现代化"这一目的本身，而人为地塑造出这种"对立关系"的"历史的发明"。③ 对于这支在世界上已经生存了上千

---

① ［美］吉尔伯特·罗兹曼主编：《中国的现代化》，"比较现代化"课题组译，江苏人民出版社 1988 年版，第 5 页。

② ［英］安东尼·吉登斯：《民族—国家与暴力》，胡宗泽、赵力涛译，三联书店 1998年版，第 5 页。

③ 王铭铭在对闽台地区的三个汉族社会的村落传统在现代化过程中所起的作用进行了探讨之后曾经这样提到："卷入社会史的历程的社会力量，还有控制社区的国家及其代言人，和我们这些社会研究者一样，他们是站在'外人'的立场上看问题。不过，由于这一社会力量有意干预社区的社会和生活，所以它对社区的过去和现在的观察也具有'情感色彩'和价值判断。本世纪的大部分时期，国家作为一个制度化的力量，常把社区文化的'记忆'的各种形式归结为'落后'的表现。正如 Giddens 所言：'所有的国家在进行思维控制时，都用不同的方式去发明历史，因为对过去的解释提供了对未来发展的预言。'（Giddens，1985：211）在急于现代化的国家中，'历史的发明'更是一种有效的手段，对历史的'反思'可以成为改造社会的工具。把家族、仪式看成'落后'的表现，是一种'历史的反思'，其目的在于构造所谓的'现代'，而所谓的'现代'实质上是一种新的权力机构。"参见王铭铭《村落视眼中的文化与权力——闽台三村五论》，三联书店 1997 年版，第 94—95 页。

年的古老民族而言，外在的无数次镇压、清剿、运动以及环境的巨大改变，一直都没有从根本上阻止和妨碍他们沿着祖先的足迹，缓慢而雅致地向前行进。在对自己民族固有的传统和文明的持守中，他们坦然地面对着外面的世界。他们祖辈相传而来的这一切，就在这一持守的过程中，在他们的社会中传播，在他们的血液中流淌，在他们的生命中延续……

当然，我们无法就此断定，在往后的岁月里，随着国家权力的进一步渗透与控制，以及市场经济的进一步冲击，花瑶社会那些古老的传统将会继续地延续，还是终将改变。对于这一点，笔者将继续予以追踪调查。然而，就目前所观察到的情况来看，我们完全可以按照萨林斯的方式来说，即是：传统不在消失。①

---

① 在总结了现代人对北部狩猎民族的观察以后，萨林斯如是表述："文化不在消失。"[美] 马歇尔·萨林斯：《甜蜜的悲哀》，王铭铭、胡宗泽译，三联书店 2000 年版，第 139 页。

第二章

边缘的兴起

——花瑶传统的"标准化"努力及尝试

自弗里德曼（Maurice Freedman）之后，他所提出的"边陲地区宗族理论"成为了更为广泛的中国学研究的重要组成部分，并进而被提高到了此后学术界均不得不予以重视和回应的一个"研究范式"的地位。[1] 在这种范式的影响下，对于边缘地带的研究日益兴起，尤其是地处帝国边缘的华南地区，在有些学者看来，甚至还由于其特殊的地理位置和文化背景而具备了"方法论"上的意义。[2] 而王崧兴先生于 20 世纪 90 年代所提出的"从周边看汉人的社会与文化"思维理路，在重视边缘地带研究的同时，首次开始强调"必须由汉人周围，或汉人社会内部与汉民族有所接触而又互动的异族之观点，来看汉民族的社会与文化"，从"周边与中心的互动"，即"你看我与我看你"的角度拓展了此后学术研究的视野，对于此后学者更为清楚地认识汉人社会与文化的变迁，并进一步讨论是否存在一个普遍一致的"中国性"（Chineseness），[3] 无疑具有开拓性的非常意义。

而就本文的研究对象花瑶民族而言，近几十年来现代化的日益推进和周边经济、文化环境的变化，正在客观上推动着这一民族默默完成从

---

[1]　王铭铭：《社会人类学与中国研究》，广西师范大学出版社 2005 年版，第 54—96 页。

[2]　麻国庆：《作为方法的华南：中心和周边的时空转换》，《思想战线》2006 年第 4 期。李晋：《中国华南社会主义社区研究述评——兼谈"作为方法的华南"》，《思想战线》2009 年第 4 期。谭同学：《再论作为方法的华南——人类学与政治经济学的交叉视野》，《思想战线》2010 年第 5 期。

[3]　黄应贵、叶春荣主编：《从周边看汉人的社会与文化——王崧兴先生纪念论文集》，台北南港：中央研究院民族学研究所，1997 年 3 月。

边缘到中心的身份转化，其恪守了千百年的传统，也在此历程中悄然发生着不为人知的变化。那么，本文所要关注的是，在这个变迁的过程中，曾经身处地域与文化之"边缘"地位的花瑶民族，将如何在成为"中心"的过程中，实现与更为强势的汉族文明间的互动？国家、政府、民族、地方领袖和普通民众又将如何看待这一历程，并在其中扮演什么样的角色，推动其不断发生？花瑶民族的地方传统，将如何在外来文化的影响之下，被重新抽取、提炼、定义、概念化，并最终作为能够被官方、地方和本民族所共同接受的"标准化"版本和形态，重新塑造自身文化的核心？他们的文化传统，将在何种意义上进行传承，又将如何发生变迁？从这个意义上说，本文将是运用上述两种研究范式进行理论反思和回应的产物。尽管已有学者指出了关于区域研究能否代表整体在事实上存在着很大的难题，如黄宗智所言："区域研究的缺点在于没有一个地区能够适当地代表整个中国的复杂情况"，[①] 但本文仍旧希望通过对于花瑶这一个案的研究，将会为理解和描述一个更加复杂的整体性社会提供有益的借鉴和补充，为更多的研究成果和类型比较法提供素材，最终服务于费孝通先生所言的"从个别逐渐接近整体"[②] 的目标。

一 他者：历史与文化的边缘处境

单纯从地理的角度而言，花瑶民族身处帝国广大疆域的边缘地带，当属无疑。作为 55 个少数民族中较为少见的"跨境民族"[③] ——瑶族——的一个细小分支，花瑶在经历了历时久远的"大规模分散移动"

---

① ［美］黄宗智：《长江三角洲的小农家庭与农村发展》，中华书局 1992 年版，第 21 页。

② 费孝通：《费孝通选集》，海峡文艺出版社 1996 年版，第 369 页。

③ 邓文云：《中国瑶族和东南亚瑶族文化发展的历史、现状及特点》，《世界民族》2002 年第 3 期。而玉时阶还在对生活在美国的跨境瑶族进行研究时发现，他们的文化认同历程没有遵循文化认同—民族认同—国家认同的发展规律，而是从国家认同到民族认同。参见玉时阶《美国瑶族的国家认同与文化认同》，《广西民族研究》2011 年第 3 期。

之后，① 大致于明代早、中期到达湖南省隆回县虎形山一带，② 开始定居在这一时属国家版图的"次位聚落边陲"（secondary settlement frontiers）③ 之地。至此之后，他们以自身独特的节奏和方式不断延续着文明的传承，诉说着历史的积淀，度过了数百年的春秋。

花瑶民族是虎形山地区的原住民，汉人乃后来才逐渐迁入。在实地调研的过程中，不止一次有人向我们提到，原来此地山深林茂，野兽群出，与外界道路不通，瑶汉之间虽时有战事，但事实上除了本民族之外并无汉人长期居住。④ 一直到清光绪年间，朝廷"八姓消瑶"，派遣包含了八个姓氏的汉族官兵来攻打瑶山，为首的贺姓官员素与花瑶交好，其儿媳妇也为花瑶民族，因此不断在暗地里帮助花瑶对付汉族官兵的进攻，但最终也因寡不敌众而导致花瑶战败，此后才开始有汉人陆续移民到瑶山扎根居住，贺本人从此也住在瑶寨不走，被花瑶人尊称为"贺

---

① 日本学者竹村卓二指出，瑶族与其他少数民族之间存在着很大的不同，尤其表现在移民和独立性方面："除了处于类似条件下的苗族外，其他民族都是集中地生活于某个被限定的居住地带。与此命运相反，瑶族依靠大规模的分散移动，某种程度上避免了此种境况。""瑶族地域，在以北纬30°和20°，东经102°和120°这四边围成的长方形之内，其分布则是沿着从四边形的东北角引向西北角的对角线伸展，呈现出一条很长的走廊形状。这种分布状况本身应该说是一种非常特异的现象。因为在东南亚山地民族中，除苗族外，没有哪一个单一民族能够像瑶族这样在广阔范围内展开空间移动。值得注意的是，瑶族移民到浙江、福建、广东那样早已汉化之地，并没有被汉族社会所融合和同化，相反却极完整地保持了独立的民族精神，维持着与外部文化的界限。这与苗族有意回避与汉族接触，迁徙到偏僻边境（贵州、云南）的特点形成极鲜明的对比。总之，可推测瑶族在其最大规模的移动、分散过程中，没有丧失其民族精神。在适应居住地自然、社会环境时，能高度自觉，并且维持着适应生态环境的灵活性。"［日］竹村卓二：《瑶族的历史与文化——华南、东南亚山地民族的社会人类学研究》，金少萍、朱桂昌译，民族出版社2003年版，第1、4—5页。

② 董珞：《湖南虎形山花瑶探源》，《中南民族大学学报》（人文社会科学版）2005年第1期。

③ 在吉登斯看来，所谓"'初位聚落边陲'（primary settlement frontiers）是指，国家向外扩张至先前事实上并无居民或只有部落共同体居住的地域。'次位聚落边陲（secondary settlement frontiers）'却位于国家的版图之内，只是由于这样或那样的原因造成这些地区人口稀少——通常是由于土地贫瘠或这些地域普遍不适于居住"。［英］安东尼·吉登斯：《民族—国家与暴力》，胡宗泽、赵力涛译，三联书店1998年版，第60页。

④ 2004年10月4日在虎形山崇木凼村采访沈诗永时得知。

大王"的故事。① 而附近居住的汉族人也从他们的家族迁徙故事和族谱记载中侧面证实了这一说法。

然而，对于花瑶而言，其在当地文化次序的序列和地位却并不仅仅限于地理上的边缘状态。伴随着生存空间的边缘状态而来的，则是瑶汉二者间在文化上的悬绝隔离与优劣两分。即便此后花瑶开始了长达一百多年的与周边汉族共同居住瑶山的历史，但作为与后者在语言、服饰、信仰、文化有着明显差异，并被视为存在着"惊人的文化鸿沟"② 的群体，他们长期以来仍然被定义为历史与文化的边缘和另类，在汉族中心主义的影响下，成为了任人评说、观赏和凝视的"他者"形象。

帝制中国历代中央政府努力构建的"大一统"③ 的国家想象与政治目标，在试图将各个民族纳入地理版图和政治格局的同时，并未从事实上彻底消解花瑶民族与更为强势的汉文明间的隔绝和心理上的排斥状态。在由历代汉族精英所编纂的各类官方文献的记载中，花瑶民族被描述为"率多劲悍"，"以刀耕火种为业"，不仅"其僻处山居者，则言语不通，嗜好居处（与诸华）全异"，而且"依山负固，抗粮抗役，性与人殊"，无疑属"蛮獠"、"蛮夷"、"杂蛮"之人。④ "蛮獠"、"蛮夷"、"杂蛮"在帝制中国的历史中一直是一些颇富象征意义和政治隐喻的词汇，⑤ 正如有学者所指出的，这类更多是建立在"想象和杜撰"⑥ 基础

---

① 2004 年 8 月 3 日在小沙江镇江边村奉家院子组开座谈会时，讨论关于花瑶的族源问题得知。8 月 14 日在虎形山乡岩儿塘村、10 月 4 日在虎形山乡崇木凼村等许多地方的考察都印证了这一说法。

② 陈其南：《文化的轨迹》，春风文艺出版社 1987 年版，第 49 页。

③ ［英］崔瑞德、鲁唯一编：《剑桥中国秦汉史》，杨品泉等译，中国社会科学出版社2006 年版，第 28 页。

④ 同知衔署溆浦县事山右齐德五主修［清同治十二年（1872）］：《溆浦县志》，溆浦县档案馆 2003 年 10 月重印，溆浦彩色印刷厂印刷（内部资料），第 212—213 页。

⑤ "'夷'这一概念很早就出现在古代经典和文献中，并随之横贯了众多学科和学术领域。此概念在中国历史上，始终是国家统治的中心如何处理与周边他国、其他民族的关系的重要隐喻。"刘禾：《帝国的话语政治：从近代中西冲突看现代世界秩序的形成》，生活·读书·新知三联书店 2009 年版，第 100 页。

⑥ ［法］古斯塔夫·勒庞：《乌合之众：大众心理研究》，戴光年译，新世界出版社2010 年版，第 42 页。

上所形成的历史记载，带有"明显的民族偏见和汉文化中心主义倾向，歧视、侮辱少数民族的比比皆是；而且异文异词，记述混乱，难以提供史实真相"。[①] "即使不去考量其中难以数计的偏见、臆测、夸张、无知、蒙混、欺骗和个人目的与利益的观点和内容，这一套材料下的族群历史，……顶多只是'一个在汉人想象世界中之某一被虚构族群的肤浅历史'是有一定道理的。"[②] 然而，在这种充满了明显的大汉族主义的官方记录的描述下，由适应其生存居住环境状况自然衍生、但与汉族保持不同生活习性的花瑶形象被刻意"贬低性地建构成为主流族群接受并认可的地方性知识"，[③] 作为"不完美、不完整"（incomplete and imperfect human forms）[④] 的次优族群被排斥在中华文明的主流之外，成为身处历史与文化边缘的"化外之民"。

除了官方的史料和文献记载之外，我们在田野调查期间所收集到的花瑶民族自己珍藏的手抄本《雪峰瑶族诏文》里也提到了花瑶在文化和政治上的边缘身份："原我瑶民历未开化，没有一个书（生），你看百万军中没有一个当兵做官的瑶民，岂不是真情？""苦瑶民历未开化，

---

① 江印梁：《论人类学与民族史研究的结合》，转引自韦浩明《历史上"他者"建构的瑶族——文化视野中瑶汉族群关系研究》，《黑龙江民族丛刊》2010年第1期。

② 孙久霞：《华南社区研究的人类学方法论》，转引自韦浩明《历史上"他者"建构的瑶族——文化视野中瑶汉族群关系研究》，《黑龙江民族丛刊》2010年第1期。

③ 如有学者就指出，类似的历史文献，"既是主流族群为了证明瑶族的落后和野蛮，根据自身需要对基于部分事然而更多属于夸大和扭曲的族群习性进行贬低性的'形象'建构，也是汉族精英通过操纵'普遍性知识'和'话语权'诠释瑶族传统的'地方性知识'，从生产方式、生活方式等文化特征与主流族群迥异的视角，逐步建构歧视瑶族的'合理'制度，使主流族群接受并最终认可。这些由非瑶族的官方、精英或者民间文人营造、流传的资料，是带有主观意愿的'人为性'实践，并在承继条件下根据某一社会阶级和人群的目的、意愿、利益进行'创造'，记录'过去发生的事情'，带有'制造'和'想象'的成分，充斥着人的主观性——视野、视角和'事实'的文化漂移，成为禁锢人们客观认识和评价瑶族的障碍，从而掩盖了瑶民与迁入地社会主流文化之间存在的社会规范、观念形态、文化系统、价值取向相互冲突的现象。基于此，主流文化视角下的瑶族传统文化几乎与禽兽无异，他们常常被视为'另类'，成为被同化或消灭的'蛮夷'"。参见韦浩明《历史上"他者"建构的瑶族——文化视野中瑶汉族群关系研究》，《黑龙江民族丛刊》2010年第1期。

④ Ralph A. Litzinger, *Other Chinas: the Yao and the Politics of National Belonging*, Duke University Press, Durham and London, 2000, preface, p. 4.

一种反音汉话不懂",① 与之相伴的则是历届中央政府力图取得当地政治军事控制权而针对花瑶发动的各类战争。没有本民族的文化精英和政治代言人,自然也缺乏文化影响力和公共发言权的他们因此长期以来被外界用带有明显侮辱色彩的"猺"② 字称之,按照花瑶人自己的解释,因为"以前花瑶不被看作是人,而被认为是'犬'类,所以用的是'猺'字而不是'瑶'。这个称谓直到毛泽东时代才改正过来"。③

五四以降,在知识界关于"何为中国现代性(Chinese modernity)和如何建立一个更加富强的中国"的文化论争之中诞生的现代民族学,开始将除汉族以外的其他少数民族正式纳入学术研究的视阈。④ 20 世纪 20—30 年代随之而来的外国研究者和中国本土的人类学家,将瑶族设想为一个可供观察、研究和记录中国远古民众生活状态与多样文化的"活的博物馆"(living museum),从而带着对于异邦的想象热情进入到了他们的居住区域展开调查。⑤ 受长期以来官方对于少数民族记载的影响,这一时期的中国官员,在带着异样眼光观察和界定这一少数民族的同时,甚至倾向于将瑶族视为"与野兽、鬼怪、神灵为伍,吃着奇怪的食物、拒绝加入现代世界的危险区域和奇特民族",⑥ 以此为其改造和教化这一区域提供和建构政治与文化上的合法性。

瑶族作为一个整体所处的文化边缘化地位,也在客观影响着外界对于花瑶这一细小分支的定位。新中国成立后所推行的"各民族一律平

---

① 《雪峰瑶族诏文》,2004 年 8 月 17 日奉族良提供。

② 对于瑶族的族名而言,"瑶"字经历了如下的变化过程:"自宋以后'徭'字一直沿用,但是随着不同历史时期的政治趋向和民族关系的张弛变化,'徭'字的偏旁被频繁易用,反复出现徭—傜—猺—瑶—傜—瑶—猺—瑶—傜—瑶—猺—傜—瑶的变化,其中从清代《粤西丛载》到整个民国时期使用带侮辱性的'猺'字的时间最长。中华人民共和国成立后,根据瑶族人民的意愿,统一称为'瑶'。"参见徐祖祥《瑶族文化史》,云南民族出版社 2001 年版,第 3 页。

③ 2004 年 10 月 18 日采访小沙江镇旺溪村回家湾组的回云省得知。

④ Ralph A. Litzinger, *Other Chinas*:*the Yao and the Politics of National Belonging*, Duke University Press, Durham and London, 2000, p. 5.

⑤ Ibid. , preface, p. x.

⑥ Ibid. .

等"和"民族大团结"政策，从理论上赋予了各个少数民族和汉族相同的地位和政治身份，在此大环境之下，花瑶在当地历史上首次获得了"祖国大家庭成员"的名誉地位。但是，事实上，在被认为是受教育程度最高、社会发展水平最好、因而也充满了文化优越感的当地汉族人看来，花瑶人上述政治身份的变化，并不意味着他们心目中的文化象征与文化地位的改变。相反，占文化强势地位的汉族人缺乏真正的好奇心和动力去仔细研究与汉族不同的少数民族自身的生活方式与思维习惯，并在此基础上认真了解其本身，反而是带着狂妄自大的汉族中心主义视角，将与自身文化不同的异族纳入自我思考的脉络，视其为蛮夷之邦和教化的对象。[①] 在他们看来，花瑶人对传统的持守和习俗的延续，仍在不断彰显着他们与汉文明之间的巨大差距，并由此进一步被边缘化和另类化。

一方面，充斥史书和历史记载的种种描述，在影响着史料的真实性与准确性的同时，也在潜移默化地界定着花瑶的民族属性，逐渐形成了当下人对待这一少数民族的刻板印象。例如在实地调查的过程中，当作为外来者的我们想要进入村寨进行调查研究时，当地不少汉族人曾经多次向我们表示他们的不解之情，"不知道几个瑶人有什么好研究的"。并且往往会不无好心地告诫我们，花瑶居住条件恶劣，生活习惯与汉人大不相同，性格冲动蛮霸，很容易因言语不合或小小的口角而引发"民族矛盾"，所以要处处小心等等。此外，我们还听到了当地不少汉族人用不乏讽刺与侮辱意味的"当鼓佬"[②] 和"瑶人婆"来称呼他们，并对他们持有如下看法：经济落后、文化保守、头脑僵化、嗜酒如命、

---

① 黄应贵、叶春荣主编：《从周边看汉人的社会与文化——王崧兴先生纪念论文集》，台北南港：中央研究院民族学研究所，1997 年 3 月。

② "当鼓佬"的故事，讲述的是花瑶与汉族发生战争，在从安江到龙潭的转移过程中，一路上所带的东西和物品或丢或卖，几无剩余，但仍旧忍饥挨饿，风餐露宿，眼看就要被追兵追上，首领只好当掉了最后一件带有象征意义的战鼓，给族人换了饭吃，并约定日后一定会想办法赎回。但当他们在虎形山地区安定下来之后，恶劣的生存环境使得他们没有办法积攒钱财去赎回战鼓，等到首领去世之后，这件事情渐渐被后人所遗忘，于是这个带有纪念意义的战鼓再也没有被赎回。

生活没有计划、缺乏远见,等等。长期的刻板印象,使得主流视角下的花瑶被看作需要被同化或消灭的"另类"存在,其边缘化的状态并未得到根本性的改变。

而在另一方面,汉族人对待花瑶的这种刻板化印象也在潜移默化地塑造着他们自身的民族心理与文化认同,并深刻影响着后者对于周边民族的认识与互动。如在实地调查中,他们大多对本民族的文化和传统持自我否定的态度,认定自己"文化素质低,教育太差","计划性不够","不如汉族会打理经济","汉族人文化程度更高","在各个方面都比不上汉族",[①] 一个当地的花瑶干部甚至还将这种差距用大致的年限来计算,主动提到与汉族相比,他们本民族的文化发展"落后了上百年"[②],等等。如同人类学家对于许多地区的田野调查所显示的那样,来自更加强势的外部文化的冲击,大多造成了一些不利于个人的结果:"文化崩溃 (decultruarion)、个人解体、酗酒或其他形式的耽溺、倦怠、沮丧、焦虑、高度攻击性,以及压力等 (Stewart,1952)"。[③] 但与此相反的另一个有趣的现象则是,每当提到花瑶的历史地位时,他们又会充满骄傲地告诉我们,其实在极其久远的以前,"瑶族的辈分和能力都高于其他的民族,是天下第一大部族,包括汉族都将瑶族称为大哥,所以有'一瑶、二苗、三保啰、四汉人'的排名。只是后来瑶族才慢慢衰落了"。[④] 如同王明珂先生对于羌族的研究所显示的一样,处于相对弱势地位的他们非常乐于在更加强势的汉族人面前回忆、述说这些过去,以弥补目前"弱势族群"的角色。[⑤]

在这种矛盾心态的影响下,很多花瑶倾向于保守、封闭的生存空

---

① 2004 年 8 月 2 日虎形山乡青山坳村采访笔记。

② 2004 年 7 月 30 日麻塘山乡老树下村采访笔记。

③ 萧新煌编:《低度发展与发展——发展社会学选读》,台北巨流图书公司 1985 年版,第 119 页。

④ 2004 年 8 月 3 日小沙江镇江边村禾梨树组采访时得知。

⑤ 王明珂:《汉族边缘的羌族记忆与羌族本质》,载黄应贵、叶春荣主编《从周边看汉人的社会与文化——王崧兴先生纪念论文集》,台北南港:中央研究院民族学研究所,1997年,第 151 页。

间，将交往的对象主要局限在本民族内部，哪怕只有一条水渠之隔，也不与当地汉人交往，有极少数的人甚至本地通行的土话（汉语）也不会讲。如我们在 2004 年 8 月 2 日晚上对江边村麻坑组的一些花瑶进行口头访谈，试图了解他们民族的迁徙过程时，该户一个过门大概已有三四年的年轻媳妇一直躲在桌子后面的阴影里沉默不语。有好几次我们都想和她进行交谈，但她似乎很害怕我们，立刻将头扭向一边，甚至不敢正视我们。她的丈夫和婆婆向我们解释，这是因为从小就有人告诉她汉族人很坏、很可怕，见到花瑶就要殴打和欺负所导致的。虽然她已经在这里生活了几年，但是她一个人从来没有单独走进只有二十几步之遥的汉族人的地界。她的这种态度也深深地影响了她年幼的儿子对汉族人的印象与看法，以至于每每见到汉人，他就会很快躲到母亲的背后，担忧汉族人会无缘无故地打他们。显而易见，花瑶民族在文化上所处的边缘地位，正在导致他们"被封闭和自我封闭，期望值不高，生活艰苦，怕与外人接触，最致命的是使这一族群的创新活力、创新动力被扼杀，形成遵循传统文化、逆来顺受和服从安排的族性"。①

"'对于过去的想法'是社会创造力的一个重要零件，因为它是提供人们作出影响未来之决定的资讯的一部分。"② 地理、历史与文化的多重边缘身份，在漫长的时间流逝中日复一日地塑造着花瑶人的生存空间与文化场域，并构成了他们应对未来的基本心理与基调态度。正如法国历史学家诺拉曾经指出："'记忆的场域'既是场所也是论题（topoi，both places and topics），各种记忆在此辐合、浓缩、冲突，也在此决定它与过去、现在和未来的关系。"③ 那么，当现代化的进程逐步推进到

---

① 韦浩明：《历史上"他者"建构的瑶族——文化视野中瑶汉族群关系研究》，《黑龙江民族丛刊》2010 年第 1 期。

② 约翰·戴维斯：《历史与欧洲以外的民族》，载［丹麦］克斯汀·海斯翠普（Kirsten Hastrup）编《他者的历史——社会人类学与历史制作》，贾士蘅译，中国人民大学出版社2010 年版，第 28 页。

③ 安唐·布洛克：《"制作历史"的反思》，载［丹麦］克斯汀·海斯翠普（Kirsten Hastrup）编《他者的历史——社会人类学与历史制作》，贾士蘅译，中国人民大学出版社2010 年版，第 138 页。

曾经封闭的瑶山，介入花瑶人的日常生活时，他们将会如何应对这种变迁？又将会发生什么样的景象？

二　官方的努力：花瑶传统"标准化"的原初动力

就现代意义上的民族—国家而言，牢固确立其统治基础和统治合法性的目标能否实现，首先无疑与其是否能促进经济的发展和人民生活水平的提高有着密切的关联。如郭宝钢（音译）就曾指出，使统治者获得人们的认可并进行统治的合法性大致可以分为以下两种类型："原初的合法性"（original justification）和"功利的合法性"（utilitarian justification）。其中，建立在统治者所具有的那种能够满足人们的各种需求、愿望能力基础之上的功利合法性，将为统治者的统治权威赋予一种不容忽视的正义性和正当性，从而促使被统治者对于他的进一步服从。① 而另外也有学者曾经提出，在现代政党政治中，执政党的政治合法性主要来源于包括经济发展水平在内的如下四个方面：意识形态、领袖魅力、统治绩效和民主选举。②

在通过"典型的现代农民革命"③ 完成革命历程并确立其统治地位之后，中国共产党取代习惯于"迁就"④ 现状而不是促进乡村发展的国民党，成为了国家实质上的执政党，并用之前的历届政府都不曾拥有的热情和全民动员的方式卷入了国家的治理过程。而早在新中国成立之初的时候，为了响应"全国各民族大团结"的国家意识形态，当地政府就对几百年来处于边缘状态的花瑶地区进行了经济扶植，除了于1949

---

① Baogang Guo, "Political Civilization and Modernization in China", *From Conflicts to Convergence*: *Modernity and the Changing Chinese Political Cultures*, edited by Yang Zhong, Shiping Hua, World Scientific Publishing Co. Pte. Ltd. , 2006, p. 75.

② 熊光清：《如何增强中国共产党执政的合法性基础：历史的审视》，载《学术探索》2011 年第 1 期。

③ ［美］易劳逸：《毁灭的种子：战争与革命中的国民党中国（1937—1949）》，王建朗、王贤知、贾维译，凤凰出版传媒集团、江苏人民出版社 2010 年版，原序，第 4 页。

④ 同上书，第 203 页。

年为当地募捐棉衣棉被 498 套、1950 年发放救济粮 1.5 万公斤之外，还分别于 1953 年、1962 年、1974 年拨给花瑶福利事业费、救济款、医疗费、无偿扶贫款等各类援助 6317.5 元、5000 元、51800 元不等，① 在一定程度上缓解了当地的贫困化程度。这一举措从心理上赢得了与汉族一直处于敌对状态的花瑶人的情感认同，在实地调查的过程中，所到之处，花瑶人总会告诉我们，在他们的心目中，"毛主席为人民着想，是真正的大救星"。而在他们带有客厅性质的堂屋里用来供奉祖先和本民族神灵的神龛旁边，总是张贴着毛泽东的个人画像，以表达对他的纪念和崇敬之情。

而在经历了一切国家行动都要"以阶级斗争为纲"的疯狂年代之后，受马克思主义唯物史观这种"建基于经济变革之上的进化论的一种理论变体"② 的深刻影响，各级政府逐渐将社会治理的主要目标转移到了更为务实的经济建设上来。尤其当毛泽东去世后，被视为"后意识形态时期"（post ideological era）③ 的务实的邓小平政府，更是明确地提出了实现"四个现代化"的发展目标，要将"现代化"作为主导中国政治的主题，强调物质刺激、效率、社会稳定和扩大与世界经济的联系，以实现中国的经济发展和现代化。④ 此时，对于在意识形态上不断强调自己正在从"人民的大救星"逐渐转化为"人民公仆"的地方政府而言，将治理范围之内的所有人民都带入经济大发展的所谓的"现代化"进程，而不是容忍各种形式的贫困现象到处显现，显然是不容置疑和无可辩驳的首要目标，尤其当地方政府的政绩和绩效判断，以及隐匿其下的官员升迁都与此密切挂钩的时候，更是如此。

因此，改革开放之后的地方政府进一步加大了对花瑶的资助和扶持

---

① 隆回县志编纂委员会编：《隆回县志》，中国城市出版社 1994 年版，第 461 页。

② ［美］阿里夫·德里克：《革命与历史：中国马克思主义历史学的起源，1919—1937》，翁贺凯译，江苏人民出版社 2005 年版，第 22 页。

③ Ralph A. Litzinger, *Other Chinas: the Yao and the Politics of National Belonging*, Duke University Press, Durham and London, 2000, preface, p. 2.

④ ［美］詹姆斯·R. 汤森、布兰特利·沃马克：《中国政治》，顾速、董方译，江苏人民出版社 2005 年版，第 94—95 页。

力度。1981—1983 年间，为瑶族聚居的小沙江镇下达专项贷款 100 万元，虎形山瑶族人民公社和茅坳瑶族人民公社下拨穷队投资 14 万元，扶植瑶民发展种养业和购买耕牛农具。1987 年起每年安排 3 万—4 万元扶植花瑶地区引进新的农作物品种，1999 年 7 月起专门设立了专管当地民族事务的民族委员会委员制，帮助花瑶发展经济和社会事业。① 而于这一时期担任邵阳市委书记的蒋建国，也曾在任期内几次到瑶山考察当地的经济实际发展状况，并最终将奉姓花瑶的聚居地虎形山乡崇木凼村列为定点扶植对象，为当地申请到了大笔的援助资金。这一作为在素来为周边汉族所歧视、与政府相隔膜的花瑶民众中间引起了巨大的反响，在他们看来，"市委书记"这样一个高高在上的"大官"来到瑶山，所带来的不仅仅是经济上的支援，同时也带来了文化上的提升和情感上的交流，从某种形式而言，对于本民族长期以来边缘化的身份转变颇富象征意义。

在实地调查期间，我们还曾收集到一部由当地政府所录制的颇具煽情色彩的纪录片，消隐在政府轰轰烈烈的扶贫举措背后的主题，是党和政府在为当地确立一个发展程度更高的物质、精神文明中所作出的不懈努力，以及由此衍生的把党和政府（其形式上的代表为市委书记）自然而然看作"救星"和"恩人"来推崇的热烈的民族情绪。通过这一形式，党和政府在花瑶民众中间强有力地缔造了自身统治的合法性与正当性。从客观上而言，当地花瑶确实是从心底里感激由他所代表的党和国家为瑶山所带来的改变的。因此，当 2004 年蒋调离邵阳市委书记一职到省里任职时，恰逢当地出现了严重的稻瘟，普遍歉收 45%，按照花瑶人自己无可奈何的解释："就是因为蒋书记这个好官不当了，所以把我们的好运也一起带走了。"②

在此之后的历届政府，仍然继续延续了这样一种以经济目标为导向

---

① 隆回县志编纂委员会：《隆回县志（1978—2002）》，团结出版社 2006 年版，第 463—464 页。

② 2004 年 8 月 12 日虎形山乡崇木凼村采访笔记。

的县域经济发展模式，先后投入基础建设资金1亿多元、其他资金上千万元用于扶贫，致力于促进花瑶地区经济状况的改变。[①] 应当说，此时的花瑶，虽然从经济方面获得了大量的资助，但从根本上而言，他们仍然处于接受外界支援的"被保护"、"受救济"的被动地位。对于他们而言，文化和生存空间上的边缘地位，并没有发生根本性的改变。只有当整个国家受到在国际范围内确立一个"中国发展模式"宏大目标的驱使，在接下来的国家发展战略中，将"文化大繁荣"、"文化体制改革和文化建设"[②] 提到了一个前所未有的高度之后，这一境况才得以最终改写，花瑶作为边缘者的身份悄然发生着改变。

2000年前后，受到其他少数民族地区经济发展模式的灵感启发，隆回县政府开始转变县域经济的基本思路，逐步形成"旅游强县"的发展战略，2002年10月9日，县人民政府与隆回万和置业有限公司签订了在虎形山投资3000万元进行旅游开发的合同，一期计划投资500万元，用于兴建"虎形山花瑶民俗风情园"，[③] 这一旅游开发的协议在其后不久转让给了当地另外一家带有港资背景、投资额度更高的企业，首次把花瑶这个长期以来处于边缘地位的少数民族作为显示隆回深厚历史底蕴和多元文化传统的重要载体，正式推到了前所未有的高度和带动全县经济文化发展的前台。

---

① 如时任隆回县民族宗教事务局局长的一份工作报告就指出："近年来，隆回县委、县政府用'共同团结奋斗，共同繁荣发展'的发展战略来推动富民强县目标的实现。据统计，隆回近几年累计投入民族乡、村各项基础设施建设资金1亿多元……投入资金1000多万元，大力扶植虎形山高寒山区群众发展金银花、白术、尾参等中药材，到目前为止，已经开发金银花种植面积3万多亩，人均开发达到2.5亩，中药材收入占到该乡群众收入的65%以上，成为了瑶族同胞的致富产业。反季节蔬菜年创利润5000多万元，成为虎形山群众发家致富的第二产业。"奉锡样：《隆回：用繁荣的民族文化促进经济繁荣》，《民族论坛》2009年第11期。

② 胡锦涛：《高举中国特色社会主义伟大旗帜，为夺取全面建设小康社会新胜利而奋斗》（2007年10月15日），《十七大以来重要文献选编》（上），中央文献出版社2009年版，第28页。胡锦涛：《在十七届中共中央政治局第22次集体学习时的讲话》（2010年7月23日），《人民日报》2010年7月24日。

③ 《虎形山瑶族乡大事记（含原茅坳瑶族乡）》。

其后，在这样一个政府称之为"项目"的实施中，① 花瑶民族卷入了一种全新的"运动式"发展过程，成为了各次政府文化活动的主角。2000 年起，"花瑶佳丽大赛"、"花瑶山歌大赛"、"花瑶挑花大赛"、"花瑶头饰编织大赛"、"民族运动会"逐年举办。2003 年春节期间，由县政府直接主导，在长沙火宫殿连续几天举办"长沙火宫殿・隆回・花瑶迎春庙会"，向外界大规模展示花瑶的民俗民风，吸引了十余万人次现场观看和 150 多家知名媒体的报道。2004 年，当地政府更进一步明确提出"突出旅游经济，大力提高第三产业档次水平"的县域经济发展思路，强调要"突出历史文化、自然风光和民俗风情三大支点，把隆回的旅游产业真正做成县域经济中的'朝阳产业'。以争创全国优秀旅游县为动力……充分利用民族文化和历史古迹，着力抓好虎形山花瑶民俗风情园……的建设，力争建成湖南知名的休闲娱乐中心"。② 其后历次重要的政府工作报告和会议讲话，都一再重复着这样一个试图通过"旅游开发来传承和发展花瑶传统文化"的发展思路。③

按照地方政府自身的说法，对于花瑶文化的普及和推广，在保护当地民族文化的同时也可以服务于一个更加重要的现实发展目标，即：让传统文化的开发利用出效益。这一目标的确立显然是国家和中央政府关于"文化与效益"关系定位这一理论在现实政治治理中的衍生，如时任国家主席的江泽民就曾明确提出："在思想文化教育部门和所有从事精神产品的生产或传播的企事业单位，都必须把社会效益摆在首位，在这个前提下讲求经济效益，实现社会效益和经济效益的正确结合。"④

---

① 《艰苦奋斗，开拓创新，争取脱贫奔小康进程的新胜利——在县委经济工作会议上的讲话》，2004 年 2 月。

② 隆回县人民政府县长钟义凡：《九龙回首惊巨变，携手同创新隆回——在 2004"九龙回首"新春联谊会上的讲话》。

③ 《艰苦奋斗，开拓创新，争取脱贫奔小康进程的新胜利——在县委经济工作会议上的讲话》，2004 年 2 月；《关于我县传统文化抢救保护与开发利用工作的情况汇报》，隆回县第十三届人大常委会第十次会议，2004 年 8 月 24 日。

④ 江泽民：《在毛泽东同志诞辰一百周年纪念大会上的讲话》（1993 年 12 月 26 日），《江泽民文学》第 1 卷，人民出版社 2006 年版，第 358 页。

而在习惯于运用马克思主义辩证法来指导具体政治事务的地方政府看来，花瑶传统文化的保护开发与获得可观的经济、政治、文化利益之间也必然会存在着一种广泛的辩证关系："传统文化是一种具有地域特色的垄断资源。抢救保护传统文化资源，其根本目的在于开发利用，合理开发利用反过来促进传统文化的保护和发展。"① 在这种思路的影响下，花瑶这一长期被边缘化和另类化的少数民族，此时开始因其与周围汉族不同的"边缘性"特征而获得了新的目光关注和发展动力。

　　然而，在此必须要指出的是，地方政府致力于推动花瑶习俗与民间传统的公开化、市场化和官方化的这一作为，其背后的原动力并不仅仅在于促进当地经济的发展和提升政府自身的治理绩效。花瑶地区旅游开发这种运动式发展背后的政治性隐喻，无疑向我们刻画了花瑶经济、文化、旅游业发展与地方政府政绩之间的双向勾连，政绩正在成为地方政府兑换更高政治资本的重要基础，地方政府亦在此过程中完成了自身权力对地方社会的渗透与扩张，强化了自己在地方发展进程中作为主导者和执行者的主体性地位。② 换言之，在保护、促进花瑶地区民族文化发展与体现、提升政府治理绩效的链条之间，地方政府正在通过有计划的组织建构、有选择的文化渗透，合理合法地进一步加大了对这一地区的控制权与主宰权，契合着自帝制时代以来就一直存在的"天下一统"的传统理想与政治取向。

　　在地方政府的不断努力下，2006 年 4 月 20 日，隆回县虎形山花瑶

---

　　① 《关于我县传统文化抢救保护与开发利用工作的情况汇报》，隆回县第十三届人大常委会第十次会议，2004 年 8 月 24 日。

　　② 正如彭兆荣在研究遗产问题时所指出的那样，"遗产运动的政治性隐喻直接推导出另一个后果：遗产转化为考查各级行政部门'业绩'的标志之一。换言之，遗产成为行政部门通过行政操控、行政法规、行政管理、行政手段等实现'绩效'以兑换政治资本的变相'公式'。在这一过程中，大规模的群众旅游为各级政府实现行政绩效注入了巨大能量；因为'遗产旅游'是一个风向标。诚如学者所说：'旅游成为一道遗产行进的旗舰'；'遗产叙事是一种为了旅游目的而被选择的特殊表述方式'。反过来，旅游又强化了行政事业的重要性和管理方面的成就感。行政管理把遗产变成一种品牌，而'遗产品牌工程'的实施又加剧了行政权力的运用"。彭兆荣：《遗产政治学：现代语境中的表述与被表述关系》，《云南民族大学学报》（哲学社会科学版）2008 年第 2 期。

风景名胜区被湖南省人民政府批准为省级风景名胜区；2009 年 12 月 30 日，被国务院批准为国家级风景名胜区。2008 年，花瑶挑花和呜哇山歌成功申报为国家级非物质文化遗产，2009 年，花瑶民族节日"讨僚皈"被列入湖南省非物质文化遗产保护名录。[①] 上述种种来自更加高层的官方身份认证，标志着花瑶以一种前所未有的姿态，公开、正式地进入了当地文化发展的中心舞台，花瑶的日常生活，也再难抹去官方的影响和政府的印迹。那么，花瑶传统的"标准化"历程，又将受到哪些因素的影响，还将发生什么样的变革？

三　矢量互动：花瑶传统的"标准化"进程与结果

控制着大量公共资源的地方政府对于花瑶地区的经济援助与政策扶持，自然而然地在两者间形成了一种广泛延续而且意味深长的"蜜月气氛"。[②] 尤其是针对花瑶地区所作出的旅游开发的决策，在改变瑶山的经济发展水平与长期以来所形成的边缘身份的同时，更因其对于未来前景的美好预期和改变生活状况的伟大承诺，不断促使这种"蜜月气氛"得以进一步酝酿与发酵。

在 2004 年 7 月我们的田野调查开始之初，恰逢政府针对花瑶地区进行旅游开发的政策出台之始。在正式进入乡村之前，我们曾经同县政府各个部门召开座谈会，以期获得调研顺利进行的各项帮助和便利条件。而当我们陈述完毕此次的主要目标是对这个尚未进入学界研究视野的少数民族进行全方位的学理性考察，以便形成对它的历史、文化、习俗等各个问题的深度了解时，与会的多个政府人员表示不以为然，并明确向我们提议，应该把调查的重点放在衣食住行、服饰、山歌、民俗民风等外界感兴趣、能理解、因此才有益于旅游开发的方面，至于其他那

---

① 奉锡样：《隆回：用繁荣的民族文化促进经济繁荣》，《民族论坛》2009 年第 11 期。

② ［美］弗里曼、毕克伟、赛尔登：《中国乡村，社会主义国家》，陶鹤山译，社会科学文献出版社 2002 年版，第 13 页。

些不太相关的深奥的学术内容，则可以暂时置之不理。同时还希望我们能把调研的范围集中在虎形山瑶族自治乡一带，对于其他几个散居的乡可以不予考虑，以便更好地为未来的旅游开发服务。

当时我们对于县政府工作人员在旅游开发问题上所表现出来的如此热忱甚是惊讶，而当我们真正深入花瑶居住的区域时才发现，这一词语已经是当时当地的花瑶人民，甚至包括很多完全是文盲的民众耳熟能详、也是最感兴趣的主流话语，尽管在几年之前，他们还在为解决基本的温饱问题作奋斗，丝毫不知"旅游"和"旅游开发"为何物。就连只有少数花瑶散居、因而没有被列为瑶族自治乡的邻近一个乡的党委书记，也在潜意识里将我们这些外来者视为可以影响政府决策的人，因此不无预期地主动向我们提出，其实他们乡也有非常丰富的旅游资源，我们是不是可以在正式的调研之余也顺便考察一下境内的白马山是否具备旅游开发价值，以便乡政府有充足的理由督促县政府将这一辖区同样列入旅游开发的序列之中。①

在铺天盖地随处可见的官方叙事逻辑里，旅游开发将是带领整个瑶山脱离贫困、走向现代化的重要路径，而充斥于整个社会的"眼睛向下的劝世榜样和眼睛向上的思齐热情"，② 自然而然地推动着整个瑶山被日益吸纳进这场充满了经济、政治和文化诱惑力的全面动员之中，对即将到来的美好前景激动不已，而根本无暇考虑和担忧其有可能带来的负面效应。可以说，在旅游开发这一场卷入了地方政府和几乎所有花瑶人的事件中，各方矢量交织互动，重新解释、定义、凝练、剥离、建构、塑造着花瑶的文化传统，并默默推进着它朝向一个统一版本不断演化的"标准化"进程。

在这一过程中，地方政府以其在政治、身份、资源、地位、文化与象征方面的多重意义，理所当然地扮演着"花瑶传统"的"挖掘"、

---

① 2004 年 7 月 28 日麻塘山乡采访笔记。

② ［美］吉尔伯特·罗兹曼主编：《中国的现代化》，"比较现代化"课题组译，江苏人民出版社 1988 年版，第 125 页。

"保护"、"传承"与"重新塑造"的组织者与推动者的重要角色,与花瑶人一起构成了位于这一过程的两极。但是仍然需要指出的是,作为自身文化传统无可置疑的唯一载体,花瑶民众也并非铁板一块的统一整体,而是在不同的情境之下分化为不同的群体,并在周围汉人的潜移默化影响下,从不同的侧面和角度推动着自身传统的不断变迁与演化过程。

(一)市场导向下的挑花裙

地方政府在旅游开发过程中所采用的"让传统文化的开发利用出效益"的基本政策导向,逐渐导致原本融合了多种内涵的复杂传统被一一分解,并按照其与效益链产生的相关性、便捷性与重要性程度的不同,形成了一个有差序、有选择的等级序列。正如我们在田野考察过程中一位一直陪同我们进行实地调研的县文化局官员所言:"花瑶具有神秘性、独特性,要精心打造好该品牌,以便将其推向世界。"[①] 而作为这场"打造民族品牌"战役的先头兵首先进入地方政府和当地民众视野的,则是最为直观、因而也最能体现其独特民族特色的服饰——挑花裙。

挑花裙一直被外界看作是花瑶人最富象征意义和艺术色彩的符号标志,其服饰形制、色彩取舍暗含生殖崇拜的意味,[②] 包含具有审美意味的图腾样式与构成形式,[③] 并曾作为具有强烈"民族化色彩"[④] 的载体和"本民族历史文化发展的象征"[⑤] 而被官方评定为"国家级非物质文化遗产",还曾几次在国际展览会上获奖,而"花瑶"这一称谓的产

---

① 2004 年 7 月 28 日麻塘山乡采访笔记。该官员一直在向我们和被访的花瑶群众强调这一立场,并多次重申这也是县政府的基本决定,以便加强其权威性。

② 汪碧波:《花瑶女性服饰与生殖崇拜》,《装饰》2007 年第 12 期。

③ 文牧江:《湖南隆回虎形山花瑶挑花的空间构成形式》,《湖南科技大学学报》(社会科学版)2011 年第 6 期。

④ 姜松荣:《小沙江花瑶服饰的文化解读》,《理论与创作》2008 年第 6 期。

⑤ 奉锡联、沈玲玫:《湖南雪峰花瑶服饰刍议》,《广西民族学院学报》(哲学社会科学版)1999 年第 5 期。

生，也与其挑花裙的艳丽如花有着非常直接的关联。由于挑花裙的制作工艺复杂，耗时久远，每条挑花裙走线大多超过 30 万针，一套衣服往往要耗费半年甚至一年以上的时间才能完成，因此，传统的花瑶女性往往要从四五岁起就开始从长辈那里学习挑花技术，十几岁起就要为自己准备嫁衣，进入中年后又要为自己准备寿衣，再加上几十年间所要穿着的衣物，一生中相当大的一部分时间和精力都花费在了挑绣一条条图案迥异、内容不一的挑花裙上面。

　　然而，这一颇具民族典范象征意义的挑花裙近年来正在遭遇被逐渐冷落的风险。由于穿着不便，在最近十多年中，许多中青年的花瑶女子除了走亲戚、办喜事、过节之外，平日里不再穿着挑花裙，而是换上了更为简便的汉族服饰。尤其是在外求学、打工的年轻的花瑶女性，更是如此。其异常繁复的挑绣工艺，也由于耗时耗力过久而在年轻人中间失去了类似长辈所感受到的那种强烈吸引力。在实地调查中我们得知，很多年轻的花瑶女子已经不再学习如何制作挑花裙了，有人还曾私下里偷偷告诉笔者，与汉族各种时髦的服装比起来，她们的服装其实太过单一，甚至是"有些土气"的，只是按照当地的传统习俗不得不在重要的日子里穿着，免得受人指责而已。[①]

　　至于花瑶男子的传统服饰包头巾、长短衫、青布腰带、大裆裤、绑腿等，则在新中国成立之初就已经开始逐渐摒弃，事实上，现在的男性服装几与汉人着装无异。当笔者于 2001 年 7 月曾以一名普通学生的身份第一次进入瑶山时，并未在当地见到任何花瑶男性身着与汉族不同的民族服饰。而在 2004 年展开正式的田野调查之前，我们曾经定制了一些带有"花瑶文化考察团"字样的 T 恤送给当地的花瑶以作感谢和纪念，他们非常欣喜地接受了这一礼物，并当着我们的面换上，显然，他们对于这一并非本民族的衣服不但并无任何的排斥之感，反倒因为其是来自外界文化的象征而充满了接纳和认可之情。

　　显而易见，在市场化逐渐推进的过程中和外来文化的影响下，花瑶

---

① 2004 年 8 月 14 日虎形山乡岩儿堂村采访笔记。

人正在作出自己对于传统服饰的选择，而在正要成为民族中坚力量的年轻一代人中间，甚至还出现了彻底汉化的倾向。但是，无论是在致力于推动旅游开发的地方政府眼中，还是在那些对通过旅游开发来改变当地生活状况寄予极高期望的花瑶精英看来，这一民俗的逐渐凋零显然是无法完成上述目标的危险信号，因此引发了二者极大的危机感与重视。正如一位在当地信用社工作的花瑶干部所叹息的一样："搞旅游就是要看民族风情，现在大家连挑花裙都不穿了，那还有什么看头？"① 作为表率，他的妻子每到重要节日就会身着挑花裙出席外界的活动。另外一位在虎形山民族团结学校任教的年轻老师则明确告诉我们，自己每逢节日、聚会、参加酒席都会穿着挑花裙，并且"希望别的女孩子也能穿"。②

有感于此，政府多次公开要求花瑶人在平时积极自觉穿着挑花裙以延续自身的传统，为了进一步彰显这一民族特色，他们甚至还根据历史的记载和一些老人的回忆，专门请人设计、制作了其实早已完全消失在公众视野中的花瑶男子服装，免费发放给当地的群众要求他们穿着。在其引导之下，部分民众会在富有民族象征意义的时刻主动身着挑花裙出现在公共场所，并将其看作是展示本民族文化特色的一个机会，尤其当有外界媒体进行采访时更是如此。但这一倡议和努力并不像预想中那样在所有花瑶人中间引起经常性、制度化的响应。在时隔第一次实地考察七年之后，当我们于 2011 年 11 月再次在虎形山地区进行回访性调研的时候，正好遇到几个来自附近城市的自驾游的游客，下车之后第一句话就是："这就是传说中的花瑶啊！"对于带着猎奇心理想要于此探寻和感受异文化的他们而言，目光所及之处，除极少数老年女性之外，满街行走的花瑶看上去已与普通乡镇的汉族居民大致无异，此刻失望之情溢于言表。

---

① 2011 年 11 月 27 日采访沈修竹时得知。

② 2011 年 11 月 25 日采访奉远花时得知。有意思的是，奉远花本人曾在由县政府举办的一场"花瑶佳丽服饰表演大赛"中获得过名次，她对推广挑花裙自然有着可以想见的内在动力。

为了彻底改变这种被动局势，地方政府开始诉诸经济刺激的手段，要求每逢重大节日或者重要客人来访，花瑶女性必须穿着挑花裙。作为补偿，每人每次可以从政府得到50—60元的补贴。这一利益驱动起到了一定的效果，然而其负面影响则是，这进一步构成了部分花瑶人平时不再穿着挑花裙的潜在理由，以便更加长久地保障这个很有意味却不费周折的经济来源。有些花瑶人对于这一状况表现出了明显的担忧，提出政府应当将这种补偿形式制度化和长久化的建议，按照她们自己的说法，"假如要让花瑶人都愿意主动穿的话，就应该明确地告诉她们一年到底能够补偿多少钱。要么也可以高价收购挑花裙，做品牌开发，带动挑花裙制作和穿着"。①

　　政府在这一问题上所采取的经济刺激手段和市场化行为，潜移默化地影响了很多花瑶民众的作为。如我们在实地调研期间，考察团一位第一次来到瑶山的成员十分兴奋地邀请街上一位花瑶老人与他合影留念，她满口答应，并非常明确地提出，只要能给她十元钱就行。记得七年前我们把相机照向花瑶人时，她们会不由自主地相互间推推搡搡，避免出现在镜头前，或者十分害羞地把头扭开，还自我嘲讽道："这个样子有什么好照的，'丑死了'（意为害羞死了）。"最后在镜头里留下一个十分羞涩的笑容。现在这一景象显然与七年前我们首次踏入瑶山时有了极大的区别，直接的经济效益、而非淳朴的乡土人情正在成为指引民众行动的一个重要考量内容。②

　　而另一个有意思的事件则是，旅游开发也带来了富有民族特色的旅游产品的销售。摄影师偶然发现图案更加简单、线条更加粗犷的挑花裙比起更为复杂的挑花裙而言，拍照效果更加清晰，轮廓更加鲜明，因此倾向于选择那些更为简单的挑花裙进行拍摄。花瑶人则很快以积极主动的态度迎合了摄影师的做法，因为她们比任何人都更加清

---

①　2011年11月25日虎形山乡采访笔记。

②　同样可以用作比照的例子是，旅游开发之前，外地来的游客如果想要去位于虎形山境内的大托峡谷探险，当地花瑶人会十分乐意担任免费的导游，并热情地在一路上指点道路、讲述故事。但旅游开发没多久，这就变成了一项收费的服务。

楚，简单挑花裙制作起来所耗费的时间和人力成本更加低廉。自然而然，她们开始用前者取代后者，以便在销售中获得更多的利益，至于原本复杂的挑花技术正在由于日益简单化、快餐化而出现了丧失其独特魅力的危险，则显然不在她们的考虑范围之内。而当地确实就有人曾经对我们说过，现在的花瑶挑花裙，远没有以前的费工费力，自然也没有以前的好看了。

在挑花裙的去留问题上，政府、地方精英和普通民众之间出现了微妙的局势平衡。政府试图尽可能地说服花瑶人仍旧保持自己的习俗，尽量忽略外界文化的影响，克服本身穿着的不便因素，甚至不惜通过重新塑造传统的方法来衔接早已消失的男性花瑶穿着习俗。对于本民族文化的前途甚是担忧的地方精英，则寄希望于通过自身的示范作用来带动其他人也同样珍视自身的传统。相当比例的普通民众则采取了更加现实与务实的立场，将对这一习俗的坚持与否与是否能够服务于自身家庭的经济打算紧密结合了起来，不再主动承载或者单一地响应政府的号召，而是将其作为用于改善生活的谈判筹码。三者间的互动与实践，共同影响着挑花裙这一传统服饰的现状和未来。而在其他花瑶传统的市场化与标准化过程中，这三者又将扮演相对不同的角色。

（二）"旅游凝视"下的婚俗

如同约翰·厄里（John Urry）的"旅游凝视"（tourist gaze）理论所揭示的一样，游客对于旅游目的地的选择，很大程度上取决于后者能在多大程度上为他们提供"令人愉悦（pleasure）的"体验基调。① 这一体验基调的确立，无疑应当是包括表层的视觉冲击与深度的异文化体验在内的一个多元复杂体。而在主导设计具体旅游规划的工作人员眼中，将充满了异文化色彩的婚俗纳入旅游互动体验项目，显然将是一个最好的选择。

拦门酒原本为花瑶民族迎接贵客的习俗，尤其在婚礼的迎亲环节中

---

① 刘丹萍：《旅游凝视：从福柯到厄里》，《旅游学刊》2007 年第 6 期。

更为常见，具有传情、致礼、为宴的基本功能。① 酒席大多设在新郎新娘双方的村寨口，由男女双方各自邀请媒公和本族中能说会道的男女歌手互相对歌喝酒，同时还要在此过程中重述家族历史，鼓励和祝福新人勤俭持家幸福长久，其最主要的功能在于使婚礼举办得红火热闹，按照花瑶人自己的说法，是"乃莫多，踆莫多，凯西中莫多（意为'男欢喜，女欢喜，大家都欢喜'）"。② 最初由地方政府主导设计的虎形山乡崇木凼村旅游开发计划，将这一习俗也纳入了其中，但作出了一个重大改变，即：将拦门酒当作游客体验花瑶异文化的第一道门槛设在花瑶古寨的入口处，凡是想要进入古寨的游客必须先喝完几大碗米酒才能通行，不胜酒力的游客只有求饶，选择付费的方式进入，以此实现创收的目的。这一做法在许多颇有见识的花瑶人中间引起了极大的反感，在他们看来，这完全是对自身传统的彻底背叛，如在瑶山颇有声望的沈诗永老人就非常气愤地批评这一措施"完全搞左了"，不仅不懂得拦门酒的原本底蕴是视对方为贵宾予以尊重，反而强迫对方喝酒，在外来者眼中留下了花瑶蛮霸、好利的印象。③

对于旅游开发措施更大的批评则来自于登上舞台表演现场的婚俗体验项目。为了营造更好的舞台效果，民俗风情园内花瑶舞蹈队的年轻姑娘们跳舞时所穿的挑花裙，大多为只有出嫁时才会穿的绿色嫁衣，男子则身着由县文化局所设计、融合了自身历史记载与苗族等其他少数民族特征的坎肩，以便打造和迎合他者对于花瑶传统的异度想象。所表演的节目也经过了几次很大的调整。在"更好地吸引游客、营造一个与汉族有着明显差别的异文化氛围"的思路影响下，崇木凼表演队的内容中甚至还包含了一个"抢婚"的节目，并将之称为花瑶的传统。然而

---

① 禹明华、刘智群：《论花瑶山歌在花瑶婚俗中的特殊功用》，《邵阳学院学报》2007年第 6 期。

② 2004 年 10 月 5 日采访沈诗昌得知。

③ 2004 年 10 月 5 日采访沈诗永得知。沈诗永老人是瑶山名副其实的能人，熟知本地历史，曾任村党委书记，也是民族巫术"瘟饭"的巫师"巴梅"，同时还懂医术，巫医合一，因此颇受当地人敬重。在当地很多重要的事件中都有他的影子，如保树运动、抵制计划生育等。

这一事件在花瑶历史中并不常见，更不能被称之为传统，花瑶中的文化精英因此将之称为对自己民族的"诬蔑和丑化"，① 愤慨不已。类似的批评此起彼伏，所到之地都有声音在质疑这种做法的合理性。② 然而，为数更多、对本民族的历史文化缺乏深度了解的普通花瑶民众却被充满强烈戏剧化色彩的舞台剧所展现出来的那种可观赏性深深吸引，反倒在下面看得津津有味。外来的游客更是不明就里，将其视为真实的花瑶传统，并在这场虚假化的舞台表演中实现着自己对于花瑶异文化的全部想象。

除此之外，导游还通常会把游客带到古树林中，告诉他们花瑶民众个个都是山歌的能手，往往通过对山歌一见钟情，彼此喜欢上的人就可以到后面的古树林中自由自在地谈情说爱，乃至私订终身。在之后举办的舞台表演中，自然也要邀请游客参与对歌互动体验，并想尽办法揶揄后者，以便给游客留下不虚此行的深刻印象。"打滔"（俗称"顿屁股"，即指大家围坐在篝火旁的长条凳上，由异性排成一排，轮流用屁股使劲顿对方的大腿）节目则因其自身具备的互动性而当仁不让地成为了整个舞台表演的高潮。外界游客大多为了消除身在都市的疲惫、孤独感而来，在导游颇富激情的演说和不无煽动色彩的怂恿下，自然参与其中不亦乐乎，并逐渐进入一种身心放松、类似狂欢的状态。

就客观而言，山歌确实是花瑶人在劳动之余和大小喜事中抒发感情、进行人际交往的媒介，但事实上，花瑶人通过对歌定情而结为夫妻的少之又少，相反，他们的婚姻往往要按照固有的程序，经由媒妁之言和父母之命才能最后形成，姑表亲逐渐被取消也是新中国成立后才发生的事。③ "打滔"原本也是主要在婚礼上才会出现的特定风俗，此刻却

---

① 如水洞坪的奉族良（《雪峰瑶族诏文》的提供者）就严厉地批评了这种做法。

② 2004年8月1日小沙江镇江边村麻坑组、2004年8月7日小沙江镇旺溪村回家湾组、2004年8月16日虎形山乡水洞坪村老山组都听到了这种批评声音。

③ 2004年8月3日小沙江镇江边村禾梨树组、8月6日小沙江镇汪溪村回家湾组、10月3日虎形山乡崇木凼村采访得知。也可参见隆回县志编纂委员会编《隆回县志》，中国城市出版社1994年版，第596页；马道明、谢元华《隆回县志〈民族篇〉（1978—2002）》（送审稿），第12页。

被单独抽取出来，融入了随时举行的对外表演场域，并被常态化和市场化。可以说，"对歌成婚"的传统塑造，以及"打滔"的时空转移，是旅游开发的设计者有意无意地向游客兜售的关于花瑶民族在天性"自由浪漫"基础上"性开放"的虚假文化暗示，在塑造其与汉文化的不同内涵的同时，实现进一步提升当地旅游资源的竞争力和品牌效应的原初目的。这一做法显然取得了很大的成效，比如在2004年实地考察开始之初，我们就曾听到很多汉族人介绍说，花瑶民族有许多与汉族不同的地方值得一看，其中"性开放"就是一例。

这种为了争取和迎合游客而作出的虚假化的舞台表演，也在反向影响着花瑶人的现实作为。如在实地调查的过程中就有人告诉我们，很多普通花瑶人（尤其是年轻一代的花瑶人）正在受到肤浅浮夸但却充满诱惑力的舞台剧的影响，"过去在'性'方面管理很严格，现在反倒还更开放些"。[①] 一位曾经参加过花瑶佳丽服饰大赛并获奖的年轻女子，因为不希望被人看作是和舞台表演者一样"在人品和道德方面都值得怀疑"，决定以后不再参与类似的活动。[②] 在周围舆论压力的影响下，她所在的整个组的女孩都采取了与她一致的立场。

而为了让自身的气质更加接近类似"抢婚"等节目中所表现出来的男子气概，从而获得婚恋的主动权，一些年纪并不大的花瑶男孩甚至成为了当地"飞车党"的一员，其父母事实上也在背地里支持他们这样做，承担着买车和修车的费用，以便自己的儿子更容易找到对象。当我们行进在乡间并不平坦的山路上，往往会看到几辆山地摩托车以超过60km的时速结伴呼啸而过，骑手和乘客大多染发、穿耳洞，耳畔传来的则是他们兴奋的尖叫声。而在当地的摩托车修理行里，我们又看到这些人的出现。店主告诉我们，汉族人的摩托车至少可以用到三年左右，但这些年轻花瑶是"消费型购车"，由于车速太快，损耗太大，他们的摩托车的寿命实际上非常短，少则几个月，多则一年左右就要彻底换

---

① 2004年8月1日小沙江镇江边村麻坑组采访得知。
② 2004年8月12日虎形山乡万贯冲村采访得知。

新，也引发了多起交通事故。据说一位瑶族女孩的父亲对于男青年通过这种方式来结交自己的女儿非常不满，将其归入小混混一流，在警告无效之后，当场砸掉了对方的摩托车，并放了一把火烧了。[①] 这些无所事事的年轻花瑶虽不是瑶族青年的主流，但却加深了汉族人对瑶族的普遍偏见，因此在瑶族内部召开的座谈会上，与会人员曾经多次就飞车的问题进行了讨论，希望家里有男青年的家长能够更加严格地管教自家小孩。[②]

另外值得一提的则是 2011 年 9 月在央视一套《发现之旅》栏目播出的纪录片《花瑶新娘》。这是在当地政府的热情邀请下，由央视记者直接进行拍摄和后期制作的纪录片，其精美程度自然在现存所有关于花瑶的音像制品中独树一帜，无出其右。其中，新娘新郎的相恋被安排在一个极为特殊的情境之下：女孩在游玩中不慎跌入水中，被同行的勇敢的男孩瞬间救起，由此催生了情愫，引发了后来的故事。之后事件的发展更加沿着标准化和戏剧化的套路进行：由于女孩的父亲并不同意二者的婚事，男方便聘请当地能说会道的媒公三番五次上门提亲，最后还是女孩的奶奶出面干涉，才说服了女方父母成全了两个年轻人的好事。婚礼当天的场面甚是浩大，几乎瑶山里所有知道的人都出动参与了迎亲、送亲和婚礼的全过程。

然而，为了使之符合外界的审美标准，从而调动观看者观看和言说的欲望，在这部本应是完全建立在写实基础上的纪录片中，仍然融合了很多现代性的元素，甚至出现了夸大其词和人为设计的痕迹。

首先，这是一个现代版的英雄救美的故事，迎合了大多数人对于婚姻的浪漫想象。新郎在镜头前还说了一句颇富煽情色彩的话："我想这是上帝给我的一个机会。"但其实花瑶人中间并不信奉上帝，甚至没有几个知道"上帝"的名号，更不可能将这个来自西方文明的通过牺牲自己来唤醒民众的白袍长者与自身的命运联系起来。

---

① 2011 年 11 月 27 日虎形山乡采访笔记。
② 2011 年 11 月 27 日、29 日虎形山乡采访笔记。

其次，这是一个现代版的罗密欧与朱丽叶的故事。两人的爱情在经历了来自父亲的多重反对与考验之后终于修成正果，因此也可以被看作是现代对传统的反叛、自由对专制的胜利，从而契合了自五四以来就已牢牢植入中国人意识形态的"现代—传统"的想象和"瑶—汉"文明发展进程的二元对立观。换言之，当作为整体的中华文明已经摆脱父家长制的阴影多年之后，作为以文明体的花瑶人仍在与之作不懈的反判和斗争，并最终跳出了这一束缚。更有意思、但却让人十分费解的则是，纪录片中被称作"新娘父亲"的人，却不是现实生活中新娘的真的父亲，而是选择了另外一个演员来代替。

同时，这也是现代版的白马王子与灰姑娘的故事。婚礼尽其所能地想要去使用传统的元素来展示自身的文化魅力，以至于不是花瑶传统的习俗也被纳入其中，以便增强其可视性：新娘在大红伞的遮挡下，坐上了大花轿，被几个身着民族衣服的青年男子抬到新郎家。接亲和送亲的庞大队伍则在到达男方之后豪飨一场盛宴和民族盛大的狂欢。这一情节在试图向外界展示花瑶的神秘婚俗礼仪时，也激发了一场关于瑶山的物质与文化生活均十分富裕的想象。但事实上花瑶婚礼中新娘从不坐轿，只是手拿藏了十二个毛线球、一路上绝对不能打开的油纸伞，[1] 并混迹在众多送行的姐妹中间一路步行，于傍晚时分到达男方家。而且，出于经济的考虑，男方事实上的接待能力十分有限。有些地方甚至在很长一段时间内连婚礼本身也被取消，要一直等到生下孩子的第三天，才会举办"打三朝"仪式，来庆祝婚礼的结晶，也意味着婚约正式有效。

这部由央视制作并在第一频道播出的纪录片，虽有诸多明显加工的痕迹，但对于参与其中的主体而言，均获得了预期的收益。在这场展示中，男女主人公、尤其是女主角积累了巨大的文化和政治资本，被视为花瑶的"代言人"提升了在政府机构的地位，忙于出席各种对外展示花瑶魅力的公开场合。观看者自然享受了一场视觉和文化的盛宴，也进一步激发了他们对于瑶山的造访热情和异度想象。力主促成这一项目的

---

① 其中原委可参见本书第四章。

地方政府理所当然地推动了花瑶文化的普及化、大众化与市场化进程。据言，节目播出后，"观众好评如潮，慕名来瑶山旅游采风的人成千上万"。① 而对于身在其中的花瑶人而言，他们更为这场融入了强烈现代元素的婚礼所羡慕和激动，并将其视为花瑶传统婚礼的典范，如纪录片中女主角的父亲本人曾向我们提到，女儿是学传媒设计和播音主持的，因此在自己的婚礼中融入了很多现代元素，事实上，婚礼本身并不能被看作是完全的传统婚礼了，"但也无所谓，只要意思到了就行"。② 还有不少年轻的花瑶人还曾向我们提到，理想中的花瑶婚礼就是他们所看到的这场婚礼。③

在有些学者看来，"民俗旅游产品的开发对族群文化的变迁有不可忽视的外力作用：一方面，旅游的介入使得原来相对闭塞和传统的民族地区面临外来现代文化的不断影响，导致族群文化的迅速变迁；另一方面，民族地区的旅游发展促进了当地少数民族的文化保护，濒临消亡的族群文化在一定程度上因具备商业价值而得到保存。文化变迁作为多种文化冲突整合的结果，一般表现为本地文化与异地外来文化、传统文化与现代文化的'妥协'、'整合'"。④ 然而，就我们在瑶山所观察到的状况而言，"旅游凝视"下的花瑶传统，在面对更加强势的外来文化和所谓的现代文化的冲击时，其不断对自身进行调试并最终"妥协、整合"的结果，却从消极的意义上引发了对自身传统的背离和虚假化制作，最终在外界的凝视和语境下丧失了对自身社会和文化的认同，并由此进一步推动着原本在精神和物质生活上几乎高度一致的花瑶群体的日益分化。

不同的人群中间也由此产生了不同的马太效应：地方政府在推广提升花瑶的品牌价值同时，自然而然地积累了政治和文化资本；旅游项目的具体承办者获得了可观的收益；游客带着对于花瑶的片面理解和刻板

---

① http：//sy. voc. cm. cn/2/2011—12/26800. html.

② 2011 年 11 月 27 日采访笔记。

③ 2011 年 11 月 25 日采访笔记。

④ 孙九霞：《族群文化的移植："旅游者凝视"视角下的解读》，《思想战线》2009 年第 4 期。

印象心满意足地离开了瑶山；花瑶精英虽对颠覆传统的做法满怀怒气，但却由于缺乏各类资源而难以影响其他人，并由于其批评无助于旅游开发而遭遇被边缘化的危险；普通的花瑶民众则在舞台表演、外界游客的反应和现实的经济回馈中捕捉信息，由此调试着自身对于传统和习俗的理解与践行，最终作为一个主要群体而影响着远古传统的当下选择与未来走向。

花瑶婚俗原本是一个融合了历史积淀、文化传承和民风民情的动态过程，但在与"旅游凝视"这一"占支配力量的权力结构"① 进行力量博弈的过程中，为了以更加富有冲击力和吸引力的方式赢得这场无言的竞争，向外界展示自身的独特性和神秘性，其丰富的内涵被逐渐抽空、剥离和简单化为只有拦门酒、抢婚、对歌、打滔等几个孤立单元组成的符号化内容。在这种情势之下，原本复杂的婚俗传统最终被肢解和割裂，并日益虚假化、碎片化、刻板化和肤浅化，成为了并非传统的"新传统"。

（三）"非物质文化遗产"保护语境下的"夜讪"与"呜哇山歌"

花瑶民族虽不善舞，但却能歌，山歌是他们用来记载历史、传承文化、表达情感的重要媒介之一。事实上，在花瑶内部流传的山歌大致上可以分为两种，一种是用当地汉话演唱的"山歌"，另一种则是用花瑶人称之为"阴暗话"② 的古瑶语所演唱的"夜讪"。现在为外界所熟知

---

① "'旅游者凝视'在民俗村旅游场域中是一股占支配力量的权力结构，民俗村以配合旅游者求新求知、体验差异、复古怀旧、娱乐参与的凝视偏好为导向，不断挖掘各民族的'文化符号'，使得民族文化被片面化、刻板化展示，这种趋势将随着旅游者视线的流动而演化。"孙九霞：《族群文化的移植："旅游者凝视"视角下的解读》，《思想战线》2009 年第 4 期。

② 夜讪多用古瑶语演唱，按照花瑶人的说法，俗称"阴暗话"。正如花瑶学者奉泽芝所描述的那样："阴暗话如汉语中的文言文，这话虽是瑶族人也有很多不懂，更不会说。只有极少数人，如瑶族巫师、瑶族歌手和熟悉瑶族各种习惯利益的人能懂能说。瑶族男女结婚聘请的歌手，通宵'夜讪'的歌词，瑶族巫师给人'瘗饭'、觅神、说理、喃喃念说的咒词，婚聚'邀酒'、席上欢饮所说的恭维话及平时敬神、祭祖所说的词语等属阴暗话。阴暗话在一般场合是不说的。"奉泽芝：《隆回瑶族风情录》，载田伏隆主编《湖南瑶族百年》，岳麓书社2000 年版，第 105 页。

的类似山间劳动号子的"花瑶呜哇山歌",① 则属于前一种。用古瑶语演唱的夜诳和当地汉话演唱的山歌都曾在花瑶人的日常生活中占据着重要的地位,但在国家和当地政府对"国家级非物质文化遗产"的保护中,两者却开始沿着不同的轨迹发展,渐行渐远,并很有可能在可见的未来走向完全不同的历史命运——伴随着"呜哇山歌"火热兴起的,也许将是更加古老的"夜诳"的黯然消逝。

早在2000年前后,为了加大与外界的交流与交往,县文化局曾选拔了几位花瑶族的山歌能手,参加在其他省份举办的全国民歌大赛。但是,在与其他各省市选送的专业选手进行比赛的过程中,由花瑶本民族成员担任演员所演唱的原汁原味的瑶歌"夜诳"并未取得预期的名次。文化局的干部对此深有触动,明显感受到了地方化、乡土化与市场化、资本化运作的差距,于是回来后立刻着手,高薪聘请了几位国家级和省级文艺工作者支招助阵。经过一番研究,他们决定将用复杂难懂的瑶语演唱的"夜诳"暂时放置一边,在花瑶民族用当地汉话演唱的山歌基础上,量身打造了新词新曲,并改用普通话演唱。同时还在借鉴其他民族舞蹈的基础上重新创作了花瑶原本早已消亡的舞蹈,再通过县文工团的专业演员手把手地教给当地的花瑶表演者。

参与表演的歌舞演员也在政府文化部门的直接影响下重新进行了仔细挑选,是否为花瑶本民族成员已经不再是挑选演员的必备条件,相反,容貌、嗓音、身材等条件成为了新的录用和衡量标准。于是,当地一些汉族女孩也被选入了表演队,只是在对外表演中仍旧以花瑶人相

---

① "呜哇山歌是盛行于湘中地区汉瑶杂居地——湖南省邵阳市隆回县虎形山一带的一种'高腔山歌',多为成年男子用真假声结合演唱,其曲调节奏自由,声音高亢嘹亮,有较长的甩腔,因常有'呜哇……'等衬词而得名,至今还流传着几千首。该山歌共有十二个半韵脚,歌词随性而唱(瑶语称'见子打子'),内容丰富,一般用汉语演唱。山歌题材主要有瑶族来源和迁徙、农业劳作、深山狩猎、婚庆丧葬、日月星辰、傩巫鬼神,等等。因呜哇山歌演唱大多在乡间野外,不受劳作时间限制,随意性很强,歌曲的内容可以随场景和思维形式的变化而变化,是一种自由抒发的劳动号子。演唱时,有独唱、对唱、多声合唱等多种形式,常用大锣大鼓来伴奏,歌声高亢激昂。"谢菲:《非物质文化遗产传承场域的再生产——基于花瑶民歌·呜哇山歌的保护实践所引发的思考》,《湖南社会科学》2011年第5期。

称。这种做法自然在花瑶人中引起了反响，由于每个演员每月差不多可以拿到高达 800—1000 元左右的工资收入，他们便不断在公开和私下的场合里进行议论，说既然是花瑶山歌表演，按道理所有的表演者都应该从本民族中选择。但他们的建议并未得到采纳，迄今为止其中仍旧保持着几个汉族姑娘。①

重新谱写创作、改用普通话演唱的花瑶山歌和花瑶舞蹈融入了很多现代元素和其他民族风格，因而也不能再被视为典型意义上的本族传统了，但却看起来更具夸张性、现代感和舞台表现力，也更加易于传唱，故而在游客中间取得了很好的反响。花瑶民众则从游客的积极反应中得到进一步的鼓励，视这种经过后天加工而成的歌舞为自身传统习俗的"改良版本"，主动地予以学习和传承，甚至连只有几岁的小孩子，也会跟在她们的后面偷偷模仿哼唱，积极参与着这种带有伪民俗性质的舞台表演和非自主的"文化的自我表征"。② 受此影响，当 2004 年我们第一次在瑶山开展实地调研并亲自参与对歌的时候，听到的山歌版本不一，内容繁多，即兴创作比比皆是，但在七年后的 2011 年，所到之处，开篇的演唱无一例外都是带有官方印记的标准普通话版本"瑶山米酒甜"，唱过几轮之后便会转向更加现代的流行歌曲，在此情境之下，原本多姿多彩的山歌传统被日益单一化、脚本化，失去了丰富的表现力和生存力。

2010 年，由县文工团培养和选送的山歌选手甚至登上了带有强烈官方色彩的央视舞台，在全国最大的媒体上对外展示着花瑶人的艺术形式与生存意境。这一事件在普通花瑶民众心目中的典范意义自然是不可估量的。一方面，它重新加强了花瑶人对自身传统的认同感和自豪感，

---

① 2011 年 11 月 11 日虎形山乡采访笔记。

② 如有学者指出，在游客与本地人的"互动性凝视中，他者和自我彼此成为欲望对象，他者的凝视对本地人具有召唤性，双方也在凝视中进行着调试，即游客被目的地激起不断的凝视需求，本地人为游客的凝视需求积极进行着文化的自我表征"。魏美仙：《他者凝视中的艺术生成——沐村旅游展示艺术建构的人类学考察》，《广西民族大学学报》（哲学社会科学版）2009 年第 1 期。

也引发了花瑶人对山歌主动予以传承的热情；但另一方面，它却进一步导致了原初意义上的花瑶"夜啅"传统的逐渐萎缩与不断退化。对于此刻的花瑶人而言，一个潜在的文化心理则是相信原汁原味的花瑶"夜啅"并不好听、没有市场、不符合社会发展的需要、不需要予以传承。越来越少的人能够听懂、更不用说去传唱这种记载了花瑶民族历史与文化习俗的古瑶歌了，这种复杂矛盾的心理正在影响着"夜啅"的传承状况，使其濒临固化和消失的危险。

而与"夜啅"的冷落地位形成鲜明对比的则是呜哇山歌的兴起。在地方政府每年于北京、长沙举办的新年团拜会上，由县文工团的专业演员所表演的花瑶山歌和风情舞蹈，也在拥有各类资源的老乡中获得了强烈的反响，远离故土的怀乡情结和对地方传统的传承保护心态，促使他们不断调动手中的资源积极回馈故里，既为地方政府提升了政治资本，又不断加速着地方政府将花瑶民歌传统进行重新包装和市场化运作的原动力。"花瑶呜哇山歌"就在这种大环境下脱颖而出。

就客观而言，呜哇山歌原本是由花瑶人和当地汉族人共同创立和传唱的高腔山歌形式，相当于山间劳动号子，其族群归属实际上难以进行准确的定义。如在实地调查过程中，许多花瑶人就曾告诉我们，呜哇山歌主要在汉族人中传唱的较多，花瑶人虽然也会唱，但还是以本民族的山歌为主。[1] 而对于本民族历史文化颇为熟悉的沈诗永老人甚至还告诉我们，呜哇山歌的歌谱花瑶民族原来也有，后来慢慢失落了，但是在汉人聚居、兼有少数花瑶散居的虎形山乡草原村现在还可以找到，[2] 也从侧面映衬着呜哇山歌在两种民族中共同的地位。甚至在当地政府的官方介绍中，也公开承认了呜哇山歌在两个民族中一并传唱的现状："一般用汉语来演唱，是随着瑶、汉民族大融合形成而发展的，是汉文化与当地花瑶土著文化相融合，以及周边文化影响的产物……在演唱中，歌手

---

① 谢菲在虎形山地区所进行的田野调查工作也得到了和我们一样的结论。参见谢菲《非物质文化遗产传承场域的再生产——基于花瑶民歌·呜哇山歌的保护实践所引发的思考》，《湖南社会科学》2011 年第 5 期。

② 2004 年 10 月 4 日虎形山乡崇木凼村采访沈诗永老人时得知。

常用瑶语和汉语演唱，汉语演唱的歌曲颇多。"① 然而，在申报国家级非物质文化遗产的过程中，为了进一步凸显其独特性和民族性，增加成功的砝码，地方政府将之归为花瑶民歌予以上报，并改称之为"花瑶呜哇山歌"。

改名后的呜哇山歌的发展路向契合了政府的步骤设计："2004 年，由 65 岁歌手陈世达和 54 岁歌手戴碧生组成的花瑶呜哇山歌组合，经文化部门精心包装后，代表湖南参加全国第二届南北民歌擂台赛，获得优秀歌手奖和薪传奖，并被邀请到北京进行表演。2005 年，由湖南省民委、湖南省文化厅、湖南省广播电视局主办的湖南省第二届少数民族文艺调演于 12 月 11 日在长沙湖南大剧院举行，来自全省 14 个地州市的500 余名文艺工作者选送的 50 多个节目纷纷登场亮相，经过三天的紧张角逐，由隆回县民宗局和文化局选送的花瑶呜哇山歌组合，在与众多市县选送节目的同台竞技中喜获金奖。"② 2009 年，花瑶呜哇山歌成功入选国家级非物质文化遗产名录，正式列为受保护的对象。伴随着花瑶民族声名鹊起的同时，则是地方政府政治资本、文化资本、经济资本和社会资本的不断累积与转化，并成为获取更大发展空间的重要筹码。正如布迪厄所言："现代社会的所有不同类型的资本，都是在特定正当化程序中被'确认'的斗争力量单位……现代社会中的主要资本是经济资本、文化资本、社会资本和象征资本，而它们之间是可以互相转换，并经一定斗争之后，统统转换成可以显现人们的地位和社会力量的象征资本，因此，人们手中掌握的象征资本的总数，最终成为衡量各个社会阶层或个人的斗争力量总汇集的根据。"③

为了加大对这一非物质文化遗产的保护力度，地方政府决定在非常有限的财政收入基础上对之进行倾斜，并拨付了大笔资金来扶持传承人。在记者针对县委书记的一次专访中，他就曾经明确提出："县财政

---

① 参见隆回政府网，http://www.longhui.cn/Tour/200901/2009012115082.htm.

② 同上。

③ 高宣扬：《布迪厄的社会理论》，同济大学出版社 2004 年版，第 76 页。

资金中每年用于人才工作的高达1500万元……我们县大力扶持这批人才，尤其是国家非物质文化遗产的传人，破格录（聘）用，破格解决他们的待遇。对国家级、省级、市县级传人，每人每月分别发给1000元、800元、600元的生活补贴。其中有的已经七八十岁了，没什么文化，解决他们的生活待遇，起到了很好的激励作用，促进了隆回文化事业的发展，尤其是保证了一批国家非物质文化遗产的传承。"① 而在虎形山乡文化站和县文化馆的门口，我们还看到了一张由隆回县非物质文化遗产保护中心发出的"关于公开招募《花瑶呜哇山歌》、《七江炭花舞》学徒的公告"，规定报名者的民族性别不限，最佳学徒可以获得500员的现金奖励，而授业老师就是已经被官方视为"花瑶呜哇山歌"杰出代表和花瑶文化传承人的陈世达和戴碧生。然而颇有意味的是，他们两位均非花瑶人。

可以想见，被定义为花瑶独特传统的呜哇山歌在外界取得的巨大成功，政府带有经济激励措施的推动行为，以及陈、戴二人作为这一文化的传承人前后社会地位变化所带来的模范效应，自然而然在花瑶民族中间产生了强烈的共鸣和学习的冲动。除部分花瑶人在此过程中重树了对本民族的自豪感和认同感，主动恢复传唱的传统外，政府关于"花瑶文化进课堂"的官方决策，也使得学习挑花技术与呜哇山歌成为了花瑶地区小学、初中学生的必修课，② 大批量地正式培养着这一文化传统的传人。随后，经湖南省教育厅批准，《花瑶文化》正式入选湖南省高中教材《研究性学习》，意味着全省每年有近50万师生直接了解和认识隆回花瑶文化。③ 在这种情境之下，这一传统正在获得全面兴起的外部可能性。

然而，呜哇山歌作为"国家级非物质文化遗产"形象而存在的"花瑶化"、官方化和市场化倾向，也并非没有任何弊端。一方面，"花

---

① 李志刚：《人才优先，为"龙回"隆回建平台——湖南省隆回县委书记钟义凡访谈录》，《中国人才》2010年第11期。

② 2011年11月25日采访民族中学教师奉远花时得知。

③ 《隆回花瑶文化进教材》，载《邵阳日报》2009年1月23日。

瑶化"了的呜哇山歌成为了区分瑶汉两族"自我—他者"的标志性界限与两个民族强化自我认同的符号化特征，自然而然，原本由花瑶和汉族共同创造产生的山歌，最终却在汉族人中间悄然失去传唱的影响力。正如有学者所指出的那样："在非物质文化遗产保护的技术操作层面上，呜哇山歌传承主体官方指定的瑶族单一归属与现实汉族、瑶族共同归属的结构性错位，将可能诱发非物质文化遗产与传承主体剥离与脱钩的隐患，消解部分汉族传唱群众的文化主体性意识，弱化非物质文化遗产传承的广泛性和有效性。"① 而在实地调查中，就有许多汉族人明确向我们表示不满，认为"花瑶文化进课堂"的政府举措，对于瑶族文化的传承自然有着非常重要的意义，但对于汉族人来说，却存在着"被瑶化的风险"。② 考虑到汉族长期以来对于瑶族在文化和心理方面上所持有的优势地位，他们实质上很不愿意自家的孩子在本应获得更多"先进"文化知识的课堂上，花费大量时间来学习演唱山歌和制作挑花裙这一代表"落后"文化的民族知识。作为这一观念的回应，在平时的生活中，他们也主动放弃了传唱呜哇山歌，以便与花瑶更好地区分开来。

另一方面，"官方化"和"市场化"后的呜哇山歌，也导致这一原本完全由民间自发组织和传承的习俗，将无法逃避政府的权力干预和利益驱动的影响。花瑶呜哇山歌的代言人事实上也经过了精心挑选和官方认证，更加符合市场化运作的需要和标准，因之作为名副其实的"文化传承者"位于传承次序的最上位和最优位，而创造与发明这一非物质文化遗产的实际主体——更多的民间传唱者，则因缺乏官方赋予的权威性不仅"没有成为代表遗产'发声'的主体，却经常处于对'自己的财产'丧失发言权的情状之中"，不断彰显着二者间的"分离—倒

---

① 谢菲：《非物质文化遗产传承场域的再生产——基于花瑶民歌·呜哇山歌的保护实践所引发的思考》，《湖南社会科学》2011 年第 5 期。

② 2011 年 11 月 25 日虎形山乡采访笔记。

错"现象。① 随之而来的经济利益导致市场化行为的受益者和山歌传统的创造者也被人为割裂，二者间出现了巨大的分化。同时，传承的谱系化和狭隘化弊病也由之产生，更多的民间人士因为没有进入文化的公开序列、没有获得官方认证而无法取得正统的民族传统象征地位，由此进一步侵蚀着其传承这一传统的合法性与正当性。作为结果，"个体性、分割性的传承方式在以家族伦理为规范的农耕社会与以政府行政部门主导的非物质文化遗产申报制度相契合下，逐渐脱离了山歌的生存环境与地方民众，传承场面日渐局促，渠道日益狭窄"。② 呜哇山歌不再是人们可以在山间随性自由抒发的劳动号子，而成了一种印着纯正血统标签、独此一家别无分号的奢侈品，最终失去其养分与活力。

换言之，呜哇山歌在公众场合的日益兴起，已经在客观上导致了更加古老的夜讪传统的日趋没落。但其中或许尚未引起重视的是，政府原本出于保护、传承这一传统目的的一系列行为，却依旧引发出如此众多的负面效应。那么，在此情境之下，被花瑶化、官方化和市场化了的呜哇山歌，作为一种千百年流传的文化传统，又将何以获得永久的生命力？

（四）主流意识形态审视中的"瘿饭"

作为一种独特的巫术—宗教表现形式，"瘿饭"既是花瑶民族历史久远的传统习俗，也是其区别于周围汉族的显著标志之一。按照实地调查期间我们所听到的瑶汉两族共同的说法，"语言、服饰和'信迷信'，就是我们之间最大的不同"。③ "信迷信"当然并非本地人的原创，而是

---

① 彭兆荣：《遗产政治学：现代语境中的表述与被表述关系》，《云南民族大学学报》（哲学社会科学版）2008年第2期。
② 谢菲：《非物质文化遗产传承场域的再生产——基于花瑶民歌·呜哇山歌的保护实践所引发的思考》，《湖南社会科学》2011年第5期。
③ 2004年7月31日小沙江镇艺花坪村采访笔记。2011年11月回访时，大多数人仍然坚持这种看法。

一个从官方学习而来的词汇，指的就是花瑶民族带有"大众宗教"①色彩的"瘹皈"。

在花瑶人看来，瘹皈的基本功能主要体现在驱除厉鬼的治病、令精神有所皈依的安置亡魂、用于占卜预测的"打卦"、表达感恩的"还年愿"以及能够通过结束对方生命的方式来终结彼此间仇恨的"斩草"这五个方面。现存的瘹皈形式主要为前四种，类似黑巫术形式的"斩草"，已经由于被认为会对施法者本人及其后代的生活和寿命产生负面影响而逐渐失传。②他们的民族记忆中一直还保存着各种版本的通过瘹皈来赢得对汉族官兵战争胜利的历史故事以及标志着花瑶兴衰史的各类重大事件。而掌握了瘹皈之能力与合法性的"巴梅"，也往往会因其对自身历史文化的深刻了解而被看作是本民族的精英，在整个瑶山受到很高的推崇。

如同其他民间宗教的遭遇一样，新中国成立以后，旨在与过去彻底割裂、以显示新政权的科学性与进步意义的各类"破四旧"文化运动，将瘹皈也定义为"落后"的象征予以破除和摒弃。在尊奉马克思主义这一更大的国家意识形态为全民普遍信仰的同时，瘹皈这一并未纳入官方和精英"正典"③的民间小传统，自然也失去了公开生存发展的空间，只能作为记忆的碎片残留在当地几位熟知本民族历史与文化传统的老人脑中。在实地调查中我们获知，这一时期瘹皈几乎完全淡出了花瑶人的日常生活，成为了一种已经逝去的历史。

然而，改革开放以来整个国家对于现代化的渴望，使得经济发展绩

---

① "'大众宗教'指的是与精英层相对的下层阶级的宗教。考虑到宗教受社会地位影响，就使得学者们要以比较细致的方法来区分参加同一宗教活动的不同参加者。比如来自各种社会阶层的人会参加当地的庙会或其他类似活动，但来自不同阶层的人对他们的活动和动机就会有不同的说法。"［美］韦思谛编：《中国大众宗教》，陈仲丹译，凤凰出版传媒集团、江苏人民出版社 2006 年版，序言，第 3 页。

② 2004 年 10 月 4 日虎形山崇木凼村采访笔录。后来在 2011 年 11 月 29 日小沙江镇旺溪村回家湾组回访时也印证了这一说法。

③ ［美］彭慕兰：《泰山女神信仰中的权力、性别与多元文化》，载［美］韦思谛编《中国大众宗教》，陈仲丹译，凤凰出版传媒集团、江苏人民出版社 2006 年版，第 135 页。

效取代思想观念上的绝对大一统目标成为了政府政治作为的优先选择，随之而来的则是意识形态领域的逐渐松绑与乡村社会日常生活的去政治化趋势出现。在此大环境之下，瘰痖作为花瑶人长久以来化解生活各种危机状况的一种思维习惯和基本方法，无疑进入了一种法律和意识形态上的边缘地带，并以其在整个文化系统内部的不确定性状态而受到政府的默许，从而在瑶山里重新开始悄然出现。但在此刻的政府官员眼中，对待它的个人态度仍然是有些矛盾的：意识形态的松绑使得他们既不能像以前那样将其划入"落后"的风俗而运用政治强制力来公开取缔它，但是显然也无法说服长期以来接受所谓的"科学精神"教育的自己在理性上去赞成和支持它。唯一能做的，就是运用不具实质制约效果的语言批评来表明自己作为官方身份所持有的私人立场。

这种矛盾的心态突出地表现在与我们随行的地方政府官员身上。如在 2004 年我们展开第一次正式田野调查工作之前，负责陪同的县文化局干部就多次向我们强调，花瑶中很多人还在"信迷信"，在这一问题上县委县政府的领导都持坚决反对的态度，所以希望我们的调查尽量不要涉及这一块的内容。"迷信"在很长时期内都是一个非常容易引起敏感度的政治性词汇，如同王斯福所指出的那样，"在大陆，'迷信'并非只是一个反面词汇。它也是一个在中华人民共和国各类刑事法典中使用的词汇，并与旧有的禁止秘密结社以及利用邪说来发动运动进而引起动乱或者其他的犯罪与淫乱行为的词汇比肩存在"。① 而当我们对他的提议不予理睬，仍旧和花瑶人谈到有关瘰痖的内容时，他却不失时机地以十分官方和权威的口气批判道："你们这是封建迷信活动，不能这样搞，要不然的话怎么你们老是赶不上汉族。"② 这显然是一个非常典型的交互思维和循环论证——"迷信信仰反映了社会、经济的落后程度"，③ 而落后的社会、经济则更加容易导致信仰迷信。换言之，"'迷

① ［英］王斯福：《帝国的隐喻：中国民间宗教》，赵旭东译，凤凰出版传媒集团、江苏人民出版社 2011 年版，第 240 页。

② 2004 年 8 月 2 日小沙江镇江边村麻坑组采访笔记。

③ Ralph A. Litzinger, *Other Chinas: the Yao and the Politics of National Belonging*, Duke University Press, Durham and London, 2000, p. 185.

信'是对民间文化许多落后方面的一种整体谴责。凡属不适于一种科学与民主的统治理想及其现代化目标的都属于这种谴责之列。落后便是耻辱"。[①] 原本就有所顾忌、只是禁不住我们的一再请求才勉强开口谈及瘪皈的花瑶人，此时正在我们的怂恿和鼓励下进入了滔滔不绝的言说状态，但当意识到这位政府官员言语背后的逻辑和他所代表的官方立场后立刻缄默不语，虽然不便直接反驳，脸上却明显露出了不快的神色。

之后我们改变了策略，私下里向这位文化局的官员说明，将他称作"封建迷信"的瘪皈列入考察的对象，绝对不会给地方政府造成治理不力的负面影响，反而有助于厘清花瑶民族文化传统的特点和来龙去脉，表明政府在了解和促进当地文化繁荣问题上所作出的努力，而且这样他也可以非常圆满地完成政府交代的任务。原本就被我们故作复杂的学术术语弄得有点头晕的他，听到最后这个非常容易理解的现实好处后立刻释怀，虽然并未改变自己对瘪皈"落后"的看法，但再也没有在调查中直截了当地向花瑶人下论断了。

意识形态的松绑解禁了对瘪皈的心理打击和实施限制，这时的花瑶，一方面重新接受瘪皈作为本民族的历史传统而存在，照常在各种需要的时刻邀请巴梅上门作法，并相信其能够产生预期的效力，但另一方面也学会了用一种习以为常的官方口气，自嘲式地称之为"信迷信"。这显然是多年以来意识形态强加灌输的结果。此刻的瘪皈，无疑正在这种心态下处于一种不清不楚、不明不白的尴尬地位——官方虽不反对，但也决不支持；民间尽管有信仰，却没人会予以公开承认。

但不管怎么说，瘪皈身上的神圣性和神秘性却依然如故，不改其初。彼时的田野调查期间我们所收集到的关于瘪皈的第一手资料，大多是受访者的口头描述，几乎没有人主动提出可以向我们展示这一过程。当我们试探性地请求是否可以一见的时候，他们的回答是既然没有什么需要解决的重要事情，就不能瘪皈，否则祖师和各路神灵受到召唤降临之后却发现无事可做，一定会迁怒于他们。这一点与其他的习俗如对

---

① ［英］王斯福：《帝国的隐喻：中国民间宗教》，赵旭东译，凤凰出版传媒集团、江苏人民出版社 2011 年版，第 240 页。

歌、夜讪、拦门酒、婚俗等形成了鲜明的对照，后者可以在任何需要的时刻随时向外界展示。而在为期三个多月的实地调研期间，我们仅仅获得过两次难得的机会现场体验瘟瓯全过程。一次是在从虎形山乡水洞坪村采访结束将要返回住处的途中，偶然遇到巴梅在通过这一仪式为人治病的事例。[①] 另外一次则是被瑶山普遍视为法力高强的巴梅沈诗永老人，在与我们相谈甚欢、确认我们并无任何险恶用心之后，主动提出可以当着我们的面瘟瓯。当笔者问到我们既不占卜，也不治病，那要怎么向受到召唤的各路神灵和祖师说明这次瘟瓯的目的时，他解释说，在开始之初他就已经告诉了祖师，"今晚只是来了几个贵客要一要，不必真的来临现场"。并且说，按照他的道行和多年来积攒的信誉，祖师应该能够原谅他偶尔这么做。[②] 显而易见，这一时期的花瑶人，虽已自发恢复了瘟瓯的传统，但在他们的心目中，这仍然是一种多少带有对外界"秘不可宣"性质的神圣仪式，而非随时可以使用的表演。

然而，这一境况逐渐有了些微的改变。最近几年来旅游兴县政策的制定，以及推动当地经济、社会发展的强烈动机，使得花瑶被当作一种独特的文化象征符号登上了地方舞台的中心。在学术界关于"现代必将脱胎于传统"[③] 的宏大叙事和充分论证下，地方政府对于"瘟瓯"这一曾被定性为"落后"的花瑶"旧传统"进行"新认识"和"保护式开发"的动力得以激发，并最终推动其作为一种被政府当局所"允准"（approved）[④] 的民间信仰形式而踏入标准化的过程。

现代性的意识形态，尤其是其服务于现实社会发展的基本立场与目

---

① 具体的过程可参照本书第一章第六节的论述。

② 2004 年 10 月 4 日晚虎形山乡崇木凼村采访笔记。

③ 如有学者就指出："在所有的传统中，都有着现代的要素。反之，即使是最现代的社会，也不是没有传统主义……成功的革命性发展策略，并不是抛弃传统，而是要从过去的文化主题中，做选择性的强调或强化……传统的力量，不仅绝不是结构变迁的一种恒久的障碍；反之，在适当的条件下，反能转为决定性的要素，使落后国家度过与已发展国家间的发展差距。"Alejandro Portes：《个人现代性与发展：一个批判》，载萧新煌编《低度发展与发展——发展社会学选读》，台北：巨流图书公司 1985 年版，第 143—145 页。

④ ［美］詹姆斯·沃森：《神的标准化：在中国南方沿海地区对崇拜天后的鼓励（960—1960）》，载 ［美］韦思谛编《中国大众宗教》，陈仲丹译，凤凰出版传媒集团、江苏人民出版社 2006 年版，第 58 页。

标，"要么是将民间宗教看成是推进现代文明的一种途径，看成是需要保留的遗产和地方性习俗，要么就是将其看成能够吸引游客以及城里人和海外游客寻根怀旧的东西。仪式、节庆以及建筑物，甚至灵魂附体都可以转变成一种表演和技能，或者变成为传统和文化"。① 同样，受到其他民族地区发展模式之启发的旅游开发设计者，也有意将"瘘瘀"这一古老的传统列入花瑶旅游开发的重要位列，以便在将这种独特的文化资本转化为更大的社会资本中获尽先机，并潜在地"服务于新权力结构的建设"。②

因此，在官方的语境中，瘘瘀从"现代性的敌人"这一政治运动的靶心地位逃脱出来，③ 不再标志着花瑶的落后发展水平，反而作为一个特殊的个案而成为了中华民族多元文化传统和深厚历史文化底蕴的现实体现。在政府这种"用心良苦"的叙说策略下，瘘瘀一反建国以来受冷落、被打击的历史常态，在官方的认可和允准下被全面标准化、历史化、文化化、遗产化和正式化，作为一种中华民族多元文化的典型代表而契合着"有关中国人或者说中国人民的宏大叙事中最具雄心的一种叙事"④ 进程。

---

① ［英］王斯福：《帝国的隐喻：中国民间宗教》，赵旭东译，凤凰出版传媒集团、江苏人民出版社 2011 年版，第 240 页。

② "中国政治话语中'现代化'的理念，是新民族—国家对社会和社区的全权化监控的一种意识形态合法论（legitimacy），其所服务的对象是新权力结构的建设。"王铭铭：《村落视眼中的文化与权力——闽台三村五论》，生活·读书·新知三联书店 1997 年版，第 154 页。

③ 如王铭铭所言，现代化"这个过程不是单线的从传统到现代的转变，而是民间传统作为自在的社会—文化形式在社区生活的支配地位，经过各种运动被定性为'现代性的敌人'，再从这种运动的靶子的地位逃脱出来，重新寻求自身的定位的过程。换言之，以往社会科学界以为'现代化'主要是一个社会—经济转型的过程，而通过经验的考察，我们发现它仅仅是一种政治和意识形态的理想模式"。王铭铭：《村落视眼中的文化与权力——闽台三村五论》，生活·读书·新知三联书店 1997 年版，第 150 页。

④ 如王斯福所言："脱离开帝国的典籍、仪式与宇宙观权威的维系之后，现在的中国宗教传统和运动本身重新受制于另外一种权威。它们千方百计地强调自己是一种科学或文化的遗产，并以此面目在地方上或者是一个公共的空间中展现自己。它们使自己历史化，这是有关中国人或者说中国人民的宏大叙事中最具雄心的一种叙事。这部分也是国家的一种用心良苦的政策。"［英］王斯福：《帝国的隐喻：中国民间宗教》，赵旭东译，凤凰出版传媒集团、江苏人民出版社 2011 年版，第 237 页。

如同瓦莱丽·汉森（Valerie Hansen）对宋代神的正典化研究所表明的那样，"官方给某个神封个称号，随之其就会作为大众信仰发展兴旺。在宋代用授予封号的方法使得当时未被国家系统承认的地方神标准化了，诸神被列入地方供奉的行列。官员、精英层和平民都认为，这些封号实际增强了诸神的神力，地方势力经常会游说官员并与官员串通使得在地方上有重要影响的神得到承认"。① 与此类似，对于花瑶人而言，此时瘐疲所经历的标准化过程，正标志着其地位的不断提升与合法性的重新获得，这也进一步调动着花瑶人运用这一有利时机扩张其生存空间的潜在欲望。因此，意欲加大其对地方事务的发言权和领导权，从而"急于要在信仰标准化过程中与国家权威合作"② 的地方精英，同意将其作为对外的一个窗口予以展示，以便提升花瑶作为一个长期边缘化的民族的社会政治与文化地位，最终通过认同一系列"有影响力并为所有的中国人所认可的标志"③ 而纳入中华文明的主流。

然而，很快这些地方精英就发现，与山歌、婚俗等其他形式不同，瘐疲仪式的实施需要有特定的情境，其效力也无法在短时间内显现。如果说作为一种文化的展示形式来看，事实上瘐疲并不是最合适的表演者，并不具备充分的观赏性和参与性。再加上仍旧在花瑶人中间坚持的

---

① ［美］杜赞奇:《刻画标志:中国战神关帝的神话》，载 ［美］韦思谛编《中国大众宗教》，陈仲丹译，凤凰出版传媒集团、江苏人民出版社 2006 年版，第 99 页。

② ［美］詹姆斯·沃森:《神的标准化:在中国南方沿海地区对崇拜天后的鼓励（960—1960)》，载 ［美］韦思谛编《中国大众宗教》，陈仲丹译，凤凰出版传媒集团、江苏人民出版社 2006 年版，第 58 页。

③ 如同杜赞奇对关帝信仰的研究所表明的那样，国家和地方精英都能从对关帝信仰的刻画中获得利益:"不管对普通农民来说关帝有什么实际意义，清代国家都在尽力刻画关帝的形象一直到乡村一级——对一个前现代国家来说这是在广大乡村社会取得的巨大成就。它可以塑造一个符合乡村精英层预期的象征体系，得以扩展到社会深处。关帝信仰正是这一适应过程的极好例证。精英层在农村社会的地方领导权经常反映在他们鼓励信仰民间神灵以及管理庙宇的仪式上。这些精英通过建造、维修和管理庙宇来资助有着多种内涵的关帝形象，由此他们就能实现其在社会中拥有领导权的愿望，同时他们又能与一系列标志认同，而这些标志是有影响并为所有的中国人认可的。"［美］杜赞奇:《刻画标志:中国战神关帝的神话》，载 ［美］韦思谛编《中国大众宗教》，陈仲丹译，凤凰出版传媒集团、江苏人民出版社 2006 年版，第 105 页。

对这一神秘仪式的普遍信仰，无论如何都难以将其市场化和世俗化到可以用来牟利的地步。因此，在实地调查中我们得知，作为一种折中的结果，这一仪式并未像其他几种民俗一样搬上对外展示的表演台，普通的游客将无法随时见证这一仪式，只有在极其特殊的情况下，如有政府的高级官员或国际友人到访瑶山的时候，才会由法力高强的巴梅出面来进行简单的演示。①

就客观而言，改革开放以来"官方对大陆宗教活动复兴的评论性分析，都弥漫着一种意识形态的味道"。② 在无所不包的意识形态的审视下，瘘觚也经历了从"封建迷信"到"民间传统"的身份跳跃，获得了正式存在的空间，并默默推动着其作为被官方所接受和准许的信仰形式而迈进的标准化进程。在此期间，微妙的政府干预，正在以一种意识不到的方式向花瑶人灌输着后者对于国家的心理和文化认同——如果不是国家的许可，瘘觚和瘘觚传统的主人花瑶民族，将无以获得如此崇高的地位；只有在中华多元文化一体的格局之内，瘘觚和瘘觚传统的主人花瑶民族，才有可能获得永恒的生存空间与合法性。

此刻，被享有巨大"话语霸权"的主流意识形态重新确认并定性为花瑶民族传统的瘘觚，终于可以以公开的身份和自信登堂入室，"堂而皇之"地直面外界的观者。③ 时隔第一次田野调查后的第七个年头，当我们于2011年再次踏入瑶山时，不仅可以随便与人聊起瘘觚的故事，甚至还有幸几度见证了瘘觚的现场。与前几年相比，那些正在施法的巴梅对于我们的到来并不感到吃惊意外，或者需要刻意地遮遮掩掩，反而在仪式结束后主动与我们交谈，滔滔不绝地讲述此次瘘觚的具体目的与即将产生的效力。一个巴梅还特意告诉我们，瘘觚是因为

---

① 2004年10月在小沙江镇旺溪村回家湾组采访时，曾经听到这一说法。

② ［英］王斯福：《帝国的隐喻：中国民间宗教》，赵旭东译，凤凰出版传媒集团、江苏人民出版社2011年版，第266页。

③ 正如高丙中所言："中国完全是一个在主文化（主导文化、主体文化、主流文化）中牢固地确立了现代文化的话语霸权地位的社会，传统文化存在的合理性和合法性都需要这套话语的确认。尽管大量的传统文化事实上存在，但是，只有那些经过这套话语确证的内容才能堂而皇之地存在。"高丙中：《居住在文化空间里》，中山大学出版社1999年版，第182页。

他的孙女在广州打工得了病，所以来作这一场法事。虽然他六十多岁的妻子仍旧处于明显的文化焦虑期，不知道该如何恰如其分地对来自外界的我们表达自己看待瘣畈的真实态度，只好对着我们的拍摄行为一个劲儿用早已习以为常的官方口气说道："这个把戏有什么好拍的，拍了也不好看。这是'迷信'的东西。"① 但毫无疑问的是，她一定是在心中确信瘣畈的力量，才会选择用这种方式为远在广州的孙女解难治病。而在丈夫瘣畈结束后，她还非常主动地回卧室换上了挑花裙，在我们的相机前共同留下了一个笑影。而在他们背后的神龛上，供奉的除了土地神与家族的祖先之外，就是瘣畈的祖师爷，花瑶的第一任巴梅"瑶老阴师"。

可以说，在所有的花瑶传统中，瘣畈是唯一一个没有被卷入彻底市场化进程并进行商业运作的领域。其中原委，自然与其本身的神圣性难以被市场化和世俗化有着直接的关联。避免了其神圣性被娱乐化运作风险的瘣畈，在这种文化的夹缝中获得了生存的空间。然而吊诡的是，标准化、历史化、文化化、遗产化、正式化了的瘣畈，却无法消解逐渐失传的风险。懂得其中奥妙的老人正在渐次过世，受过更多所谓"科学"精神教育的中、青年一代人，正在老年人的信仰氛围和自己从学校里学到的知识之间摇摆游离，甚至处于不知进退、无所适从的精神状态。虽然当地政府不断在公开场合呼吁，希望本民族有更多的年轻人能主动承担起学习和传承的义务，但似乎并没有太大的效力。按照他们自己的说法，"老一辈信，年轻人都不信"，② "既不太信，但也不敢肯定"。③ "爸爸是巴梅，但自己在外读书，不怎么相信，父亲想给我们两兄弟传授，我们都不愿意学。老一辈信……但奇怪的是有个头痛脑热的，请个高手来算一下，钉一下，真的有效。不信不行。"④

换言之，避免了过度市场化运作的瘣畈，虽然获得了更好保持其原

---

① 2011 年 11 月 26 日虎形山乡大托村长岩组采访笔录。
② 2011 年 11 月 24 日虎形山乡采访奉远花时得知。
③ 2011 年 11 月 27 日虎形山乡采访步代孝时得知。
④ 2011 年 11 月 27 日虎形山乡采访沈修竹时得知。

本特色的外部空间,不需担忧在外界凝视下进行"变形再生产的危险",① 但同时也在更多的普通人中间失去了学习和传承的吸引力和驱动力。尤其当这一学习必须要花费耗时耗力、艰苦卓绝的数年之功才能完成,却又看不到任何可以清楚量化的现实回报的时候,更是如此。想到此处便是无尽的悲哀。因为在显见的未来里,癀皈这一记载着花瑶人风云变幻的过去,并曾在他们的历史和文化传承中起着独特地位的久远传统,即将因为缺乏未来传承人而无法获得继续生存与发展的可能性。萎缩之后,便是永远的历史绝响。

四 谁的传统?——另外一重结果

原本习惯于在对抗外来社会的影响时保持基本的团结,因而在外界的眼中其生活状况与生存意境几乎完全一致的花瑶民众,却在日益推进的现代化进程和自身崛起的过程里,面对不断涌现出的利益冲突逐渐分化成为不同的次群体,彰显着族群认同的一项本质特征:"在一个族群的内部,事实上有许多次群体在争辩着:谁来定义'我们'?谁是本族群的核心,谁是本族群的边缘?因此,'真实的过去'成为一场族群内部的战争。"②

一部分的利益分化产生于聚居区和散居区的花瑶民众之间。因处瑶汉杂居区域而无法享受民族优惠政策的花瑶人,在与饱受国家各类政策扶持的虎形山瑶族自治乡的同胞进行比较的过程中,不屑之情溢于言表:"那边的人懒,专门喝酒,不怎么干活……那边的干部论水平,可能还比不上这边的普通瑶民,只不过这边并没有指标。"③

---

① 孙九霞:《族群文化的移植:"旅游者凝视"视角下的解读》,《思想战线》2009 年第 4 期。

② 王明珂:《汉族边缘的羌族记忆与羌族本质》,载黄应贵、叶春荣主编《从周边看汉人的社会与文化——王崧兴先生纪念论文集》,台北南港:中央研究院民族学研究所,1997 年,第 152 页。

③ 2004 年 7 月 31 日小沙江镇芒花坪村鱼鳞峒组、龙凼村新正组采访笔录。

　　另一部分的分歧则产生于不同姓氏的花瑶之间。各个姓氏和地域的花瑶人都倾向于将自己称之为本民族的正宗，以获取更大的文化资本。如小沙江镇旺溪村回家湾组生活的为数不多的回姓花瑶，原本就因为其祖先是一个汉人而被人数更多的奉姓花瑶称之为"假瑶族"，① 是名副其实的"边缘中的边缘"，最近却由于当地独特的自然景观和旅游资源而成为了政府政策扶植的新对象，在旅游开发的过程中获得了非常可观的收益。原本作为当地旅游开发先锋和主体而享有许多优惠待遇的虎形山乡各大姓氏的花瑶，自然和新近崛起的回家湾花瑶产生了巨大的利益冲突，只是由于过于忌惮回姓花瑶远近闻名的武术和老一代人高超的瘪饭水平，才没有将这种冲突升级为实质性的对抗。②

　　更普遍的分歧则出现在少数既得利益者和众多普通花瑶之间。主街道上临街的家庭可以利用地理位置的便利条件来开办餐厅和旅馆接待游客，多了普通人家没有的一大笔收入。直接参与舞台表演的成员，每月可以拿到 800—1000 元的底薪和若干提成。地方政府承认的导游每单的导游费在 150—200 元之间不等，仅 2010 年就接待了 170 多单，对于更多的花瑶人而言这无疑是一个天文般的数字。③ 而获得了更多社会资本的地方精英也借此机会改善了自家的生活条件，房子盖到了三层，屋檐

---

　　① 据说回姓的始祖本来是一位魏姓的汉族，当时是一个卖杂货的货郎，因在瑶山卖货时看上并娶了一位瑶家女子而受到了本族人的疏远与歧视。后来，在一次与其族人一起祭祖的时候，由于不小心说了几句瑶语，立刻被其他的族人指责为背叛本族祖宗，要绑起来予以严惩。幸亏他的这位瑶家妻子武功高强，夹起他便冲杀出重围，一直逃到了瑶汉边界"土岭界"（位于现小沙江镇龙凼村不远的地方）的地方才将他放下。这位魏姓汉族男子心有所感，决定改为瑶族，从此不再回家，故改其姓为"回"，并发誓此生不再下此瑶汉界，而且还留下了一首非常有名的顺口溜作为证据："上了土岭界，雄鸡叫八该（音译），锄头叫八嚛（音译），从此不下土岭界。"这个故事最初是在 2004 年 8 月 3 日小沙江镇江边村禾梨树组采访奉泽黄时得知的，但后来许多人都向我们提到了这个故事，而且后来在回家湾当地人中也得到了证实。回家湾的回姓同时也认为自己与汉族有脱离不了的关系，比如他们名字的排行在很大程度上就与自己始祖出生的地方——魏家凼魏姓人的排行相类似。

　　② 在被列为旅游开发的重点区域之后，原本属于瑶汉杂居区而无法享受少数民族优惠政策的回家湾，在短短的几年中，获得了来自政府、开发商等各界的拨款、修路、投资、补偿等上千万元的资金。这对于一个小小的村寨而言，既是不可思议的，其意义也是毋庸置疑的。2011 年 11 月 29 日小沙江镇旺溪村回家湾组采访笔录。

　　③ 2011 年 11 月 24 日采访虎形山导游时得知。

是高高翘起的牛角形状，然而在过去只有"瑶王"才有这一资格……与这些既得利益者"很赞成这样的现代化"① 态度形成鲜明对比的，则是普通民众"基础设施建设还算满意，但旅游尚未见到成效"、"旅游只是空架子"② 的不满情绪。因此，如何平衡花瑶人内部的利益问题，正在成为一项更大的挑战。

急剧的社会变迁，也导致花瑶人原本旗帜鲜明的族群归属与文化认同，在与外界文明互动的过程中受到了新的考验，"主观上对外的异己感（a sense of otherness），以及对内的根本情感（primordial attachment)"③ 正在出现悄然的变化，并处于不断"被建构和改变中"。④ 现在的花瑶自然已经无法再体会先民与处于统治和敌对地位的周边汉族相处时所具备的紧张感与对抗感了，相反，他们所能强烈感受到的，则是自己与伴随着瑶山的旅游开发席卷而来的外界生活方式与生存意境的差别，而后者，则象征着"更高水准的文明"。因此，对于后者生活方式的"不切实际的认同和模仿"，⑤ 成为了一种无法言说的典型心态。而

---

① 2004 年 8 月 12 日虎形山乡崇木凼村采访笔记。

② 2011 年 11 月 25 日、26 日虎形山乡采访笔录。

③ "族群由族群边界来维持；造成族群边界的是一群人主观上对外的异己感（a sense of otherness)，以及对内的根本情感（primordial attachment)。而且，族群边界的形成与维持，是人群在特定的资源竞争关系中，为了维护共同资源而产生……在另一篇文章中，我曾以由'集体起源记忆'所产生的'文化亲亲性'（cultural nepotism)，来解释族群认同的根基性基础，并以'结构性失忆'来诠释认同的工具性变迁。"王明珂：《汉族边缘的羌族记忆与羌族本质》，载黄应贵、叶春荣主编《从周边看汉人的社会与文化——王崧兴先生纪念论文集》，台北南港：中央研究院民族学研究所，1997 年，第 130 页。

④ "族群文化原生论的普适性已经受到怀疑，大多数学者承认民族和族群的边界是不确定的，处于不断被建构和改变中。资源竞争与社会利益常常会使边缘人群重组集体记忆而向中心靠拢。"冯智明：《从瑶族历史看边缘的兴起——〈另类中国：瑶族及其民族归属政治〉评介》，《贵州民族学院学报》（哲学社会科学版）2011 年第 3 期。

⑤ 已有许多学者注意到了这一状况："发达国家的出游者则是新'游牧部落'，他们对不发达目的地国家的文化'入侵'导致了后者社会和文化认同的丧失（Turner&Ash, 1975）。来自富国的旅游者的消费示范效应，导致穷目的地居民在生活方式上对前者的'不切实际的认同和模仿'（Mathieson&Wall, 1982)。伴随旅游业的发展而来的文化商品化则造成传统文化功能和意义的丧失（Greenwood, 1989)。"王宁：《旅游、现代性与"好恶交织"——旅游社会学的理论探索》，《社会学研究》1999 年第 6 期。

是否能够更加接近这种生活方式，则成为了一些花瑶人试图打破和割裂内部族群认同的外在标准。

一些花瑶人以"本地"和"那边"为界，划分着他们直接的界限："本地的瑶民受汉族影响深，计划性好一些，那边的人没有计划"，[①] 另一些人则指出并未感受到自己与周边汉族有多少不同，其实真正的差别在于"山里和山外"。[②] 特别值得一提的则是，一位通过公务员考试而进入地方政府的"80后"的年轻花瑶男子，几次三番认真地向我们强调，他娶了一个汉族姑娘为妻，言语神色中对此甚是骄傲，似乎不经如此，自己就不能在某种意义上与其他为数众多的瑶族同胞划清界限。然而，由于他的身份所具备的广泛影响力，整个瑶山所有的人都知道，他的妻子是个地地道道的花瑶人。

除了内部的分化之外，在边缘兴起过程中更为频繁地与外界的接触，也在促使花瑶人与周边汉族实现更加广泛的文化互动和互相影响。正如有学者所言，"过去我们动辄以'汉化'来解释汉文化的周边社会，事实上可以说便宜行事。'汉化'固然反映了相当程度的事实，但是假如我们仔细探究，我们会发现汉文化也吸收了许多当地的异文化，而且甚至有'脱汉化'或土著化的例子"。[③] 对于花瑶人而言，他们早已经习惯于用"我们的生活与周边汉族差不多"来形容他们受到的汉文化的影响，表明了他们对于本民族在文化互动中居于弱势地位的自我认识与心理感受，而身处花瑶之外的我们也已经习惯于用"汉化"的眼光来审视花瑶民族的发展状况，但事实上，除了花瑶人受汉族人的影响之外，花瑶的传统习俗也在默默影响着当地汉人的基本文

---

① 2004 年 7 月 31 日小沙江镇芒花坪村鱼鳞峒组、龙凼村新正组采访笔录。

② 2004 年 8 月 13 日虎形山乡万贯冲村庙山组采访笔录。

③ 叶春荣：《从周源与底边看"中原"（编后记）》，载黄应贵、叶春荣主编《从周边看汉人的社会与文化——王崧兴先生纪念论文集》，台北南港：中央研究院民族学研究所，1997 年，第 260 页。

化构成。①

明显的例子如虎形山瑶族乡的汉族，大概有 80% 以上的人会说简单的瑶语。整个小沙江地区汉族所过的端午节，并非举国同庆的五月初五，而是花瑶人隆重纪念其先祖的盛大民族节日"讨念拜"，汉人俗称之为"大端午"，于农历五月十五开始，一直要持续三天才结束，其重要性远远超越了当地人称为"小端午"（五月初五）的前者。而假如瑶汉之间出现了通婚现象，除极个别的特例外，基本上都会按照花瑶人的风俗礼仪举行订婚、结婚和打三朝的仪式。② 当地汉族每家每户冬季用来取暖、并要作为嫁妆送给即将出嫁的女儿的"火桶"，在他们的口中，也承认是从花瑶人原先炊事、取暖、睡眠三用的"四方火塘"中学习模仿和逐渐改造得来。③ 在虎形山乡民族学校任教导处长的沈修锻，甚至还用了"火塘文化"一词来形容他们 90 年代没有通电之前，每天晚上全家人围着火塘聊天、讲故事、唱歌的文化传承方式与幸福之情。④

---

① 正如李亦园通过对婚姻、居住与妇女习俗进行研究所表明的少数民族与汉族关系那样，"在这里我们不仅可以看到汉民族不但没有同化其他民族，而且反受到少数民族许多风俗习惯影响的情形。同时我们也可以看到在文化接触与采借的过程中，异文化的成分如何巧妙地成为族群中不同性别群体，以及族群之间运用作为地位差别与转变的代表，其间所蕴涵的文化意义，正是泛文化比较研究所欲追寻的目标。……在中国境内诸多民族之间，长久的相互接触影响的情形，其间各民族文化的互相接纳采借、连接融合，应该是很正常的现象，只要是研究者放弃本族文化中心主义的约束，甚至跳开诸如社会演化等意识形态的教条，其间所能观察到的现象就会有更宽阔的视野"。李亦园：《汉化、土著化或社会演化：从婚姻、居住与妇女看汉族与少数民族之关系》，载黄应贵、叶春荣主编《从周边看汉人的社会与文化——王崧兴先生纪念论文集》，台北南港：中央研究院民族学研究所，1997 年，第 54 页。
② 2004 年 8 月 6 日小沙江镇旺溪村回家湾组采访笔录。同时得知的更为极端的例子则是有些人还会约定，所生的子女姓氏要随瑶族·边，而不必须随父亲。
③ "瑶胞在新中国成立前虽结束'穴居野处，构木为巢'，但多茅舍陋屋，矮小狭窄，采光不足。尤其多数睡无床铺，仅设四方火塘（又称火床），炊事、取暖、睡眠三用。周围置矮脚凳，男女共卧其上度夜。寒冬于火塘中置三角铁架，以柴草生火取暖，腹背轮换向火。50 年代后，逐步改建瓦房、楼房，并注重采光通风，多与汉族无别。普遍设床铺被褥，炊事设炉灶，结束火塘三用的历史。"隆回县志编纂委员会编：《隆回县志》，中国城市出版社 1994 年版，第 595 页。
④ 2011 年 11 月 27 日虎形山乡采访笔记。

在实地调查期间我们还曾意外地发现，汉族人的民间信仰也在受到花瑶人的深远影响。在许多当地汉族人供奉祖先牌位和神灵的神龛上，除了玉皇大帝、观音大士等名声在外的大神之外，还俨然出现了"瑶老阴师"这个花瑶之外并不常见的名字。毫无疑问，这位花瑶人的始祖和第一任巫师巴梅，正在扮演着包括汉族在内的整个瑶山庇护神的角色。而当我们去虎形山乡水洞坪村血光寨遗址考察时，甚至还看到了在由汉族人所雕刻的"瑶老阴师"的神像前，除了有瑶族人出现的身影之外，留下的还有当地汉族人前来求神庇佑、燃烧香烛的痕迹。① 而由地方政府出面所强制推行的"花瑶文化进课堂"的举措，也将以其广泛的影响力积极推动着当地瑶汉民众实现文化的交织与互动。

席卷全国的无可逃避的现代化进程，无疑也在深刻改变着花瑶人的生存空间与生活意境。那么，在原本一致的内部民众的逐渐分化中，在与原本强势的周边汉族的互动影响中，曾经毋庸置疑属于花瑶人的传统，到底又将会是谁的传统？

五　结　语

新中国实现"现代化"的伟大目标和雄宏野心，并未像帝制时代的中国一样，将地处边陲的花瑶民族再次排斥在外，反而前所未有地将其卷入了这一宏大叙事的洪流之中。改革开放以来的各种举措，从客观上改变了花瑶人的基本生存状况和社会发展水平。而他们曾在历史上饱受主流文化诟病的"边缘化"和"另类化"特征，却在最近几年地方政府开始全面推行的旅游开发措施中，一反常态地成为了花瑶民族从周边汉族中逐渐兴起的历史和文化筹码，推动其完成了从边缘到中心的巨大身份转换。

---

① 据同行的花瑶人奉族良和汉族人王瑞腾介绍，花瑶人只烧纸钱不烧香烛，所以只要看到香烛就可以说明是汉族人来拜过。2004 年 10 月 9 日虎形山乡水洞坪村血光寨遗址采访录。

在此进程中，遥不可及的国家以"不在场"的形式自始至终地"在场"，从国家政策、基本法律和意识形态的层面上不断刻画、界定着花瑶人的生存空间与文化处境。地方政府作为当地旅游政策的直接设计者和推行者，正在"保护性开发民间传统"的基本立场下，用显见的方式积极推动着花瑶传统的市场化进程与不断变迁，同时也积累和加剧了自身的政治、文化资本。地方精英和普通花瑶民众在与外界"凝视"的互动回应中，无疑会站在自己一边，但其所有的努力却从未脱离过国家历史叙事的轨道，也难以抗拒资本市场的强烈影响。而当地方精英由于感受到自身对本民族文化传统的知识与坚守无法抵制这一市场化运作的倾向而备觉焦虑与痛苦的时候，更多的普通民众却在毫无意识的情形之下不断迎合着外界对于传统的改造需求，以至于日用而不知。

对于花瑶民族而言，边缘的兴起既非一个强制性的过程，也并非任何一个因素单独作用的结果，反而是一个容纳了多重主体的"计划的社会变迁"① 过程。在这其中，国家、政府、资本、民族、社会、地方精英和普通民众几股矢量交织互动，在带着对未来愿景的美好憧憬中，共同参与、协商和主宰、推动着花瑶传统的现代化进程。与之相伴随的，则是花瑶传统在不断的变革与调试中，最终作为官方、外界、自身都能认可和接受的形态而存在的"标准化"历程。

在现行的主流观点看来，"改革之所以能够获得成功，并非在于打破传统，恰恰是回归传统"。② 或者换一种说法，现代化之所以能够取得成就，并非是由现代取代了传统，而是传统通过与现代的妥协实现了共存与新生。正如费孝通先生所言："强调传统力量与新的动力具有同等重要性是必要的，因为中国经济生活变迁的真正过程，既不是从西方

---

① 如王铭铭所言："从'现代化'的角度来看，至少在中国，这向来就是一个'计划的社会变迁'过程。也就是说，如果说'现代化'存在的话，那么它不是'自然的'经济、社会和文化转型，而是以权力和包括人类学者在内的知识精英上层所设计的，并假设为民众所需要的可欲目标。"王铭铭：《村落视眼中的文化与权力——闽台三村五论》，生活·读书·新知三联书店1997年版，第151页。

② 苏力：《法治及其本土资源》，中国政法大学出版社1996年版，第16页。

社会制度直接转渡的过程，也不仅是传统的平衡受到了干扰而已。目前形势中所发生的问题是这两种力量相互作用的结果。"① 然而，深受外来影响的传统，已经绝不再是原初意义上的传统了，反而是融合了外来的诸多因素，并与外界进行了不懈争辩、选择、妥协的结果。那么，花瑶人改变和妥协之后的传统，还有多少是传统的原初模样？还有多少可以称之为花瑶传统？

时隔写作本文的第一部分八年，花瑶的传统也在经历时过境迁。当时的笔者曾经对未来充满信心，相信现代化的推进反倒会导致花瑶的旧传统在与外界的竞争中重获新生，从而自信地写下了观察心得——"传统不在消失"。然而，这八年来的时空转换，在促使花瑶从原本边缘的地带逐渐兴起走向中心舞台的同时，却也遗失了自己的原初形态，变成了一个中华文化多元一体下与其他民族并无本质差异的"标准化"的少数民族版本。

依旧是那个花瑶，依旧是那片瑶山，但在一片喧闹声中，精神和灵魂却已悄然改变。

芳踪何处觅？

唯有入梦中。

---

① 费孝通：《江村经济——中国农民的生活》，商务印书馆 2003 年版，第 20 页。

第三章

"他者"的"她者"

——花瑶民族的性别、婚姻与权力

在现有为数不多的关于花瑶民族的研究成果、文献记载和公开宣传中，有两个非常明显的特点。

首先，如同贯穿诸多人文学科研究领域的普遍状况一样，"性别的盲点"[①] 是一个非常典型的特征。一方面，父权父系体制长期以来在各个领域的文化积淀，导致来自外界的观察者与著作者，自然而然会将研究的目光聚焦在占据优势地位和拥有公共话语权的男性花瑶身上，从而以一种并非自觉的思维模式契合着自弗里德曼之后逐渐在中国学界开始兴起的典型"宗族范式"的影响。[②] 另一方面，面对来自外界的观察与疑问，花瑶民众更倾向于推选在公共生活中更具权威性的男性出场，代表自己对外界发声。完全可以理解但也许并未意识到的是，这些男性正在将自己放置在比女性更加优先和更具主体性的地位上进行描述和参与互动，从而实现与外来者的交流。即便是特别受到关注和受访的女性，也似乎在潜意识里深深懂得如何驾轻就熟地用更加符合官方叙述逻辑的主流话语与外在形态来展现自己的生存空间与权利地位。如此一来，在这种外来者的目光与当地花瑶民众之间不

---

① Harding, S. L. : Feminism, Science and the Anti – Enlightenment Critiques, In L. Nicholson (ed). Feminism/postmodernism, London：Routledge, 1990.

② 王铭铭：《社会人类学与中国研究》，广西师范大学出版社 2005 年版，第 55 页。

约而同的"共谋的沉默"①之中，花瑶女性的身影也在公共视野内日益"缺席"②和退隐，仅仅抽空、淡化为一个个身着艳丽挑花裙、点缀在古树林间的徒具文化象征意义的符号特征。即便是最能吸引外界的目光、因而占据了最大比例的婚俗描述和服饰展示，不得不将女性作为不可或缺的主体列入其中，但显而易见的是，由于性别视角的缺乏和精神关注的缺失，这些花瑶女性的情感取向、基本权力、生存空间、精神意向等都没有得以体现，而只不过是作为婚俗的参与者和服饰的代表者出场，终究并无任何本体上的意义。

其次，对于家庭的研究并未纳入学术研究者和其他各类外界观察者的视野，个人、婚姻和亲属制度的"缺席"也因此成为了对花瑶民族进行研究的另一个明显的特征。③考虑到家庭在中国社会研究中的重要地位，这显然是一个非常明显的不足。目前，在影响力颇为深远的关于中国家庭研究的主流范式——"合作社模式"（the corporate model）看来，"中国家庭是由完全理性的、明白自己利益之所在的成员所组成的经济单位，其特点包括整个家庭共同的财产与收支计划，所有人的收入必须统统投入家庭的大锅里，不得单独开小灶。家庭共有财产是制约每个家庭成员的主要途径。中国家庭制度的主要特点，就在于它作为经营

---

① ［美］詹姆斯·斯科特：《弱者的武器》，郑广怀、张敏、何江穗译，凤凰出版传媒集团、译林出版社 2007 年版，第 44 页。而对于这种观察者与被观察者实现"共谋"的现象，布迪厄曾在对亲属关系的调查中做过相关的论述："正式的亲属关系之所以成为人类学家记录并展现的当地亲属关系状态，源于在田野调查中人类学家容易犯的一个错误，即把当地的主流意识形态当作当地的实际状况，因为信息提供者倾向于给人类学家提供的是群体关于自己的正式（官方）的陈述。由于正式亲属关系在意识形态和正式表述上所占据的优势，它往往会成为人类学家所接受并表现出来的唯一的亲属关系模式。在这一意义上，人类学家往往成为与其信息提供者的官方意识形态绑在一起的共谋。"转引自李霞《娘家与婆家——华北农村妇女的生活空间和后台权力》，社会科学文献出版社 2010 年版，第 14 页。

② 杜芳琴：《妇女史研究：女性意识的"缺席"与"在场"》，载杜芳琴《中国社会性别的历史文化寻踪》，天津社会科学出版社 1998 年版，第 44 页。

③ 婚姻、亲属关系、性和性别等内容一直是人类学界研究的重要主题，并根据不同时期研究范式和研究兴趣的转移而被视为在重要性上具有不同的排列顺序。参见约翰·博恩曼《关心与被关心：把婚姻、亲属关系、性别和性取而代之》，载中国社会科学杂志社编《人类学的趋势》，社会科学文献出版社 2000 年版，第 273—293 页。

单位所具有的能力与弹性，因此得以最大限度地调动家庭的人力物力，并最好地利用外部的机会。按照这一模式的解释，中国家庭结构的不同形式以及变化最终都是以经济利益为导向的家庭合作社来决定的（see e. g.，Baker 1979；Cohen 1970；Fei 1992［1947］；Freedman 1979；Gallin and Gallin 1982；Harrell 1982；A. Wolf 1985）"。① 在此主流范式的潜移默化影响之下，花瑶民族的观察者，即便将目光稍稍转向家庭的领域，也往往倾向于将焦点和兴趣放置在家庭生活中更具公共性的层面，如政治、法律和制度等等，却忽略了对更具私人色彩、但同时又是他们社会核心的个人、家庭、婚姻、情感和日常生活的关注。正如阎云翔对学术界的整体性批判所显现的那样："结果是，在对中国农村家庭的学术研究中，我们看不到多少个人的角色与作用。我们所了解到的家庭，更多的是一种整体的制度，而不是个人的生活场所；我们所知道的家庭演进，更多的是制度性的变迁，而不是家庭生活的变化；我们所看到的家庭模式，更多反映的是城市而不是农村。"② 这一批评，显然在对花瑶民族的研究状况进行审视时同样适用。

对于在历史上一直处于边陲之地、直到最近才开始经历从边陲到中心的崛起，因而也具备了某种文化独特性的花瑶民族来说，上述这种研究情形的存在，无疑是"特别令人遗憾的"。③ 因此，本章将致力于弥补这两个研究状况的缺陷与不足，并在此基础上重新改写外界对花瑶民族的认识。

那么，本文所要关注的是，长期以来一直处于边陲的花瑶人，其婚

---

① 阎云翔：《私人生活的变革：一个中国村庄里的爱情、家庭与亲密关系：1949—1999》，龚小夏译，上海书店 2006 年版，第 6 页。

② 同上书，第 9 页。

③ 事实上这一点绝非孤例，而是同整个世界范围内的中国妇女研究状况相类似。正如加拿大学者宝森所言："尽管存在着这一广泛的兴趣，有关当代中国农村妇女的实地而有深度的人类学田野调查依然微乎其微。鉴于农村人口的规模与文化多样性以及牵涉到的重大社会与经济问题，这种情形是特别令人遗憾的。关注这一空白点的人类学家与社会学家寥寥无几。与此不同的是，对早先历史时期中国妇女的研究，尤其是对华南珠江三角洲和香港的研究却很兴盛。"［加］宝森：《中国妇女与农村发展——云南禄村六十年的变迁》，胡玉坤译，江苏人民出版社 2005 年版，第 15 页。

姻形态和性别状况是复制还是颠覆了更加普遍和强大的汉人方式？比起地处中央地带的汉族女性而言，花瑶女性是否享受着有所不同的生存空间与权力？作为"他者"的"她者"，她们是否也不得不采取一种"隐藏"的权力形式，来更好地运用个人能动性实现自己的利益？在此之中，她们又具备什么样的情感取向和精神意向？她们将何以凸显自己的私人欲求，又将采用何种方式来实现与男性的互动，在提升个体重要性的同时又保障了家庭生活的幸福，从而最终影响着婚姻制度和亲属制度的结构和内涵？

一 奉姐：一个并非传说的故事与"制作历史"

在花瑶人由于缺乏文字记载而显得稍微有些散乱的历史记忆中，一个女性有着非常突出的地位。在实地调查期间，以奉姓为主的花瑶人就曾几次向我们讲起这位女性的故事。

在历史上，花瑶民族和试图征服他们的官府之间一直处于不断的冲突和斗争中。为了躲避官府的追捕，经历了长期的迁徙之后，花瑶人终于在现在的隆回县虎形山乡一代逐渐安顿下来。然而，强势的汉族官兵仍然不肯放过他们，明神宗皇帝甚至还专门发出号令，调兵遣将数万余人对这支不肯归顺的民族予以镇压。官兵所到之处，烧杀掳掠，无所不为。但花瑶各姓并不畏惧，而是一起联合起来，在隆回、溆浦等地的瑶山修建了以"歇官寨"为首的八大寨，共同对抗朝廷官兵的围剿。当时，因族长身份而成为歇官寨的寨长、从而位列整个花瑶八大寨头领之首的，则是奉氏家族的媳妇——一位被大家尊称为"奉姐"的女性。

据说奉姐既懂得带兵打仗之法、又懂得瘗皈占卜之术，每次打仗之前，她都会进行瘗皈和算讲，以此来预测战争结果，并作出详细的规划和部署。包括奉姓在内的各姓花瑶人都普遍相信，正是她所拥有的杰出领导才能和高强法力，才使得她能以女子身份位列八大寨寨主之首。在她的领导下，体魄强健、善于奔走、并且对于当地地形极其熟悉的花瑶人打退了明朝官兵的多次进攻。直到三年之后的阴历五月十五晚，明军狡诈地设下计谋，才终于攻破了山寨，连续杀戮三天，杀死瑶胞不计其数，血流成河。此后，歇官寨就改名为"血光寨"，以此来作为对这场大屠杀的纪念。[1] 幸存于世的花瑶祖先因此议定，自此之后每年的农历五月十五日至十七日，花瑶子民都要在血光寨举行集会，相互通报各家各姓所剩人口数目，并彼此之间交换信息，以便加强联盟，防止官兵对他们进行再度围剿。这也是他们的盛大民族节日"讨念拜"的来历。

在历史上长期以狩猎为基本生活方式、因而导致男性在公共事务中的地位和影响力必将凸显而出的花瑶人记忆中，居然出现了如此浓墨重彩的一位女性族长，显然是一件非常令人惊讶的事。《雪峰瑶族诏文》的收藏者、虎形山乡水洞坪村的奉族良还向我们提到，现在每年清明节挂青祭祖的时候，奉氏的人还要共同祭祀自己的祖先奉姐和她的大儿子褒士隆其余的则由各自的后代纪念各自这一房的祖先。而没有意料到的是，实地调查期间，我们竟然还在由花瑶民族自己的文化精英奉成美于清朝末年所编纂的《奉氏族谱》中，找到了这样一段记载："奉剔世公之妻——易氏……生有异相，武健过人，身高七尺，寿百二十岁。"[2]这段描述虽只有短短的几十个字，但却与奉氏族谱中普遍存在的女性人物均被一笔带过、有的甚至连姓氏都没有留下的状况形成了鲜明的对比。根据褒士隆是奉姐长子的线索，再对应其在族谱里的排行记载，奉族良推断说这位"易氏"其实就是奉姐的原型。[3]

奉族良的推断与不少花瑶人达成了一致意见，我们对此也深有认同。按照考察团的成员李严昌所分析："奉姐，花瑶传说中的奇女子，在血光寨战役时是寨主，武艺高强，屡败官兵。据我们考证，奉姐是历史上的真实人物，她就是沈丫当起义后率花瑶一部从龙潭迁到小沙江的奉剔世公之妻——易氏。理由如下：第一，易氏生活的年代与传说中的奉姐时代吻合。据《奉氏族谱》载，自剔世公和易氏算起到修族谱时，奉姓已传到了第十五、六代。族谱主修者奉成美是易氏第十五代孙，其生卒

---

① 这个故事在本书的第一章第四节有更加详细的介绍。
② 田野调查资料：《奉氏族谱》。提供者为虎形山乡水洞坪村老山组的奉泽坤。
③ 2004 年 10 月 10 日虎形山乡水洞坪村老山组采访笔记。

年有墓碑记载：嘉庆八年至同治十年（1803—1871），由此上溯十四代，即是近三百年前，正好是奉姐传说中的嘉靖、万历年间（1522—1620）。第二，《奉氏族谱》中对易氏的记载非常详细且颇具传奇色彩，'生有异相，武健过人，身高七尺，寿百二十岁'，这显然是有话外之音的，即她曾是反抗朝廷的一个领袖人物。由此看来，在奉成美时，易氏与奉姐为一人是不成问题的，只是不愿明言此等反叛之事罢了。"

在花瑶人的心目中，奉姐无疑是一位全能型的人物。在领导这场历时三年六个月的战争里，她不仅要安排本族人抵抗汉族官兵的战事，还要组织躲在寨子里面的百姓进行生产，同时还得同其他各姓花瑶同胞所立的七个寨子的首领保持紧密的联系。尤其值得一提的是，在花瑶人的叙述里，即便在如此紧张劳碌的工作之余，她还从未忘记刺绣本民族的象征之物——挑花裙。在去实地考察血光寨遗址的时候，同行的花瑶人就曾十分郑重地向我们指出，在血光寨战壕边的一块巨石上，还留有她坐过的痕迹。据说每当战事不紧的时候，她便坐在这里，一边绣着瑶家女子每日身着的挑花裙，一边观察着寨子外面的动静，一边守望着不远处自己同族人的生产与生活。时间久了，她便在石头上留下了两个深坑。① 更加有意思的是，之后偶然的一次交谈中，一位曾在当地中学教书的已经退休的花瑶老人沈诗昌还告诉我们说，这位能力卓绝的女族长甚至还与花瑶挑花裙的形成有着直接的关联。据说她曾在四处考察地情地貌的过程中，在现在的虎形山乡铜钱坪村偶然发现了一块色彩斑斓的石头，上面生满了岩石花（瑶语称为"干杯约"），觉得非常的艳丽漂亮，精于刺绣之功的她见状灵机一动，主动把这样的花纹绣在了自己的裙子上，自此之后还受到了族内爱美的花瑶女子所模仿，于是开了花瑶挑花裙的先河，② 后来这块石头就被当地人称作"花绿岩"。

---

① 奉族良、王瑞腾是带领我们到血光寨遗址考察的人和这个故事的讲述者。

② 2004年10月5日在虎形山乡崇木凼村采访笔记。但这个故事与我们所看到的一个公开出版的著作里的描述稍有不同，这个版本并没有提到奉姐，而说是两个类似仙人的女子刻意在此地流连，以此启发了花瑶女子，给她们留下了这样一个美丽的样本。参见熊知方编著《隆回名胜》，国际文化出版公司1997年版，第199页。

三年来每日一边观察战事一边忙于刺绣的奉姐，自然是绝无可能在坚硬的石头上坐出两个深坑来的，就像据说其勤奋程度无人可及的卡尔·马克思也绝无可能于十年之期在大英博物馆的座椅下踩出两个脚印一样。然而值得注意的是，花瑶人试图通过奉姐的故事传达给我们的讯息，并非已成过往云烟的这段历史其细节在多大程度上是真实可靠的，相反，更为重要的则是作为"族长"的她在保持和维护一个大家族中所作出的杰出贡献，作为"女性"的她与他们心目中所建构的理想家庭和女性形象之间的紧密关联，以及这种贡献和关联与花瑶人尚未发生的"未来的历史"[①]之间的逻辑推演和理想化关联。按照在花瑶中间广泛流传的另外几个与女性有关的经典故事描述，[②] 花瑶女性在本民族的

[①] 正如有学者所指出的那样，"记忆绝非机械性的。事件如果要成为历史的一部分，就必须或曾经被认为是重要的。这一点不像看上去那么理所当然，因为它不单纯是明显的值不值得记忆的问题。它是更为深刻的真理：历史的构成和记忆的选择都不是强迫性地追溯既往（Ardener 1989）。虽然在历史中所创造或记忆的宇宙与一系列连续的现在是相对应的，但值得记忆与否确实是由共时性层面加以确认的。这表示当代事件的登录永远是追踪任何因瞬时性而被留在历史中的事件的基线线。因此，虽然人们永远是借着'将实存的独特性包覆于概念上的相似性'这个办法将现在植入过去（Sahlins 1985：146），但他们却同时也传达出未来的'历史'"。[丹麦] 克斯汀·海斯翠普（Kirsten Hastrup）编：《他者的历史——社会人类学与历史制作》，贾士蘅译，中国人民大学出版社 2010 年版，第 10 页。

[②] 另一个重要的故事是花瑶的祖先丁丫乖沈丫未向太上老君的女儿"姬姬如灵"学习瘪瓶之法、并最终结为夫妻的传说（具体的论述可参见本书的第四章）。除此之外，我们还从一位七十多岁的老人杨兴旺那里听到了一个"男降女不降"的故事：据说以前，在花瑶的家庭中是女主外、男主内的。女子在家庭事务中居于主导地位，有谚为证："男闲女不闲，男子在家带小孩，女子出门去耕田。""男子无妻家无主，女子无夫无靠处。"意思就是说，女子管家产，男子管交往。这一时期男子、女子的服饰都是具有鲜明的民族特色的，但是后来不知是哪朝哪代，政府强迫瑶民剪辫子，同时强迫他们改变服饰，"留头不留发，留发不留头"。迫于无奈，男子都投降了，改了服饰，但女子却拒不投降，即便有许多人被杀了头，也还是如此。后来政府只好放弃了改变她们的努力。从那以后，男子的服饰变化了，但女子还是有力地保证了民族服饰的长久存在。而在其后我们于当地百姓手抄的《雪峰瑶族诏文》中，也提到了"汉降瑶不降，男降女不降，生降死不降"的语句，按瑶民自己的说法，就是瑶民（特别是"女子"）坚持了气节，坚决不投降。2004 年 8 月 14 日虎形山瑶族乡岩儿塘村采访杨兴旺时得知。而夏晓虹则指出，晚清时代流行一时的"男降女不降"之说，是带有鲜明时代印记的历史重构，"在成为新世纪革命文人的口头禅时，于推动政治革命（含民族革命）与社会革命（含女界革命）的实践中，亦发挥了启蒙大众的功效"。参见夏晓虹《晚清女性与近代中国》，北京大学出版社 2004 年版，第 138 页。

历史上一直享有很高的社会地位，他们也十分认可并乐意接受这一点，能够允许女性由于其自身的卓越能力而获得与此相应的身份地位。然而，此刻他们试图言说但却并未明确表达出来的内涵还在于，这位武艺高强、甚至具有"巫王合一"特点的女族长，虽然原本并不是花瑶民族的成员，①但却通过婚姻的形式，最后以"奉家媳妇"的身份变成了一位彻头彻尾的花瑶人，心甘情愿地履行起了花瑶民族保护者的职责，并竭尽全力维护着奉氏整个大家族的集体利益。而且，即便在长年流离失所、对外战争的极端情况下，这位女子也从来没有放弃过原本被定义为女性职责的工作——刺绣挑花裙。按照更加现代人的看法，这位头脑聪敏、身材健硕、孔武有力、身处非地的女族长，显然并未因自己的能力、地位和职责更加接近于男性而失去标准的女性气质。

特别值得一提的是，奉姐故事的津津乐道者，以及相当热情地陪伴着我们去实地考察奉姐在血光寨遗址的遗迹的人，都是花瑶民族中的男性。并没有任何一位女性像他们一样主动向我们提起过这位颇具传奇色彩的人士。这似乎也在向我们暗示，奉姐的形象在不同的性别中间，也许有着并不一样的地位与文化意蕴。

那么，让我们暂且放下对这段故事的一系列相关细节的真实性考察，并假设其内容已经经过了"优先性选择"②的这种做法在某种意义

---

① 在花瑶的八大姓氏中，并无"易"姓，可以推断奉姐本身并非花瑶人。

② 如萨林斯所言："对于在历史事件中赋予文化结构优先的地位所包含的一种普遍暗示，值得明确指出——这就是说，当各种事件不变地在历史的秩序化过程（ordering）中寻找一个位置时，并不意味着，如此深具影响的秩序是强制性的，事先规定的，或者在意识体毫无利益的情况下就完成了。任何针对一种历史情境的反应所具有的逻辑，从来都不是唯一的可能性，也很少是唯一的可能性。与此同时，各种不同的反应，包括带有新奇之处的那些，全部对当地文化机制（regime）具有特定的理解，其图式具有可断定性，其要素具有可交流性。据此可以说，事件是文化地建构的，是从一种特定的文化逻辑和本体论中发明出来的，尽管其所依据的特性并非无反思性地被确定和超有机体地施加影响（Sahlins 1991）。"［美］马歇尔·萨林斯：《"土著"如何思考——以库克船长为例》，张宏明译，赵丙祥校，上海人民出版社2003年版，第318页。

上也可以被看作是一种带有主观色彩的"制作历史"[1] 的话,那么对于现在的花瑶民族(男性和女性)而言,奉姐的形象在多大程度上还具有典范意义?这个并非传说的故事,将从何种意义上给女性地位和家庭生活的形态带来影响?花瑶人在日常的生活中是否能够感受到其间隐含的无形的规训与约束,抑或只是将其作为一个已经远去、不再具备生命力的形象而存在?他们的情感和家庭生活,是将契合这种理想中的模式,还是终将与之渐行渐远?

二 生育的性别偏好与成长环境

就客观而言,花瑶民族在生育问题上的性别偏好是存在的,[2] 并且非常明显。新中国成立以前狩猎在日常生活方式和经济来源中的主导地位,奠定了男性更受家庭欢迎与青睐的文化心理基础。新中国成立以后,在政府的直接主导下,花瑶人的基本生产方式已经由原初的狩猎逐渐转向了以务农为主、闲暇时间上山打猎的复合方式,但后者对于强劳动力的需求,以及相当普遍的"从夫而居"的生活习俗,同样孕育着男性偏好的生育文化氛围。就这一点而言,花瑶民族与其他以农业为主

---

① 安唐·布洛克就曾对"制作历史"的惯常理解作出了进一步的反思,并提醒我们要意识到制作历史过程中不同群体的权力安排与利益取向:"'制作历史'(making history)这话,并非没有语病。首先,它带有唯意志论(voluntarism)的弦外之音……其次,就算'制作历史'指的是'建构'、'组成''塑造'或仅是单纯的'书写'历史,我们也必须同样小心。过去并不只是一种建构,而就算它只是一种建构(或重构或解构),我们也必须指出它是谁的建构,并且要描绘出其中的权力安排:谁对过去的声明得到承认和接受?凭什么?为什么?敌对的小派系竞相争取历史的真相。"安唐·布洛克:《"制作历史"的反思》,载〔丹麦〕克斯汀·海斯翠普(Kirsten Hastrup)编《他者的历史——社会人类学与历史制作》,贾士蘅译,中国人民大学出版社2010年版,第134—135页。

② 这一点与学者对湖南江华的瑶族观察不同。江华瑶族自治县的瑶民对孩子的性别基本上没有偏好。陈扬乐:《瑶族与汉族生育文化比较研究——以湖南省江华瑶族自治县为例》,载《人口与经济》2003年第3期。

的汉族地区几乎并无二致。①

对于不同性别的孩子进行命名的方式也显示了对他们在家中作用和地位的看法认识。在模仿汉人而拟定的辈分诗中，② 男孩子被看作是自家血缘的延续和传承，因此往往会根据自己的辈分和排行而得名，即便不熟悉他们的人也很容易从名字中得知他可能是谁的后代以及与自家的血缘关系远近。而女孩子则采用更加普通和不具代际辨识意义的"兰花"、"晚妹"、"回香"等等，表明了其虽为家庭中的一员，但实质上在自家血脉延续上并无本体上的地位。

生育的男性偏好表现在具体的行为上，则是生育意愿的执著性与可观的生育数量，而这一点与费孝通先生在广西花篮瑶中所观察到的主动进行人口控制的状况有着非常显著的差异。③ 没有生下儿子的家庭会在别人指指点点的目光下抬不起头来，在发生冲突的时候更是会被对方公开骂作"贼脑壳"，表示家里从此绝了后。女性尤其被认为要为不能生下男孩、因而无法传宗接代承担起主要的责任。④ 一位受访的花瑶女性

---

① 如帕斯特纳客和萨拉福对汉族移民所描述的那样："中国是一个'过密化的'（involuted）社会……为了得到这种劳动密集型体制所需要的劳动者，农民们偏好父系—从夫居的扩大家庭，并强烈地喜好儿子。"［加］宝森：《中国妇女与农村发展——云南禄村六十年的变迁》，胡玉坤译，江苏人民出版社 2005 年版，第 12 页。

② 奉姓五派记载在族谱和《雪峰瑶族诏文》中的诗为："光世成德泽，锡祚兆祯祥，忠厚传家久，文章华国长"；其他如奉姓三派的"兴学成才道，修文启进英，桂林有先锋，源江发明光"。沈姓："开明成道德，诗书玉后祥，洪鸡会说白，曰曙希世泽（雄鸡会叫白，日旭棉世泽）。"刘姓："佑开绍助长，笃庆永乐昌。"杨姓（岩儿塘）为："文开正元才，朝廷方显达，法宝尚金召，登堂喜佑悲"；或（白水洞）："文开正元才，朝廷方显达，登台赐玉杯，发榜上金鑫。"回姓："禹文必再升，宗祖添元朝，永代正邦达，纲纪守荣华，先人源世德，绿礼臣恒顺，房民玉秀顺。"

③ 如费孝通先生对广西花篮瑶的研究表明："在他们，每对夫妇只生两个孩子，不论男女。凡是有了两个孩子，继续受孕的胎儿就要被堕弃，即使没有被堕弃而出生了的婴孩，若没有别家认领，也不易逃避被溺死的运命。"而进行这种自觉的人口控制的原因则在于尽可能地保持人地比例，以免陷入地少人多的贫困之境。费孝通：《乡土中国，生育制度》，北京大学出版社 1998 年版，第 249 页。这种状况也与学者对广西宁明县爱店镇的瑶族研究状况有差别：在琴么屯，"生孩数在国家强行控制的情况下，第一胎的性别取向为男的占 100%。凡第一胎是女婴的几乎都溺死。第二胎再是女孩时，才养下来，取名为'妹端'，大女儿之意。"李美：《瑶族妇女生育文化研究——以琴么屯为例》，载《社科与经济信息》2002 年第 4 期。

④ 2011 年 11 月 27 日虎形山乡采访笔记。

就曾告诉我们说，因为她的妈妈生了四个女儿，爷爷奶奶就一直从心底里看不起她的妈妈和她们姐妹四个，而自己是第四胎，出生之后还差点被他们送走，最后还是爸爸拼命阻拦才留下来了。[1] 受不了这种村落"耻感文化"[2] 强大心理和舆论压力的家庭，其习惯性做法是一直生育，直到生出男孩为止。

已经度过育龄期（50 岁以上）的女性，大多数人在其一生中生育了超过 5 个以上的孩子，一个已知的最极端例子是总共生了 16 个，但由于医疗卫生条件的限制，最后共有 8 男 3 女 11 个人存活下来。可以说，在这些女性成年期里的几十年里，几乎一直处在不间断的怀孕、生育和哺乳期。如此庞大的数目自然与所有中国人当时所处的社会大环境有着直接的关系，彼时官方的舆论导向和政策鼓励均是那句口号式的语录——"人多力量大"，并且显然缺乏任何行之有效的避孕和节育手段。在采访期间，很多女性也向笔者表达过自己其实深受这种无节制的生育之苦，但是按照她们的说法，"反正已经怀孕了，除了生下来又没有别的办法"。

目前正处于育龄期的女性（15—50 岁），[3] 在现代避孕技术的帮助下增加了对怀孕的自主控制权，虽不至于像自己的长辈那样毫无节制地生育下去，但其偏好男孩的生育意愿仍旧非常执著，至今仍可见到连生五六胎的事例，大有不生出儿子决不罢休的态势，可见生育文化对他们的影响之重。

1979 年左右开始在全国范围内实行的计划生育政策如期下达到瑶

---

[1] 她还补充说，由于现在她几个姐妹对爷爷奶奶很好，每次生病了都带礼物去看望，他们渐渐转变了对自己妈妈和几个姐妹的态度。2011 年 11 月 25 日虎形山乡采访笔记。

[2] 李银河就提出村落文化中耻感文化的存在是导致无节制生育的原因："村落文化既是耻感文化所由产生的源头，又是它的载体。在生育这件事上，罪感文化不会促进生育，因为不生或少生并非犯罪；而耻感文化却可以促进生育，因为它对于非罪的行为也作出了规范——人人都要生育。不仅如此，还要多多生育，生育男孩。不愿这样做或做不到的人就会蒙受耻辱。很明显，这正是村落文化中的人们拼命要生儿育女的一大动因。"李银河：《生育与村落文化·一爷之孙》，文化艺术出版社 2003 年版，第 85 页。

[3] 由于花瑶人早婚现象非常严重，所以生育期相对而言也自然提前到十多岁。而事实上，在当地我们就遇到过很多年纪只有十五六岁的新妈妈。

山，但真正开始发挥作用则是相对滞后好多年以后的事。如在虎形山乡的崇木凼村，由于在整个瑶山深有影响力的战斗英雄、"保树运动"英雄、时任村支部书记的沈诗永老人的坚决抵制，因此一直等到1993年他退休之后，这一"基本国策"才开始进入实质性的实施阶段。据说原本已在上级提拔之列的沈诗永本人也因为在这件事情上与政府持不同意见而只好官居原职，没有被任命为虎形山乡党委书记一职。①

但此后这一政策的推行在花瑶中间依然受到了堪称为"默然"的抵抗。一方面，依据地域而非民族进行区别对待的措施，使得花瑶民众内部产生了不平衡现象。按照官方的规定，瑶汉杂居区的花瑶人，其计划生育政策与汉族相同：如果第一胎是女孩，则可以再生第二胎；如果第一胎是男孩，则只能生一胎。但在虎形山乡瑶族自治区的花瑶，则可以享受少数民族政策，即：无论第一胎是男是女，都可以最多生育两胎。瑶汉杂居区的花瑶人对于这一政策的公平性深有不满，如麻塘山乡老树下村的花瑶人就向县政府提交了一份《缓行计划生育申请书》，并列举了缓行计划生育具有"医疗卫生条件差、人口繁衍不盛"，"人口少、恐被汉族同化"和"劳动力不够"三大理由，要求政府对他们的合理要求予以慎重考虑，但一直没有得到任何肯定的回复。② 而在小沙江镇江边村麻坑组实地调研的时候，此地与汉人杂居的瑶民也提到希望政府能够取消计划生育，原因是"担心计划生育会导致本民族的消亡，而没有多子多福的观念"。这显然是一个很有策略的说法，"为本民族的长远计"这个理由听上去远远要比为自己争取生育权益的立场高远得多，③ 然而，最终这一提议也遭遇了和老树下村的报告一样的命运。可以想见，这一显失公平的政策自然无法引起花瑶人主动的遵守和配合，反而只能激发他们默默打破禁令的各类行为。另一方面，即便对瑶族自治乡的花瑶而言，最多可以生育两胎的政策仍然无法在客观上消解

---

① 其他的相关事件可参见本书第一章第六节。
② 2004年7月29日小沙江镇麻塘山乡老树下村采访笔录。
③ 2004年8月2日小沙江镇江边村麻坑组采访笔录。

两胎都是女儿的可能性，因此违反计划生育政策的事件仍旧时有发生。

违反计划生育的事件往往通过强制性引产（产前）或罚款（产后）来解决。除了知情者的告密和道听途说的小道消息之外，育龄妇女每季度必须参加的妇科检查（其主要内容就是检验是否怀孕）也是当地计生干部获知计划外怀孕事件的有效渠道，并往往会第一时间通过说服或者强制的方式将其流引产。通过这种方式，国家权力扩张的本能需求巧妙地嫁接到了世界范围内关于在生育健康方面"赋予妇女以权力"① 的思路之中，并提上中国政府的工作日程。作为结果，国家以前所未有的深度和广度介入了长期以来地处边陲之境的花瑶人的私人生活，并形成一个涵盖甚广的更加强大的"规训"机制，② 性行为、性接触、避孕工具的选择、性生活的频率与结果、月经周期、身体状况、婚姻、生育乃至家庭等等这些最具隐私性质的事件，都纳入了国家的监视和控制之中，而不再属于公民个人的事务。

但面对瑶民的不配合，严重的计生冲突也有可能由此发生。一个非常极端和悲情的例子是，当水洞坪村一位计划外怀孕的孕妇被要求交罚款时，孕妇与前来催缴的干部理论未果，于是当场喝下农药，以致母子二人双双去世。而在 2010 年，计生办的工作人员还曾将一对超生的夫妻关到当地政府的一间小屋里，要求家人必须上缴罚款才能放人，并不断向屋里倒水。由于当时已经是初冬季节，海拔较高的虎形山地区气温已经到了可以结冰的程度，这种很不人道的做法立刻引发了当地人的愤怒，称他们被几个堪称"恶人"的工作人员关进了"水牢"，怨声极大。有人随即向县政府反映了这一情况，得知消息后的县政府下令立即

---

① "在过去的15—20 年里，世界各地的妇女已着手从事于生育健康问题。她们关心的是赋予妇女以权力——能够以最大限度的选择和最小程度的对健康的影响来控制自己的生育和性关系，为妇女提供信息和可选择的不同服务，为妇女能够对自己的生育作出信息丰富的选择权、获得改善的服务和更适宜的技术而开展运动。"玛莉亚·I. 帕拉图：《作为人权的生育权：哥伦比亚的实例》，载［加］丽贝卡·J. 库克编著《妇女的人权——国家和国际的视角》，中国社会科学出版社 2001 年版，第 571 页。

② ［法］米歇尔·福柯：《规训与惩罚：监狱的诞生》，刘北成、杨远婴译，三联书店1999 年版。

第三章 『他者』的『她者』

放人，并把乡党委书记、乡长和相关人等叫到县里，进行了严厉的批评
教育，方才平息了花瑶人的怨愤之声。

　　类似的冲突性事件到处都在发生，① 有些地方甚至还兴起"株连"
之策，计划外怀孕或超生人家的亲戚朋友都要为其拒不执行计划生育政
策的行为和日后的高额罚款承担连带责任，但这显然又使得在执行者和
瑶民中间发生了更多的冲突。为了解决这一矛盾，随后隆回县政府颁布
实施了《计划生育行政执法"七不准"》条例，从法律法规的角度规定
关押、辱骂、殴打和没收当事人财产以及株连亲友的做法均属违法。②
此后计划生育的强制性执行手段有所松动，虽没有明确提出要取缔强制
流引产的措施，但在实施上倾向于采用性质和形式上都更为温和的罚
款，尽管这种做法最后也很有可能因为花瑶人的拖延和抵赖而只能不了
了之。而在这一问题上不需多加说明就可以理解的是，与计划生育干部
的"关系"好坏成为了能否影响罚款额甚至抵缴罚款的重要判断标准。

　　尽管强烈的性别偏好会促使花瑶人有时不惜以命相搏，以换取生下
男孩的可能性，但并没有任何证据表明他们会采取弃婴、溺婴的激烈措
施或送走、卖给外人等相对温和的手段来对待已经生下来的女婴，以便
增加自己在与计划生育干部进行虚与委蛇或直接交锋时的筹码。这种在
个体需求和国家控制的夹缝中产生的集体性的"生育困境"，③ 并未使
他们作出对女性不利的选择。到目前为止，利用现代 B 超技术进行性

---

　　① 2011 年 11 月 11 日虎形山乡采访笔录。在实地调查期间我们还获知了更多的计生冲
突事例。当计生干部来到一户超生的瑶民家里要求交纳超生罚款未果后，打算抄走东西以便
抵押罚款，女主人立刻抄起柴刀到处乱砍一气，见势不妙的计生人员只好赶紧离开，此事随
后不了了之。

　　② 具体内容为："不准非法关押、殴打、侮辱违反计划生育规定的人员及家属；不准毁
坏违反计划生育规定人员家庭的财产、庄稼、房屋；不准不经法定程序将违反计划生育规定
人员的财产抵缴社会抚养费；不准因当事人违反计划生育规定而株连亲友、邻居及其他群众；
不准对揭发、举报的群众打击报复（如果是合同担保人，依照合同规定和法定程序追究其责
任不属株连）；不准以完成人口计划生育为由而不允许合法的生育；不准组织对未婚女青年进
行孕检；不准滥设收费项目、乱罚款。"

　　③ 李卫东、尚子娟：《男孩偏好作为一种生育文化的生产与再生产》，《妇女研究论丛》
2012 年第 2 期。

别选择性流产的例子在实地调查中并没有听到，① 也没有任何证据可以证明这种事例的存在。更为普遍的做法是不管男女先生下来，一旦已经生下来了就先养大再说。这一点也可以从他们的生育数量偏高的现状中得到证明。

与此同时，主流观念中的理想生育数量正在发生悄然的改变。尤其是生育期内年龄段相对偏低（15—35 岁左右）的女性，在多年以来计划生育宣传的影响下和对周围不同子女数量的人所拥有的生活状况的观察中，其理想的生育数量正在由长辈的"多多益善"逐渐变成"儿女双全"的两个最好。② 这样的观念往往会导致已经有了一个男孩的家庭，在第二胎的期待上更加偏向于得到一个女儿，"以便年老之后有个亲戚可走"，而且他们还从周围的例子得出了"女儿比儿子更贴心一些"的基本结论。在这种情境之下，如愿降生的女孩自然也会享受到和男孩一样的待遇和重视。例如作为一个特例，已经有了一个女儿的年轻父亲感受到了要像城里人一样生活、追求优质生活的各类压力，甚至明确提出不想再生育的愿望，③ 而年轻的母亲则希望无论男女都能够再生一胎，但也同时声明，如果公婆会因为自己两胎都生了女儿而歧视自己的话，会选择离婚并带走女儿的方式来予以应对。

然而有意思的是，生育的男性偏好并未像许多汉人地区所表现出来的，或者我们预料中的那样深刻影响到不同性别的孩子在家庭中的待遇。在婴儿和儿童时期，女孩和男孩受到的对待并没有显示出太过明显

---

① 但作为对比，这一技术的运用在很多地方都是一个非常泛滥的现象。参见杨菊华《男孩偏好与性别失衡：一个基于需求视角的理论分析框架》，《妇女研究论丛》2012 年第 2 期。

② 杨雪燕等人的研究也对男性偏好与儿女双全的理想进行了对比。参见杨雪燕、李树茁、尚子娟《儿子偏好还是儿女双全——中国人生育性别偏好态度构成及其政策含义》，《妇女研究论丛》2011 年第 6 期。

③ 正是在这个意义上，李银河才提出，要想改变生育意愿和生育习惯，"只有使农民成为市民，也就是变成孤立的个人，脱离来自村落文化的压力和监督，才能使他们真正改变生育观念，而不是仅仅被迫服从计划生育的决定；才能使城市中为个人生活而不必同其他人在生育数量上竞争的观念进入这些人心中，使他们自愿选择少育的生活方式。"李银河：《生育与村落文化·一爷之孙》，文化艺术出版社 2003 年版，第 86 页。

的差别。庆祝婴儿出生的仪式"打三朝"礼仪如出一辙，尤其是第一胎，往往会变成整个村落的一大盛事，而在第二胎或之后出生的孩子则不论男女，其仪式都会相对简单很多。母乳喂养基本上会持续到六、七个月左右，也有少数坚持到一岁左右的例子。更好的食物往往是根据年龄而非性别在几个孩子中间进行分配，生病后的医疗保障也并不会因为是女孩儿受到父母的忽略，往往都是在进行简单的草药救治或送乡村医院求医无效之后，还会邀请巴梅施行本民族盛行的瘆饭之术。① 而来自2011年的一份对于小沙江地区瑶族及汉族儿童的流行病学调查报告则向我们显示，更为明显的营养和患病差异体现在花瑶和汉族之间，而非花瑶内部的男性和女性之间。②

而且，花瑶人已经普遍意识到了没有文化的缺陷所在，因此到了六、七岁该上小学的年龄，大多数孩子都有可能在义务教育的帮助下进入校园，很少看到刻意要把女孩子留在家里帮忙做家务的事例。无论男孩还是女孩，花瑶人普遍读到小学或者初中毕业就会结束学习，只有很少数人可以读到高中乃至大学，在受教育问题上没有出现明显的"性别鸿沟"③ 和"贫困女性化"④ 倾向，但家长却在更大程度上容忍了男孩子比女孩子更好玩、更不爱读书、更早辍学的状况，女孩子则往

① 相反的例子则如李银河在对后村的调查中显示的那样，女孩生病之后往往不如男孩受重视，有限的财力会向男孩倾斜。李银河：《后村的女人们——农村性别权力关系》，内蒙古大学出版社2009年版，第44—46页。

② 这份报告指出："瑶族男性儿童患病率（18.87%）显著多于瑶族女性（8.56%）……瑶族儿童患有躯体疾病者较汉族多，营养状况比汉族差，瑶族儿童患与营养因素有关的疾病显著高于汉族儿童。"王明祥、孙孝堂：《隆回县小沙江瑶族及汉族儿童少年心理卫生问题流行病学调查》，《中外医学研究》2011年第9卷第22期。

③ 王凤华、贺江平等：《社会性别文化的历史与未来》，中国社会科学出版社2006年版，第201页。

④ 有些学者关注到了在很多国家和地区存在的"贫困女性化"的趋向，两性在营养、医疗、就学等方面所受到的不同资源和待遇，都是判断是否存在性别歧视的标准之一。而在中国，"虽然许多女性主义的'妇女与发展'和'社会性别与发展'研究中提出经济改革后农村妇女状况恶化，世界银行的贫困评估都说：'可得到的证据说明中国农村妇女并不比男性更受贫困的危及。'但是，贫困妇女和女孩在家庭中得不到同等的资源"。瓦伦丁·M. 莫格哈登：《贫困女性化？——有关概念和趋势的笔记》，马元曦译，康宏锦校，载马元曦主编《社会性别与发展译文集》，生活·读书·新知三联书店2000年版，第55页。

158

往往会被父母要求要比自己的兄弟更加努力和上进，也往往能够取得更好的读书成绩。一位在虎形山乡民族中学工作的老师告诉我们，相比较而言，尽管普遍不如汉族，但花瑶女孩的成绩还是要比同族的男孩更好一些。而且很有意思的是，花瑶人习惯于把对待子女读书的这种不同态度也称之为某种意义上的"重男轻女"，因为男孩更不容易受到父母的管教和批评。有些年轻的花瑶人还明确提出了对自己女儿的培养计划，希望她们能够学演讲、拉丁舞，在未来能够成为舞蹈演员、白衣天使或者政府公务员，以便脱离目前的底层生活状况。如作为少数幸运女孩之一的回丹，就不仅能够离开瑶山，在近百里之外的县城里一直读完高中，直奔大学而去，而且，她的父母还不惜花费大量的财力物力送自己的女儿去遥远的省会长沙学习艺术课，以便增加其在高考中的筹码。① 换言之，女孩身上也开始承载着父母对未来的预期与希望。

就客观而言，花瑶民族虽然在生育文化上仍旧保持着强烈的性别偏好，但仍比中国很多地方都赋予了女儿更高的地位和价值。这种状况既可能与过去花瑶人的婴儿存活率相对较低有关，也可能与其较少受到汉族父系—父权文化的影响有关，还有可能与女性在历史上所享有的较高地位有关。而这种看上去有些矛盾的文化生活背景，还将进一步影响到花瑶女性长大以后的生存空间和亲属制度的形成，使其在多股力量的交织下历经"上下沉浮和迂回曲折"。②

---

① 回丹在花瑶人中也算是一个有名的例子。当 2004 年 10 月我们在小沙江镇旺溪村回家湾组进行实地调查的时候，年仅 9 岁的回丹也和其他人一起陪着我们到瀑布去玩。其时大雨滂沱，道路湿滑，她不慎从最后一个落差近百米的瀑布跌落，连续冲过几个水潭，当时所有在场的人都以为大事不好，心情无比沉重，但当她被救上来之后，除了背上几个小小的擦痕，居然并无其他大恙，同行的花瑶人都说这是从未发生的事。现在再回想起来，仍旧不得不说是一个不可思议的奇迹。至此之后回家湾的瀑布和回丹本人一样，都出了名。

② ［加］宝森：《中国妇女与农村发展——云南禄村六十年的变迁》，胡玉坤译，江苏人民出版社 2005 年版，第 23 页。

三　婚礼过程与花费：婚姻关系中的力量对比

　　花瑶的婚姻远非外界所讹传的那样，年轻男女通过对歌便可自由恋爱，然后就可以发生性关系，直至私订终身、结下姻缘。事实上，新中国成立之前花瑶人的婚姻"舅权极大，姑家之女，得优先嫁给舅家，唯舅家之子表态不娶时，姑家之女才可与别人议婚。50年代后，舅权服从婚姻法"。[①] 现在的花瑶青年，在大多数情况下可能早已通过各种途径相识相恋，但即便如此，也要经过正式的媒妁之言牵线搭桥，才能获准父母之命结为夫妻。对于收入不丰的花瑶人而言，用于婚礼的花费将是家庭中一项非常主要和重大的开支。对用于其中的花费和彩礼与嫁妆的比较，则可以看出作为嫁方的女方与作为娶方的男方之间的力量地位对比，并进一步影响到家庭结构的规模、分工形式与权力分配。

　　议婚是婚礼的第一阶段，男方往往要邀请瑶山能说会道的媒公到女方家去撮合提亲。对于彼此并不相识的青年男女而言，这是相互了解本人基本情况和对方家底的重要机会，父母及女孩本人会利用媒公所传达的信息作出基本判断和最终决定。但如果是在某些情形之下，两个年轻人可能早已进入相知相恋的阶段，家长也对此心照不宣，那么媒公的到访就颇有些走过场的意味。但不管在哪种情况下，按照当地习俗女方都不会立刻答应，媒公照旧要往来三次，才能最后得到女方的回复。

　　在此议婚期内，每次媒公代表男方与女方的见面，都不需要支付见面礼，但在第三次见面并达成婚姻意向之后，女方的父母便会向媒公提出举行订婚仪式的彩礼要求，内容通常是一定数量的实物，如米酒、猪肉、牛肉、鸡、鸭、鱼肉、大米、面粉、海带、其他杂菜、香烟等，另外还要加上一些现金，具体的金额则会根据商量在男方可承受的范围内

[①]　隆回县志编纂委员会编：《隆回县志》，中国城市出版社1994年版，第596页。

与女方可接受的范围内变化，少则几千元，多至几万元的也有。为新娘本人所准备的民族服饰——挑花裙是必不可少的内容，通常会包括不同颜色、季节、薄厚的共六套左右，意味着一辈子都不愁穿戴。挑花裙的数量多少是衡量彩礼丰厚与否的最重要的标志，有些家庭是由男方母亲自己手工刺绣而成，但由于制作工艺非常复杂，往往一件要耗费一个成年女性半年到一年左右的时间才能完成。对于那些不再愿意自己花这么长的时间去刺绣的家庭而言，就只能去别家或市场上买来，根据刺绣水平的高低和花纹的繁复不同，每条挑花裙的费用大概是1000—2000元不等，再加上上衣和帽子、饰品等物，所以单独这一项总数加起来要上万元到两万元左右不等，对于一个普通家庭而言，这是一个相当不菲的数字。

订婚礼在女方举行，男方所有得知消息的亲戚和族人都会主动参加，带着议定数目的酒、肉、米等实物来到女方，用于女方办理订婚酒席当天所需的开销，挑花裙和现金则直接交予女方的父母。女方所有的族人和亲戚得讯后也都会参加，订婚礼往往持续三天三夜，通宵达旦地对歌打滔，俗称"三天不分辈分"。由于订婚礼的酒席上吃喝所需的酒和食物都由男方来提供，因此，众人欢畅淋漓的背后考验的无疑就是男方的支付能力。[①] 订婚礼标志着婚约的正式缔结，之后男女双方再无反悔婚约的机会，否则就会引发剧烈的矛盾冲突。结婚的具体日子在订婚礼之后双方就可以协商确定。

结婚礼往往也要持续三天三夜，只是地点改在男方举行。婚礼当天新娘家族所有的亲戚和族人都会参与到送亲的队伍中，按照他们自己的说法，"女儿生下来带到大，又不是父母自己的，而是全族人的，自然全族人都要去送"。这也似乎印证着花瑶女子的地位与很多汉族有着相当的不同。男方给的挑花裙和女方自己平时绣的挑花裙加在一起便是最为丰厚的彩礼和嫁妆，除此之外，新娘的父母通常还会提供包括家具、

---

① 这一点在当地的汉人看来，是十分铺张的事，自然也构成了对他们"不会打算、计划性不够"的判断标准。

电器、床上用品在内的物品以及一部分现金当作嫁妆。订婚礼中男方支付给女方父母的彩礼绝大多数情况下会在此时转化为他们为自己的女儿所提供的嫁妆，因此实质上彩礼也可以被看作是一种"间接嫁妆"① 而回流到了男方家庭，但是这笔财物不会交给男方的父母所在的大家庭，而被认为是属于新娘自己所有的财产。有实力的家庭通常还会在原有的基础上添一部分给女儿，以此博得自己不是"卖女儿"的好名声，并为女儿在未来的婆家生活中赢得声望。② 但也有极端的例子，如经济状况不好的女方父母会将这笔现金保留下来，用于支付未来儿子娶亲时所需的彩礼费用。到结婚礼过后的第三天，新人还要实行"回门礼"，夫妻双双共回到新娘的娘家小住数日，但是不需准备礼金，此时的礼物只不过是一些米和一块肉，以及一只最后又会带回夫家的领路公鸡。

就花瑶民族的总体状况而言，一场婚礼的举行，男方的花费要远远超过女方。无论穷富，彩礼都是男方必须要支付的内容，但女方所提供的嫁妆的具体内容和数额则不受实质性约束，完全由女方根据自家的经济实力和主观意愿自行决定。很显然，目前双方在婚礼花费上的不平衡状况应当已经发展到了十分严重的地步，并给男方的家庭带来了十分严重的经济负担。如 2009 年七月初十，由花瑶各姓氏代表和县、乡、村瑶族干部、职工、退休老干部代表等共 220 多人在崇木凼村举办的讨僚皈会议上经过共同讨论后，颁行了《关于规范瑶族风俗礼仪的有关问题座谈会会议纪要》，其中就明确提到这一现象的严重性："近年来，我瑶族聚居地的风俗礼仪已越来越偏离了历史的传统美德，出现了互相攀比、大肆铺张浪费的现象，有的举办一场婚礼需花费 5—6 万元，高的甚至达 7—8 万元，是上世纪 90 年代初中期的 10—15 倍，是瑶族中等家庭收入的 15—20 倍，其开支花费大大地超过了瑶族家庭的基本承

---

① ［加］宝森：《中国妇女与农村发展——云南禄村六十年的变迁》，胡玉坤译，江苏人民出版社 2005 年版，第 279 页。

② 杨懋春对台头的研究也提到了索要高额彩礼并用于家庭开销，往往会被看作是"卖女儿"的征兆。［美］杨懋春：《一个中国村庄：山东台头》，张雄、沈炜、秦美珠译，江苏人民出版社 2001 年版，第 107 页。

受能力，导致瑶族部分家庭贫困程度直线下降。"而在实地调查期间，虎形山乡信用社主任沈修竹曾经告诉我们，花瑶人的存款普遍较少，一般就是几千元到两三万元，额度最高的也不过是5—7万元，[①] 按照这个数据进行估计的话，花瑶人用于婚姻的花费对于家庭而言，确实可以称得上是一个相当大的经济负担。

作为应对之策，这次会议明确规定要严格限制婚礼的规模和花销，以后的婚礼中要"突出以订婚规模一般化、娶送亲规模热闹化、打三斗规模简朴化原则进行，时间由原来的两晚改为一晚，四餐改为两餐。直系亲戚住一晚开两餐，其余宾客统一规范为一人一礼一餐"。并将具体的花费额度和事项设定如下：

> 整个婚姻礼俗不设礼金，更不允许以礼金顶替婚事举办，严格控制烟花爆竹浪费，原则提倡多放大炮少放鞭炮，礼炮开支钱不得超过单个礼金的30%，团体贺礼爆竹限购300元以下。
>
> （一）订婚礼俗：1.礼物：猪肉、大米各200—220斤，米酒80—100斤，啤酒饮料一律免除，鸡、鸭、鱼、牛肉各50斤，其他杂菜视情况各25—30斤；服装控制在4件套，其中挑花裙粗、细各2件，香烟控制20条以内，只限发抽烟成年人，平时一律只发数根，但餐桌上可以一桌一包，吵媒公礼每次限120—168元。2.双方直系亲属可在双方亲属住一宿两餐，其他贺礼人员只限一礼一餐（勤杂帮忙人员除外）。
>
> （二）娶、送亲礼俗：1.男方负责餐饮开支，不送现金。嫁妆由女方父母视自家经济状况以完全自愿为妥，提倡从简，反对铺张。2.人员可热闹，女方送贺礼者可全部参与送亲，提倡60—80人为宜。3.时间只能在男方家一宿两餐必返回。4.返回时男方按规矩适当打发传统礼俗回女方，作为返回晚餐及款待送贺礼未来送亲者。

---

① 2011年11月27日虎形山乡采访笔记。

（三）打三朝礼俗：1. 原则以双方直系亲属为主，其他旁系亲戚及好友只送礼不去人。2. 时间：一宿两餐，父母可适当多宿。3. 女婿为娘家人员返回时按瑶族礼俗打发一定返程礼作为返程晚餐，并宴请其他未来人员礼宴。①

据说政府也曾出面禁止这种趋势，将酒席上的花费限定在一二百斤猪肉、五六十斤牛肉的合理范围内。②

《会议纪要》同时规定，对于违背这一规定者，"理事会向其提出整改，如有不遵，本民族所有亲戚朋友和相关人员不得参与其一切礼俗的管理和帮助活动。如有强行违背，群众意见很大，经总理事会审定，上报有关领导和单位，今后不得享受相关的优惠政策。对强行违背条款者，社会对其加大舆论监督，视为不顾大局，不讲诚信之人，人人与其远之"。③

由花瑶各姓氏代表共同参与颁布的这个会议纪要，到底能够在多大程度上降低花瑶人的婚礼花费数额，还需要更长的时间来检验。但作为嫁方的女方和作为娶方的男方的力量对比，是否会因此而受到影响并逐渐改变，似乎远非一件可以乐观估计的事。这与目前花瑶男性和女性在婚姻问题上所面对的整体环境有着紧密的联系。一方面，历史上被视为本民族律令的"族内通婚制度"，在更具国家强制力的《婚姻法》面前基本失去效力，自然难以保障其约束力，花瑶人更无法动用任何形式的族规族法来惩处违反这一制度的人。而在与外界的交往与联系中，生活状况相对更好的汉族人此时显然成为了能够对花瑶人选择婚姻对象造成影响的潜在竞争者。在实地采访的过程中，就有很多年轻人表现出了在婚姻对象的选择上不必然偏好本民族成员的心理与舆论倾向，有些人甚至公开以能够嫁、娶给她（他）们看来更加发达的汉族人为自己身份

---

① 田野调查资料：《关于规范瑶族风俗礼仪的有关问题座谈会会议纪要》。
② 2011 年 11 月 27 日虎形山乡采访笔记。
③ 田野调查资料：《关于规范瑶族风俗礼仪的有关问题座谈会会议纪要》。

地位提高的象征和骄傲。① 老年人的态度也在发生细微的变化，虽然大多希望自己的子女最好能够和本族人通婚，"这样风俗习惯相同，相处起来容易些。但如果是一定要嫁（娶）汉族的话，也可以接受"。而刻意把女儿嫁给经济条件更好的汉族，以便为筹集自家儿子的彩礼做铺垫的事件，也在实地调查中听到了几例。② 另一方面，对于花瑶内部不同性别的人而言，相比较汉族而言的经济劣势地位，以及婚后"从夫居"的普遍生活环境，使得比起男性而言，女性有更多的心理驱动力和外在机会与汉族人联姻，而非相反。这自然会导致作为娶方的男性花瑶家庭，在与作为嫁方的女性花瑶家庭的无形竞争中只能处于下风。

婚礼的费用和支付方式，不仅反映了男方和女方之间的力量对比，也蕴涵着代际之间的财富流动与地位变化。由于嫁妆和作为"间接嫁妆"的彩礼最后都在实质上流入了新婚夫妻新成立的小家庭中，而并非男方未结婚之前包括父母与其他兄弟姐妹在内的大家庭，这也催生了为数不多的女方家庭要求高额彩礼以便更好地扩充女儿婚后经济实力的动机，但这种协商仅仅局限在双方家长之间，没有充分的证据能够表明这对年轻人也加入了这场谈判。实地调查期间，也没有听到存在即将成为新娘的女孩与新郎"合谋"向未来的公婆施加压力，以便要求更多彩礼来扩充自己小家庭财力的例子，③ 因而也不存在阎云翔所言的"无公德的个人"形象，④ 恰恰相反，所有被问到这个问题的人都会有些震惊这种做法何以存在的可信度，并毫不犹豫地立刻大声告诉我们这是绝无可能的事。

由于婚礼开销太大，因此，承担不起高额结婚费用的男方家庭只好去找所有能帮得上忙的亲戚朋友借钱，但这笔债从理论上而言是要记在

---

① 在对其他地区的瑶族研究，也表现出了类似的倾向："一个人拥有汉文化与否，是他被公众尊重与否的重要因素之一。体现了他们倾慕并渴望掌握汉文化之心理倾向。"王荔、黄贵权：《汉文化对瑶族文化及其教育的影响》，载《民族教育研究》2002 年第 4 期。

② 2011 年 11 月 25 日虎形山乡采访笔记。

③ 而阎云翔就在对下岬村的考察中遇到了明显的事例。阎云翔：《私人生活的变革：一个中国村庄里的爱情、家庭与亲密关系：1949—1999》，龚小夏译，上海书店 2006 年版，第 173—174 页。

④ 同上书，第 243 页。

父母的头上，因此在婚礼之后父母很有可能会陷入更大的贫困。作为应对之策，男方倾向于以遵守一贯的行情为理由，在议婚阶段就尽可能地压低彩礼的数额。更有意思的是，花瑶内部儿子年龄段比较接近的人家也会找机会在一起商量，最终议定一个相对合理的范围，以免在彼此间造成攀比，陷入婚姻花费的"囚徒困境"。依旧负担不起婚礼费用的家庭，往往不得不在订婚礼后与儿媳商量推迟结婚仪式的举行，由于订婚礼被看作是两人婚姻有效的证明，所以此后两人之间的事实婚是被广泛认可和接受的。一直要等到他们生下第一个孩子的第三天举办的"打三朝"礼仪上，婚礼才会同时举办，以便更好地节约费用。在这种情况下，来自娘家的嫁妆就会等到打三朝时才送到女儿那里。而在此过程中，年轻的小两口则很有可能被要求或主动采取外出打工的方式，为自己积攒彩礼和嫁妆。

比较婚礼的花费不仅可以解释为什么即便花瑶人在生育问题上存在着强烈的男性偏好，但却从来不会像许多地方一样对女孩采用弃婴、溺婴等极端的行为，因为女孩的婚礼并未给家庭带来更大的负担。[1] 而且更加值得一提的是，在婚礼过程与费用的力量对比中，作为嫁方的女方具备了更大的主动权与自主性，自然也要比作为娶方的男方地位更加优越。相应地，男方娶到媳妇的难度加大。因此，许多拥有男孩的家庭开始允许和纵容自己的儿子在十四五岁的时候就外出交友恋爱，对他们更早发生性关系的行为视而不见，因此花瑶人早婚、早育的现象十分严重，据一位花瑶干部所估计，这一数字很有可能已经达到了 70%—80% 左右，而在 20 岁之前就已为人父母的更是比比皆是。[2] 有些家庭甚至还会为远未成年的儿子支付购买摩托车的费用，以此作为交往女孩

---

① 正如宝森对禄村的研究所指出的那样，"比较儿子或女儿结婚的净开销可以揭示，同儿子相比，女儿是否被看作是对其家庭一个更大的经济负担（就像印度通常声称的那样）。假如在儿女的婚姻花销上存在重大差异，从理论上讲，这就会影响父母的计划生育和性别偏好"。［加］宝森：《中国妇女与农村发展——云南禄村六十年的变迁》，胡玉坤译，江苏人民出版社 2005 年版，第 280 页。

② 2011 年 11 月 27 日采访虎形山乡采访笔记。

的媒介，而这些只有十几岁的小男孩就成为了对当地的交通安全造成极大隐患的令人讨厌的"飞车党"成员。稍微有些背景和地位的家庭都会想尽办法限制自己的女儿与这种人交往，以免陷入被动的境地。如有一位瑶族女孩的父亲就在警告不要经常骑着摩托车来找自己女儿的年轻男孩无效之后，愤怒地砸掉了他的摩托车，并当众放了一把火烧了，许多不堪其扰的女孩的父母则为这一义愤之举大声叫好。①

作为嫁方的女方和作为娶方的男方在举办婚礼上所需要的费用对比，绝不仅仅反映了尚未步入婚姻形态的男女双方及其家庭的力量对比与地位变化，而且，二者间的力量对比，还将在家庭内部的代际之间产生作用，并进一步影响家庭结构的基本形态，在此过程中，女性本人和以女性为中心的姻亲关系的重要性也将随之渐渐凸显。

四　分家、家庭规模与代际关系

在花瑶人的历史中，聚族而居是一个相对典型的生活状态。无论是与汉族之间长年流徙的战争状态，还是安定下来之后以狩猎为主的生活方式，以及地处边陲之境进行农业生产对劳动力的需求，都使得家庭内部的合作功能和经济功能大大凸显，因此，类似费孝通先生所言的"小家族"② 似的扩大家庭，就成为许多花瑶人（尤其是男性花瑶）理想与现实中的家庭规模状态。前文所提及的奉姐的故事，无疑也是他们在向外界传达他们对于大家庭生活的赞同和期许态度。但在最近的二十多年中，与许多汉族地区一样，家庭规模的缩小化逐渐成了一种明显的趋势，"分家"也因此成了许多家庭不得不面对的问题。

对于只有一个儿子的家庭而言，分家并非总是必然的。父母通常都会期望在有生之年能与儿子媳妇生活在一起，顺利完成从核心家庭到扩大家庭的变化过程。周围的人也会持有这种基本的预期。但对于家中有

---

① 2011 年 11 月 27 日采访笔记。关于"飞车党"的论述，可参见本书第二章第三节。

② 费孝通：《乡土中国，生育制度》，北京大学出版社 1998 年版，第 38 页。

两个或以上儿子的家庭而言，分家则是一件必然要经历的事。

与过去大多要等到父母双方或其中主要的一方（主要是父亲）过世之后才开始分家的方式相比，如今很多家庭都在父母双方依旧健在的时候就开始进入分家过程。分家的时间并非以儿子的结婚为标志，而是在儿子媳妇生下第一个孩子之后。而在具体的方式上，采用的则是 Myron Cohen 称之为"系列分家"（serial division）① 的新模式：已经结婚并生下第一个孩子的儿子可以分走一部分财产，剩下的儿子则与父母共同生活，等到结婚并生下第一个孩子之后，陆续带着相应的家产份额从父母的扩大家庭中分离出去，组成自己的生活空间。

多次的"系列分家"，使得原来包含父母和未婚育儿女所在的家庭形态可能要经历"核心家庭（儿子结婚之前）→主干家庭（长子结婚但未生育）→核心家庭（与已生育的长子分家之后）→主干家庭（次子结婚但未生育）→核心家庭（与已生育的次子分家之后）→……主干家庭（幼子结婚但未生育）→夫妻家庭（全部分家完毕）→单人户（夫妻中有一方去世）"的模式的变化，而年轻夫妇所组成的家庭则要经历从"主干家庭（结婚但未生育）→核心家庭（分家后）"的变化历程。已婚和未嫁的女儿均不参与任何家产的分割。

在学术界的主流观点看来，通常情况下分家的原因要么与儿子的财产继承权有关，要么与家庭的经营利益有关。② 前者认为往往只有通过分家，儿子才能最终实现对家庭财产的所有权，因此分家是大家庭必将出现的结果。③ 后者则认为作为事业经营共同体的家庭会出于理性的经

---

① 阎云翔：《私人生活的变革：一个中国村庄里的爱情、家庭与亲密关系：1949—1999》，龚小夏译，上海书店 2006 年版，第 165 页。

② 李霞：《娘家与婆家——华北农村妇女的生活空间和后台权力》，社会科学文献出版社 2010 年版，第 5—6 页。在本书中，李霞批评了这两种主流观点，并提出了"生活空间说"这一新的解释范式。

③ 如费孝通所言："年轻夫妇如果挑起了家中的大部分劳动重担，而由于经济权集中在老一代手中，青年仍然没有独立的地位时，他们也会产生不满。这将最终迫使父母在逐渐退出劳动过程中，同时放弃他们的权力。"费孝通：《江村经济——中国农民的生活》，商务印书馆 2003 年版，第 77 页。

济策略考虑，在复合家庭与小家庭之间的经营利益相比较之后，作出大家庭统合还是分裂的最终决定。①

然而，这两种方式似乎都不能很好地解释花瑶人分家的理由。一方面，基于普遍较低的经济发展水平，儿子与父母分家并不能获得多大的实际利益，如果再考虑到父母已经为他的婚礼支付了一笔巨大的费用之后更是如此。事实上，通常所有能够从父母那里得到的"财产"，只不过是有限数量的大米、谷物等粮食类作物，以及要不是没有也只有几乎可以忽略不计的一丁点儿现金。所以，财产继承说并非花瑶人分家的根本原因。另一方面，花瑶人除了农业、家庭养殖业和偶尔的盘山打猎之外，基本上并无其他的经济来源。年轻人偶尔会出门打工，但通常除去自己的开支之外便所剩无几，即使稍微有点结余，也自己留着，并不需要交给父母。显然，农业和打猎这类的生产方式似乎更需要成年家户之间的配合和帮助才能完成，而非在两者之间保持分裂状态。因此，经营利益说也难以充分解释花瑶人与父母分家的根本理由。

在实地调查期间，受访的花瑶人总是会告诉我们，对于只有一个儿子的家庭来说，最理想的状态是不分家，除非婆媳之间实在难以相处下去，才不得不考虑分家。而对于有几个儿子的家庭而言，一定会考虑分家，以免几个妯娌间在一起生活时日久了，产生矛盾。按照他们自己的话来说："要是不分家的话，根本就无法。"而这种在当地人中十分盛行的说法提醒着我们，看上去是将儿子分出大家庭的"分家"事件，事实上作为媳妇的女性却扮演了十分重要但相对而言尚未受到充分关注的角色。

就普遍状况而言，承担了"若干社会责任的综合体"② 的婚姻，虽

---

① 如弗里德曼所言："家庭的冲突促成了家庭的分化，但是，分家并不需要产生一个新的包含更大范围的单位。新的家庭的建立，因而也成为新的独立经济单位，并不妨碍这些家户可能继续在经济上以某种方式互相协作。"莫里斯·弗里德曼：《中国东南的宗族组织》，上海人民出版社 2000 年版，第 32 页。

② 何平：《中国传统政治思维探源》，天津人民出版社 2003 年版，第 61 页。从这一意义上说，不但未成年小孩子的地位不受重视，即便是已届成年但尚未娶妻的单身汉，也会被认为是一个"轻飘飘的没有落根的人"而被排除在能够承担起家庭与社会责任的成年人范围之外。殷海光：《近代中国文化的基线》，载张斌峰主编《殷海光文集》（第三卷），湖北人民出版社 2001 年版，第 78 页。

是夫妻双方共同的经历和生活空间，但对于不同性别的人而言却具有完全不同的含义："对男人来说，婚姻标志着他作为所在社区完全成员的身份获得，以及支撑和繁衍他的家庭的责任承担……相反，对女人来说，婚姻标志着一个基本的断裂：离开她出生的家庭、自主性的丧失、来自亲戚朋友支持的丧失，以及在几乎一无所知的婆家的权威下担当起新的繁重责任和任务的假设。"① 一旦出嫁，女性就注定将成为丈夫家庭的成员而与自己的娘家割裂了血缘联系，并作为一个"外姓之人"② 在丈夫的家庭中体会到一种深深的疏离感与焦虑感。因此，甚至连早在两千多年以前就已著就的《礼记》之中，也曾借用曾子所问来转引孔子之言，描述与作为娶方的男方所感受到的愉悦感和满足感相比，作为嫁方的女方则在同时为未来女儿的生活处境陷入了深深的担忧和无尽的相思之苦："嫁女之家，三夜不熄烛，思相离也。"

对于地处边陲之境的花瑶人而言，初看上去这种心境似乎体现得并不像大多数汉人地区一样那么明显。花瑶人在订婚礼和结婚礼举行之后的接连三天，都是两个家庭及其家族之间类似于民族狂欢形式的通宵达旦的对歌和"打滔"，受访的很多人也告诉我们，他们对于自己女儿的出嫁，往往抱有同为儿子娶妻一样的心态，不觉得是失去了心头肉，相反"和男方一样都是很开心的"，从而与很多地方的"哭嫁"现场形成了鲜明的对比。尽管如此，婚后花瑶女子回娘家的频率依旧非常的高，

---

① ［澳］杰华：《都市里的农家女：性别、流动与社会变迁》，吴小英译，江苏人民出版社 2006 年版，第 161 页。

② Patricia Buckley Ebrey: "Women and the Family in Chinese History", London and New York: Routledge, 2003, pp. 1 - 2. 又如杨懋春所言："女孩在父母家里没有什么地位。父母和兄弟可能宠爱她，但她不是这个家庭的永久成员，不能给家庭增添财富。她注定要成为另一家的妻子和媳妇，她将为他们干活，为他们养育孩子。"［美］杨懋春：《一个中国村庄：山东台头》，张雄、沈炜、秦美珠译，江苏人民出版社 2001 年版，第 103 页。而明恩溥则指出："毫无疑问，没有哪个民族比中国人更重视或更成功地维持自身的繁衍。然而，中国人却几乎是唯一一个自诩有古老而发达文明但却轻视自己出嫁女儿的民族。按照传统习俗，嫁出去的女儿不能供奉自己去世的父母。由于这一原因，人们常说，哪怕再出色的女儿也不能等同于一个蹩脚的儿子。中国人自觉和不自觉地表现出对这种观念的赞同，从而表明了这种观念与中国人品质的某种关联。其根源与其他一些观点的根源是统一的，即纯粹的自私。"［美］明恩溥：《中国乡村生活》，午晴、唐军译，时事出版社 1998 年版，第 257 页。

尤其是在没有生下第一个孩子之前更是如此，其待在娘家的时间也不会受到严格的限制。当我们在实地调查期间，就见到了很多虽然已经结婚，但此刻正在娘家"小住"的年轻花瑶女子。即便在更多族内通婚的例子里，事实上她们婚后的居住地离自己的娘家并不远，往往只有几里到几十里的路程，完全可以在一天之内就实现一个来回，但对于花瑶女性而言，待在自己从小长到大的娘家而非新进入的婆家，往往会令刚刚进入正式婚姻生活的她们更加舒服和自在。这种状态提醒着我们要更加注意到，作为女性的她们的内心世界与作为父母和族人的基本心境，二者间也许存在着一些十分微妙的差异。

同汉族的情况类似，从夫居的家庭系统，使得相比较在一生中都与家人和族人相处在一起、从而很容易就能保持其同一性身份的男性花瑶而言，花瑶女性更容易也更多地体验到了来自女性身份的那种不确定性和断裂感。① 除了与丈夫的关系之外，与婆家的其他人保持类似与自己娘家人一样的那种亲密关系似乎并不是短时期内就可以达到的目标，而消解这种不确定性和断裂感的最好方法，显然是与丈夫另立门户，建立一个属于自己生活空间的小家庭，尤其是当家中由于有几个兄弟的存在，因而在主干家庭之下还存在着其他几个核心家庭的时候，这种需要无疑就是更加迫切和可以理解的了。

然而，意图通过分家来建立自己生活空间的媳妇往往并不公开直接表达自己的想法，而往往会采用一种更加隐晦的策略：或者对公婆关于家庭事务的安排阳奉阴违、消极怠工，或者回娘家之后便长时间地住下来不愿回去；当然，经由某件小事与公婆和家庭其他成员发生争执，然后一怒之下甩手而去、理直气壮地住在娘家不回来的情况偶尔也会发生。不管从哪个角度看上去，这些并不公开对抗和挑战家长权威的做法

---

① 正如有学者所指出的一样："脆弱性（fragility）、无常性（impermanence）和含糊性（ambiguity）——这些带有消极含义的词语似乎与女性联系更多而并非与男性相关。在像中国这样的父系的、从夫居的社会中，女性总是比男性更多的与断裂性（discontinuity）联系在一起。"Patricia Buckley Ebrey："Women and the Family in Chinese History"，London and New York：Routledge，2003，p. 21.

171

都非常类似于斯科特所说的"弱者的武器",① 形式微弱，但却往往能够产生预期的效力。

此时丈夫们的作为通常也有迹可寻：在前一种情况下，年轻的丈夫往往会尽量在妻子和父母发生争执时保持形式上的中立态度，或者干脆置身事外；在后一种情况下他则要去岳父母家劝说妻子回来，但往往也不能取得明显的效果。有经验的父母就知道这是要求分家的信号，除了安排相关事宜别无他法。而且，在父母和外人的眼中，他也显然是向着妻子一方的。而在实地调查期间，每当被问到是否从心里支持自己妻子的分家要求时，年轻的花瑶男子总是腼腆地笑一笑，不作直接的回答。但如果换一种更加巧妙的问法，即把事件的当事人换作其他他们所熟悉的人而不是他们自己的时候，答案反倒非常鲜明和肯定了。所以实际上有理由认为，丈夫们在是否分家的问题上也有与妻子一致的动力和愿望，因为分家实现了其对个人自由权的要求和向往，② 只不过看上去妻子往往充当了"主要推手"③ 而已。

---

① 如斯科特就在针对农民反抗问题的研究中指出对于这些看上去不上台面的反抗形式进行研究的重要性："我认为农民反抗的研究重点被误置了。理解那些我们可以称之为农民反抗的日常形式——平常的却持续不断的农民与从他们那里索取超量的劳动、食物、税收、租金和利益的那些人之间的争斗——要重得多。这种斗争的多数形式避免了集体性直接挑衅的弊端。这里我所能想到的无权群体的日常武器包括：行动拖沓，假装糊涂，虚假顺从，小偷小摸，装傻卖呆，诽谤，纵火，破坏，等等。这些布莱希特式的阶级斗争具有共同特点，他们几乎不需要协调或计划，他们通常表现为一种个体的自助形式，避免直接地、象征性地与官方或精英制定的规范相对抗。了解这些平凡的反抗形式就是理解大多数农民尽其所能为维护自身利益而进行的'经常性反抗'。如同以前对农民反抗的研究一样，如果将'弱者的武器'过度浪漫化会导致很大的失误。它们仅仅能对各种剥削农民的方式产生边缘性影响。而且，这些武器也并非为农民所专有，人们在观察中不难发现，官员和地主也经常抵制和破坏那些于己不利的国家政策。"〔美〕詹姆斯·斯科特：《弱者的武器》，郑广怀、张敏、何江穗译，凤凰出版传媒集团、译林出版社 2007 年版，第 35 页。

② "分家促进了个人自主权的增强，这如今是中国人追求的一个合法目标，它尤其为年轻人所推崇。青年男子不再仅仅依靠由其父亲控制的资源……通过迫切要求分家甚至在分家之前到娘家逗留较长时间，青年妇女通常可以缓解婆媳之间的紧张关系。"〔加〕朱爱岚：《中国北方村落的社会性别与权力》，胡玉坤译，江苏人民出版社 2004 年版，第 140 页。

③ 李霞：《娘家与婆家——华北农村妇女的生活空间和后台权力》，社会科学文献出版社 2010 年版，第 8 页。

在对台湾社会进行观察时，沃尔夫曾经创造性地提出了"母亲中心家庭"（uterine family）①的概念，从对女性自身情感需求的关注入手，改写了认识中国亲属制度的思路和方法。在她看来，"处于这种关系中的妇女毫无保留地为她们自己后代的家庭做贡献，尽管这在某种程度上背离了父系制模型。妇女养育儿子，以图老有所养。她们保护其各自母亲中心家庭的利益，以对抗同一户中其他妇女的母亲中心家庭的诉求。她们依赖同儿子的联系，胜过同她们丈夫的联系。在创造和巩固以她们自己为中心的母亲中心家庭过程中，她们使其丈夫被边缘化了。此外，她们同其媳妇竞争，以赢得其儿子的忠诚"。②对于花瑶人而言，这一概念同样具有很强的解释力。由花瑶女性所主导的分家，往往也可以被看作是她们力图建立以自己为中心的"母亲中心家庭"和生活空间的努力结果。

通过分家的方式，年轻夫妻建立起来的新核心家庭，从形式上与之前以父母为决策中心的主干家庭分离开来，形成了两个相对独立的实体。但依旧会有一些非常现实的需要会将它与原来的家庭（尤其是家庭中的女性）重新联系在一起。而最为普遍的需要，往往来自于对孩子的照料和照顾。

在花瑶人家的孩子将要出生之前，娘家母亲往往要前来女儿家，为她送上一碗"催生饭"，同行的还有他们专门请来"瘪饭"的巴梅，以便保佑女儿和即将出生的外孙一切平安。但孩子出生之后，娘家母亲不需承担照顾女儿月子的责任，事实上当地的习俗也不接受这种做法，否则的话就会被认为是她们嫌弃婆家对待自己女儿不好的标志。因此，奶奶被看作是照顾媳妇坐月子和刚出生的孙子的不二人选，甚至也是她的

---

① 沃尔夫在针对台湾家庭进行研究后所提出的这一概念，被认为对于了解中国家庭制度具有十分深远的影响力："母亲中心家庭的概念是当代思索中国亲属制度的一个主要因素，也是有关中国的人类学研究对中国学（参见约翰逊，1983）与人类学其他分支（参见兰菲尔，1974）贡献出的最有影响力的概念之一。"［加］朱爱岚：《中国北方村落的社会性别与权力》，胡玉坤译，江苏人民出版社2004年版，第147页。

② ［加］朱爱岚：《中国北方村落的社会性别与权力》，胡玉坤译，江苏人民出版社2004年版，第147页。

义务所在。①

对于年轻夫妇而言，在孩子出生之后和分家之前的这段日子里，奶奶对孩子的照顾是理所当然和非常方便的。但分家之后，从理论上而言她就不再必须承担照料孙子的义务了。然而她们无疑仍旧希望能够从外界获得帮助，在这种情况下，奶奶和外婆将是最合适的人选。但由于居住地相对而言更加接近和便利，而且普遍的文化心理也更加倾向将其归于父系一方的缘故，所以奶奶较之于外婆仍将是第一优先的选择。在实地调查中，除了自己之外，由外婆来照顾外孙的例子只有一个，其余的则都是由奶奶（以及爷爷）来承担这一职责。

绝大多数受到邀请的奶奶（以及爷爷）都会很乐意地接受这桩差事。不管是采取重新合灶、还是依旧各自开餐的方式，通过孙子，她们可以顺理成章地与已经从自己的家庭中分离出去的儿子、媳妇产生更多的生活交会。同时，这也可以被看作是更好地建立代际关系，使之朝向良性化发展的途径之一。② 而当考虑到花瑶地区尚未建立任何成熟的公共养老体系、在可见的将来，家庭仍将是养老的主要场所的时候，这种代际关系就尤其显得重要了。③

---

① 如果单独就这一点而言，中国的女性比欧洲的妇女而言确实具有更加明显的"优势"："中国农家妇女由于比欧洲妇女更可能生活在扩大家庭中，所以能够更容易地得到老人对孩子的免费照料……欧洲农家妇女较少有这类机会，也远不像中国妇女那样可以理直气壮地声称她们的婆婆帮助照料孩子是一件理所当然的事。而把孩子交给非亲属照管则既浪费钱财又（在某些时期）受人指责。"［美］彭慕兰：《大分流：欧洲、中国及现代世界经济的发展》，史建云译，江苏人民出版社2004年版，第91页。

② 当然，照料孙子并不一定意味着必然会增进婆媳之间的感情。如一位花瑶女性就说，虽然目前是由奶奶帮忙照料孙子，但她与婆婆的关系比较一般。考虑到婆媳之间普遍存在的情感隔阂，这种解释也可以说得通，但至少在未来她的婆婆需要照顾的时候，她这段时期的付出会获得一定的回报。2011年11月25日虎形山乡采访笔记。

③ 阎云翔也曾提出养老危机的存在，很大程度上是因为"父母权威的倒塌导致了一种我称之为'父母身份的非神圣化'的后果。没有了传统宗族体制与宗教信念和仪式的支持，所谓父母之恩的观念开始被削弱，上下两代人的关系变得更加理性，更具自我利益的意识。结果，父母再也没有天然的权利要求儿女报答养育之恩，两代人之间变成了一种日常生活中的交换关系。父母子女关系的基础一旦从道德转移到物质上，老人的地位甚至在伦理意义上也被削弱了。"阎云翔：《私人生活的变革：一个中国村庄里的爱情、家庭与亲密关系：1949—1999》，龚小夏译，上海书店2006年版，第207页。

花瑶人通过与原来以父母为核心的主干家庭分家之后所成立的新的核心家庭，若单独就结构和功能而言，无疑比以前更加紧凑和富有效力了。而对于这一新核心家庭而言，作为丈夫的男性和作为妻子的女性之间的权力分工和亲属网络建立，又将逐渐凸显为一个有意思的新话题。

五　双系制度：性别与权力

就通常意义而言，从夫居的居住方式，往往会对女性的生存空间和生活权力带来相对不利的影响，从而"成为日常乡土生活的社会性别化政治（gendered politics）的决定性因素"。[①] 然而，花瑶民族从夫而居的生活状态，却并不必然导致女性在两性的力量对比中失去地位。

从大家庭中分家之后形成的核心家庭，权力中心自然也从原来的长辈那里转移到了年轻夫妻的手中，但究竟将在二者间如何分配，依旧是一个并不明朗的问题。在田野调查期间，每当问到花瑶人"家里的事情由谁来做主"这一问题的时候，我们通常会在同一对夫妻那里听到多少有些矛盾的答案。妻子倾向于把家中的权威说成是自己的丈夫："家里男人说了算，男人厉害些"；偶尔也会有人说是"双方商量着来"；而男性则习惯于回答："尊重对方的意见，两口子商量着来"，只有在极少数的情况下才会说是"自己做主"。男女双方都没有人说过在自己的家中是女性在当家。然而就笔者的观察所言，真实的状况并不能仅仅依靠他们的上述回答作出判断。

通常来说，花瑶人家的男性主要负责完成地里的农活，而女性的职责则是照顾孩子和打理家务，除此之外也要协助丈夫完成地里的农活。但事实上，女性下地干活的比例非常高，工作量也相当大，尤其在农忙季节更是如此。而对于那些外出打工的男性而言，家里的农活则毫无疑问全部是靠自己的妻子才能完成的。[②] 农业之外的其他副业则出现了相

---

① ［加］朱爱岚：《中国北方村落的社会性别与权力》，胡玉坤译，江苏人民出版社2004年版，第46页。

② 如常年在外当包工头的奉文诗就向我们说到，家里的农活都是由他的妻子来完成的。2011年11月25日采访笔记。

当突出的"女性化倾向",每到当地的主要经济作物——金银花成熟的农历七八月份,花瑶女性往往或者在自家的地里忙碌,或者受聘于周边的汉族人来协助完成采摘的任务,人工费用大概在七、八十元一天,算起来在一两个月中也可以赚取一笔并不低廉的帮工费用。除此之外,还有一项收入则是男性完全不可能获得的。有余暇的花瑶男性通常喜欢用喝酒和打牌来打发日子,但女性(尤其是年纪稍长一点的)则往往会聚在一起挑花刺绣。由于如今大多数年轻的花瑶女子都不再学习如何制作挑花裙了,而婚礼上象征着本民族特色的挑花裙又是男方送给女方的必备彩礼,所以原本只是一家一户用于自己穿着的挑花裙逐渐成了可以赚钱的抢手货,再加上旅游开发政策的实施,使得每条挑花裙具有了1000—2000元左右不等的市场价值,而且往往还供不应求,这也就成为了这些勤奋的花瑶女性用自己的双手来获取经济收益的一个重要来源。

因此,就花瑶民族的生产状况而言,不仅女性在劳动中的实际作用并不低,而且由于她们在农业、采摘业和刺绣上的劳动力价值可以最终转化为能够计算的货币收入,所以她们对家中的经济贡献显然是可视的。不管夫妻双方是否会在表面上承认,但这一贡献的可视化无疑会增强作为妻子的女性在家庭内部说话的分量和决策权。①

---

① 这一结论也与韩敏对于皖北李村的观察基本一致。在李村,"妇女们对家里开销预算的决策权也随着她们对家庭经济的贡献有所增加。在现在的家庭里,钱怎么花是夫妻俩商量的事,需要双方协商后来做决定。家庭收入的管理和支付已不再像过去那样是由父权家长一人决定。现在的已婚妇女在家里说话具有相当的影响力。甚至有许多人说,现在是妇女当家"。参见韩敏《回应革命与改革——皖北李村的社会变迁与延续》,陆益龙、徐新玉译,凤凰出版传媒集团、江苏人民出版社2007年版,第185—188页。而杰华对于打工妹的研究则指出了年轻女性在乡村经济中的边缘化地位,也从另一个层面印证了这种现象:"土地的短缺和以年龄和性别为基础的劳动分工如此明显,以至于妇女们经常发现对她们来说没有机会挣得一份收入……照看孩子和做家务因为没有带来一份收入,所以在中国农村被低估了存在的价值,它们不被视为'工作',而被看成'什么都不是'(Jacka 1997,101—119)。因此'没事干'这个词不仅意味着伴随这项工作的枯燥和厌倦感,而且也意味着与之相伴的无意义感。"[澳]杰华:《都市里的农家女:性别、流动与社会变迁》,吴小英译,江苏人民出版社2006年版,第137页。

如果要追溯到更为久远的过去，花瑶女性在家中所处的地位，也与历史上整个民族的生存状况有关。常年奔徙的生活状态，使得女性的活动空间和生存区域更多体现在远离"内闱"①的外界，就这一点而言，她们与花瑶男性并无差异，却与深受儒家教化影响的其他地区的汉族女性形成鲜明的对照。其主要的工作，也更多地表现为可量化和可视的农业生产，而非看不见成效的家务劳动。如一位已经退休的花瑶教师沈诗昌老人就不仅向我们公开承认了这一点，甚至还援引历史，用"十天盘山（指打猎）九天空，一天顶得九个工"②这句老谚语来说明，即便是在过去花瑶男性以狩猎为主要生产生活方式的情况下，女性所从事的农业生产也对家庭具有更高、更加稳定的价值，因此也享有很高的家庭地位。除此之外，战争和狩猎的需要，也使得各个姓氏和家庭之间的结盟的重要性得以凸显。花瑶女性作为联系娘家姻亲的重要媒介，自然也在双方的家庭生活中获得了一席之地，随之而来的，则是对更具公共色彩的相关事务的发言权与处置权。

　　关于花瑶女性在家庭内部地位和影响力很高的一个非常极端的例子，是在当地瑶汉两族人中共同听到的这样一个故事：丈夫在外打零工挣了四百元，回家后把其中的三百元交给了妻子，自己私自截留了剩下的一百元。妻子为了从丈夫手中要回这一百元，和他争吵了很久，最后要挟说如果丈夫仍旧不把钱交给自己的话，就喝农药自杀。没想到丈夫反倒从妻子手中夺过农药，说道："与其你死了家里没人管，还不如我死了算了。"然后一饮而尽。不知出于什么原因，妻子直到一个小时之后才对外呼救，但由于已经耽搁太久，丈夫并没有被抢救过来。事后，丈夫的家人并未诉诸法律的解决途径，而是与妻子私下里达成协议，规定不报官的唯一条件就是她一定要把他们二人的小孩养大，送去读书和娶媳妇就行。而这个不同寻常的例子至少告诉我们的一点是，这个家庭

---

　　① ［美］伊沛霞：《内闱——宋代的婚姻和妇女生活》，胡志宏译，江苏人民出版社2004年版。

　　② 2004年10月5日虎形山乡崇木凼村采访笔录。

的经济权和管理权实际上更大程度地掌握在妻子而不是丈夫的手中。

尽管如此，花瑶女性在对待自己在家中地位和作用上的谦虚保守的态度和外在表现，看上去似乎依旧与很多汉族地区的女性并无差异。受布迪厄"实践论"的影响，① 学术界往往习惯于用"正式的决策权"和"经验性的决策权"来指称男性和女性在家庭事务中的权力："由于丈夫在家里的决策权是正式的、被文化规范认可的，而妇女的家庭决策权是经验性的，这使妇女在行使其决策权时表现出一些独特的方式和策略……妻子在家庭事务中的决策实践往往是通过男性权威的形式获得合法化的。在家庭的各项事务中，丈夫具有的是公开的、象征性的最后确认权；而妻子的权力是现实性和经验性的……这种权力是在家庭事务的具体操持过程中'私下'（当然最后要经过丈夫确认）行使的。"② 换言之，只有在男性的正式权力的掩饰之下，女性的现实权力才能获得生存的空间并发挥出效力，并体现为一种"和谐的不平等"。③ 然而，仔细分析起来，与汉族女性相比，花瑶民族的婚姻生活毕竟还呈现出了另外一种多少有些差异的表现形式，一种似乎可以称之为"双系制度"的权力结构。④

在日复一日的乡村生活中，因经济困难或类似于盖房、举办婚礼、

---

① ［法］皮埃尔·布迪厄:《实践感》，蒋梓骅译，译林出版社2003年版。

② 李霞:《娘家与婆家——华北农村妇女的生活空间和后台权力》，社会科学文献出版社2010年版，第151—153页。

③ "两性之间不均等的平衡亦即所谓'和谐的不平等'，是一种已经约定俗成的不平等，问题是社会使这种不平等不仅成为风俗而且已经是习惯，是个体社会习俗的一部分。社会习俗所施加的约束已经很大程度上成为第二天性，因此成了自我约束。"［法］诺贝特·埃利亚斯著，斯蒂芬·门内尔、约翰·古德斯布洛姆编:《论文明、权力与知识——诺贝特·埃利亚斯文选》，刘佳林译，南京大学出版社2005年版，第175页。

④ 无独有偶，在学界对城市家庭的研究中，发现这种双系制度表现得更加明显。如李建生就在人类学研究的基础上指出，上个世纪50年代以来，"父权文化在中国城市发生了巨大改变并产生了新的社会组织形式……父亲世系已过渡演化为双亲世系……更为重要的是，中国亲属的合作模式已由最初的以父系为重点转移到双系，更准确地讲，以姻亲为重点。换而言之，姻亲关系比血亲关系更重要，当今的城市亲属系统看上去更像姻亲、双系系统。"李建生:《家庭、亲属、商务:城市妇女的推动作用——从人类学角度对一中国城市进行实例分析》，李小江、朱虹、董秀玉主编:《主流与边缘》，生活·读书·新知三联书店1999年版，第130—151页。

农忙等其他各类实际需要而不得不对外求助，无疑是经常会发生的事情。在这种情况之下，花瑶人并非所有的事务一定都要由代表家长的男性出面，而是按照亲属关系的远近首先分为谁家的亲戚，然后再来决定该由妻子还是丈夫出面。来自妻子一方的姻亲网络作为经济危机发生时的"减震器"，^① 往往能够给予强有力的支援，而女性因此扩大和加强其在家庭中的地位，也是一件非常容易理解和接受的事。基于"一个人与邻居、亲戚、朋友的家庭关系网常是他们与公共领域打交道的资源"，^② 可以说，花瑶人中作为妻子的女性和作为丈夫的男性，同样在构建能够促进家庭发展的不同的公共领域，尽管在此过程中他们往往体现为两股并不一致的权力力量。这一点显然与许多汉族家庭有所差异，在后者那里，借贷、帮工这类更具公共特征的事务，通常都由家里的家长——男性说了算。

姻亲关系对于花瑶人的现实重要性及其得以体现的方式，提醒着我们要注意在表面上以男性为核心的权力关系之下，也许还有一个"双系制度"的存在。而当我们进一步了解到花瑶人在标志着亲属关系远近的礼物交换过程中，作为妻子的女性和作为丈夫的男性所各自扮演的角色时，这个"双系制度"体系就更加明显了。^③

当问到在分家之后的对外交往中，应当由谁来决定标识人情薄厚和关系远近的礼物数额、方式、频率等问题时，花瑶人的答案多少有些令我们吃惊。按照上文所引学界对于两种不同权力的区分，再考虑到他们经济发展水平普遍较低的现实状况，笔者以为，花瑶人理所当然的回答应该会指向拥有"正式决定权"的男性，而其背后隐含的

① ［美］詹姆斯·斯科特：《农民的道义经济学：东南亚的反叛与生存》，程立显、刘建等译，译林出版社 2001 年版，第 34 页。

② 杨美惠：《礼物、关系学与国家：中国人际关系与主体性建构》，赵旭东、孙珉译，江苏人民出版社 2009 年版，第 75 页。

③ 正如学界已经指出的那样，事实上在研究家庭内部权力制度时，核心家庭和亲戚（更广义上讲，能够说明问题的其他人）之间接触的频繁程度这一"活动网络（结构）"将决定夫妻各自的资源水平、行为态度及其权力比较。参见（法）让·凯勒阿尔.P.－Y. 特鲁多、E. 拉泽加：《家庭微观社会学》，顾西兰译，商务印书馆 1998 年版，第 62—63 页。

实质性结果很有可能是：妻子由于日常的实践操作而有很大的发言权，但事实上我们获得的答案无一例外都是："这取决于是给哪一方送礼物。如果是丈夫的亲戚，由丈夫说了算。如果是妻子的亲戚，则由妻子说了算。"

由于对这一答案感到有些意外，后来笔者又换了另外一种问法，问道："在与人交往的过程中，丈夫和妻子谁来决定要什么时候走亲访友、带什么样的'人情'和采取什么方式来保持关系？""人情"是当地的习语，指的就是各种意义上的礼金和礼物等。然而答案依旧是"这取决于是谁的亲戚关系"。而且非常值得一提的是，由于事先已经考虑到这个问题可能会使女性敏锐地感受到其中的权力陷阱而本能地去隐瞒自己的价值和作用，笔者刻意找了一些男性作为提问的对象。但为了印证这种说法，笔者事后又专门就相同的问题提问了女性，依旧得到了基本相似的答案。

事实上，这是一个很有意思的回答。看上去花瑶的男性和女性都毫不讳言在处理家常事务的过程中，其实存在着两股并不完全一致的权力中心，而这个划分，就是以夫妻两人的性别和其背后的亲属网络为基本标识的。这与需要通过巧妙地掩饰、不伤及男性成员的面子才能在父权体系之中实现女性权力的"正式化之策略"（officializing strategies）[1]，从而保障女性的"表述的能动性"[2] 的汉族多少有些差异。在这些汉人地区，往往是看上去更加柔弱的女性，而非作为公共事务处理者的男性，才是礼物的准备者和支配者、授予者和接收者。通过与娘家、婆家和丈夫村里的亲属进行礼物交换，她们在沟通家庭间情感联系的同时也维系了一种稳定的社会纽带，支持并保存着家庭、亲属和姻亲等各类亲属关系，由之产生了一种具有柔和力量的"母系化"的亲属关系，与

---

[1] Bourdieu, Pierre：Outline of a Theory of Practice. Cambridge University Press, 1977, p. 41.

[2] ［加］朱爱岚：《中国北方村落的社会性别与权力》，胡玉坤译，江苏人民出版社2004 年版，第 175 页。

更为正式和阳刚化的男性亲属关系的对比。[①]

花瑶人由夫妻双方各自来处理与自家有关的礼物交换，而不是在男性的正式权力之下由女性实际实施的事例，绝不应当仅仅看作是一件并无任何重大意义的琐碎小事，相反，其背后蕴涵的则是男女双方各自拥有的亲属结构资源与权力分配。[②] 李霞曾经提出过一个女性亲属关系在娘家与婆家之间结合的"双头型网络"概念，[③] 但这一概念在运用于解释花瑶女性的权力模型时，似乎并不是那么的契合。由于花瑶女性更多处理的是与娘家有关的往来事务，与婆家有关的事务则习惯于交由自己的丈夫来处理，因此，花瑶人的亲属网络的构建是由两个性别来分别完

---

① 不仅在汉人地区，甚至在其他国家和民族都存在着类似的状况，如杨美惠所言："在非洲汤加族里，一个已婚妇女嫁入丈夫村里成为保持三种血缘关系的联系者：与她娘家、与丈夫家，即丈夫村子里的亲属的关系（Van Velsen，1964：53—55）。马来人的农民妇女也是在保持家与社会之间的纽带中起着关键的作用，例如，通过交换自制食物、节日备品、相互看护小孩（Ong，1987：96）。爱伦·朱德（Allen Judd）指出在中国北部农村，已婚妇女同娘家和娘家村保持紧密的联系（1989）。在温州龙船赛中，农村妇女通过她们礼物的传递，既是给者也是受者，还是传递者……在送礼中，这种妇女的层面同福忒斯（Fortes）在特勒斯人中的发现是一致的，即在不同谱系和宗族的人们中，那些随机的父系单位之间和个人之间的亲属关系通常是'母系化'的，他们通过与母亲或姐妹联结起来，而那些将人们固定在一个父系团体关系群众的关系则是男性化的（1949）。"杨美惠：《礼物、关系学与国家：中国人际关系与主体性建构》，赵旭东、孙珉译，江苏人民出版社 2009 年版，第 268—273 页。

② 如阎云翔就曾指出礼物交换对于中国社会研究的重要意义在于如下几点：有助于理解礼物馈赠和其他互惠交换在人际关系的维持、再生产和改造中的角色；个人可以通过礼物交换实践学会如何与人交往，研究礼物交换还可以了解中国文化的核心特点；在当下，礼物交换仍旧是经济和政治生活中一种重要的交换方式，既是国家再分配体系的一部分，又是市场商品体系的一部分。参见阎云翔《礼物的流动——一个中国村庄中的互惠原则与社会网络》，李放春、刘瑜译，上海人民出版社 2000 年版，第 14—15 页。

③ 李霞在自己的书中曾经提出了一个女性亲属关系"双头型网络"的概念，认为"如果说男性的亲属关系网络是以父系关系为主干的树状网络，那么女性的亲属关系框架则是以自己婚后家庭为中心所连接起娘家和婆家的'双头'型网络。与娘家和婆家两个亲属群体的关系始终构成妇女最基本的亲属关系。这种亲属关系结构既决定了妇女一生中所必须经历的从'娘家人'到'婆家人'的转换，也决定了她身份归属不同于男性的独特之处：妇女在娘家和婆家两个群体中都不具有完全成员资格，但同时又具有一定的双重归属性。这种双边关系构成女性所有亲属实践的结构性背景。它一方面使女性在实践中受到结构上的限制，较之男性，她不具有很多正式的权利和义务；但另一方面，在这种双边关系中的模糊地位，又使女性的实践活动具有双边的资源和更大的自主空间。"李霞：《娘家与婆家——华北农村妇女的生活空间和后台权力》，社会科学文献出版社 2010 年版，第 22 页。

成并最终组合在一起的。从这个意义上说，女性并非家庭权力的更具实践意义的主体，也不是隐藏在男性背后的力量，男性也并非更具正式权力的台前力量，而是夫妻双方一起，以公开、明朗的方式最终决定着亲属关系的整体格局。他们彼此双方并不完全一致的权力在家庭中的存在，则都是被外界所普遍接受并公开认可的。

六　奉若华的故事：重新审视国家的 "入场"与传统的"在场"

在所有我们遇到过的花瑶女性中间，尤其是年长的一辈人中间，奉若华是最健谈的一位，也是经历最富离奇色彩的一位。与需要笔者不断地交谈、询问和长时间相处才能打开话匣子的大多数花瑶女性明显不同，她在笔者没有任何计划和预期的情况下，就积极主动地开始向笔者讲述自己的故事，并总是主导和推动着谈话的内容与进程，时时辅之以爽朗的笑声或大声的叹息。笔者之所以决定把她的故事单独写下来，不仅是因为这是一段非常值得记录的经历，而且还因为在她的身上，映衬着花瑶女性在新中国成立之后所经历的政治与社会变迁，也体现着在官方话语中日渐失势的父权制依旧能以各种方式默默施加给女性的现实影响力。她成了一直以来保持沉默的花瑶女性对外的发声。

奉若华是民国三十一年（1942）生人，由于年纪小，所以谈起民国时期的生活来，并没有留下什么特别的印象。到她七岁时，新中国成立，之后没多久就是整个瑶山的解放和政权转换了。她还有一个弟弟和一个妹妹，论说家境，她家在花瑶人中应当算是比较好的，而且父母很开明，她虽然是个女儿，但也很为父母所器重，可以一直读书读到初中毕业。初中文凭在当时的瑶族和汉族中间，无论男女都算得上是比较高的学历了。由于成绩一直不错，她自己其实很想要继续读高中，但在父亲看来，一个女孩子初中毕业早就已经足够了，而且又是瑶族，"喝那么多的墨水，只怕以后连婆家都难找"。拗不过父亲的若华只好不得不终止了学业。

停学后很长时间无事可干，若华只好每日牵着家里的老牛上山放牧，打发时日。但她的运气还算不错，没过多久就被政府安排在当地邮电所当送信员，理由是她的学历和文化水平完全能够胜任这项工作。此后，若华算是有了一份正式的工作，也变成了一个令人羡慕的"公家人"。又没过多久，当地一个很有影响力的干部说道："瑶山这么大，道路又不通，送信员的工作对于一个女孩子来说有点太辛苦了。"于是他对上级部门说了一些好话，之后幸运的若华就又被调往镇上的供销社工作。对于一个女孩子来说，显然后者是比前者更加理想和舒适的工作，此后她再也不用背着一个大大的邮包上山下坡、经受日晒雨淋之苦了。

看样子若华在工作上的表现确实非常突出，因此，没过多久她就又被调到了小沙江镇的区公所工作。由于工作的缘故，她与外界有了更多的接触，并与一个在县城里工作的汉族干部有着很不错的关系，两人甚至产生了谈婚论嫁、结为夫妻的念头。两人各自工作单位的领导也同意了这桩婚事，但没有预料到的是，对未来充满预期的一对年轻人却遇到了一个无法逾越的障碍。

奉若华所在的家族奉姓，是花瑶八个姓氏中的大姓，在当地有很大的影响力。得知若华的情况后，奉氏族里的两位男性成员以"瑶汉不许通婚"的历代禁令为由，禁止若华继续与那位汉族年轻人交往。若是论辈分排行的话，他们二人与若华属于同一辈分、同一级别；但如果论地位，若华与他们之间却有着很大的悬殊。当时他们两位在政府工作，在虎形山的花瑶人中享有很高的地位和声望，甚至可以被看作是"瑶王"级别的人物。心有不甘的若华自然提出了严重抗议，声称新中国的《婚姻法》是保障个人婚姻自由的，[①] 但他们依旧援引族法族规和历史惯例，要挟说如果她仍然一意孤行的话，那就只好组织众人召开通

① 1950 年颁布的《婚姻法》第一条就规定要"废除包办强迫、男尊女卑、漠视子女利益的封建主义婚姻制度。实行男女婚姻自由、一夫一妻、男女权利平等、保护妇女和子女合法利益的新民主主义婚姻制度"。

族会，开除她的瑶籍，干脆从此以后当作汉人算了。对于身为花瑶人的若华而言，这当然是一个非常具有威慑力和杀伤力的警告，预示着她将与自己的父母、亲戚、朋友和生于斯长于斯的瑶山在肉体与精神上双重隔离。最后，顶不住这种强大压力的若华只好与那位汉族青年断绝了关系。当时是1961年的冬天。

讲到这里若华叹了口气，说道："其实'瑶汉不通婚'的禁令能不能打破，在每个地方每个姓氏中间情况也不一样，要取决于这个地方的人是不是比较开通。还是在国民党的时期，回家湾的女子就有嫁给汉族的。回家湾的瑶族就没有其他地方的瑶族那么固执。"她所说的其他地方，当然是有所指的。而她自己后来生了四个女儿，其中就有三个嫁给了汉族。

之后，另外一位魁梧英俊的花瑶男子回云龙逐渐走进了奉若华的生活，两人开始陷入了恋爱过程。回云龙在花瑶人中也是响当当的人物，不仅是因为回家湾的"回家五兄弟"有家传的武学渊源，武艺高强，哥哥回云省还是出了名的单手夹死过一只豹子的"打豹英雄"，而且还因为他们五兄弟就是1958年发生在政府与花瑶人中间的那场有名的回家湾"保树运动"的主角。① 当时，县政府要求花瑶人砍伐古树大炼钢铁，但因为古树既是祖宗的埋骨之地，又是地方风水的象征之地，所以他们坚决反对这一决定，还仗着自己武艺高强，集合众人将县政府派来砍伐古树的一帮人团团围住，并将带头的人绑了起来，架在火上烤，并把后者烤伤了。可以想见，政府对于这一激烈的对抗行为是何等的震惊和愠怒，特意紧急从司门前调来了一百多名解放军，与当地的民兵一道，半夜荷枪实弹地摸进了村里，在床上将几兄弟给逮捕了，五花大绑送到县城，此后回云龙和哥哥回云省等人工作丢了不算，还各自蹲了三、四年的监狱。失去了保护人之后的古树，自然也一朝尽毁。

在20世纪五六十年代，正值政治优先的年代，判过刑、坐过牢，

---

① 另一场"保树运动"发生在虎形山乡的崇木凼村，具体故事及结果可参见本书第一章第六节。

在官方的眼中，无疑就等于是"人民的敌人"了。若华与"人民的敌人"谈恋爱，自然也就招致了不少人的反对。如区公所的领导就多次向她表达了不满意见，乡长和乡党委书记甚至就这个问题专门与她谈判了一天一夜。但倔强的若华均不为所动。她的父母最初也非常反对自己的女儿与这个有"历史问题"的青年继续交往，后来却不得不逐渐改变主意，一个重要的原因就在于，花瑶人众所周知，除了武艺高强之外，回姓家族在历史上就非常精于"瘘瓶"之法，而回云龙本人还是一位远近闻名的"巴梅"。因此，她的父母担心要是拒绝了若华与他交往的话，他会施用瘘瓶中专门用于报复和害人的"斩草"之术对自己的女儿和家族造成损害。到 1962 年时，历经周折的奉若华与回云龙终于结成了夫妻。

奉若华虽然按照自己的心意终于与回云龙结婚，但受到他的政治问题牵连，最终还是丢了工作，双双离开了区公所。夫妻二人此后只好以务农为生。提到那时候的生活，他们都用了同一个"苦"字来概括。没有一点活钱，分来的那点粮食仅够糊口。而当若华怀孕之后，照样还要像以前一样上山出工，虽然劳动的强度和力度都和之前并无二致，但挣的工分却比男人要低。忙完公家的工作之后一身疲惫地回到自己家，还要烧火做饭、煮猪食、割牛草、喂鸡养鸭。再一看柴火烧完了，还得赶紧上山砍柴。

奉若华总共生了两男四女。第一个孩子是请懂得草药的奶妈在家里帮忙接生的，[①] 以后的几胎，回云龙记得是从村里请了经过培训的汉族接生员来帮忙接生的，但若华则坚持说因为自己已经有了经验，就没有再请人帮忙，都是自己给自己接生的。之后，大一点的哥哥姐姐就可以

---

① 有人倾向于将这种接生技术视为"缺乏科学验证的，存在很大的盲目性"。[杨卫玲：《湘南瑶族村落妇女生育健康中的公共卫生服务》，载《云南民族大学学报》（哲学社会科学版）2010 年第 6 期。] 但很多花瑶人都习惯于用这种方式，而且在她们看来，这些本土的接生员在很多情况下都更加富有经验和有能力，能够"将胎位不正的孩子也接生出来"。因此，站在现代生育技术和科技手段辅助立场上而导致的对于本土接生办法的歧视性评价，提醒我们去注意其中含有的霸权意识和特权心态。

帮忙照顾弟弟妹妹了，一个拉扯一个。按照花瑶人的习俗，每次生育之后也是要坐月子调养一个月，但由于公公婆婆去世很早，没有人帮忙照顾小孩，所以实际上并没有完整地享受过这种待遇，即便在月子里也要做少量的轻活。而在她的口中，还有一些花瑶妇女更加悲惨，因为无法从婆婆或者娘家那里获得帮助，她们只好自己生、自己剪脐带、自己给孩子洗澡，然后还要自己从床上爬起来做饭吃。有的则是在山上干活，干着干着要生产了，就地躺下，生下孩子再抱回家。

由于没有避孕的方法，怀孕的次数是完全没有办法控制的。但是说到自我的感受，则与过去的老人有许多不同。当时响应政府的号召，觉得多生孩子是种荣耀，是为国家和人民服务，虽然被政府开除公职了，还是可以用这种方式给国家多做贡献。但后来发现孩子虽然多，别人反倒瞧不起自己，老是受人骂，因为家里人多，口粮要的也多。而让若华尤其气愤的是，在她们家永远都吃不饱肚子的情况下，当干部的大队长、小组长，则不管家里人口多少，都可以分到似乎永远都吃不完的粮食。不能忍受这种不公的若华曾经找他们去理论，要求多给自家分一点，却被后者无情地拉去大队，当作反对政府工作的"典型"批斗。幸亏原来在区公所工作的上司得知了这一消息，批评了队里的干部，保护了她，并将她安然送回家。这时一直在一旁听着的云龙插了一句话说："真要说辛苦的话，我们也还不算。解放前的人们才算，真是吃了一辈子的苦，但我们这一代人，老了老了还是享了晚福了。而且现在要比毛泽东那个时代舒服多了，那时候老人要是不干活的话，根本就没办法活下去，现在老人不干活也能有吃有喝。"

1978年左右，回家湾开始实行计划生育，但力度并不算大，主要是宣传政策，也开始给男性结扎。① 80年代起，计划生育政策渐渐变得

---

① 之所以给男性而不是女性，一个很重要的原因就是对男性的手术更加方便简单、恢复起来快，而且经济方面也便宜。除了花瑶之外，在广东连南的瑶族中，也以男性结扎为主，其原因则为男女平等观念、妇女与男性经济地位同等、平等的家庭结构、保护妇女生育力和技术上的优势。陈印陶、徐庆凤：《广东连南瑶族育龄夫妇男扎为主的原因及启示》，载《西北人口》1994年第3期。

比较严格，而回家湾是瑶汉杂居区，政策执行的标准等同于汉族，由于花瑶人的默默抵制，所以推行起来有些困难，政府只好开始强迫执行。1984年时若华自愿选择上环节育，是因为自己认为生了六个孩子已经足够了，而且从心里也觉得累了，不想再生了，此后便再没有生育。按照她的说法，"这一点比过去好多了，以前只能没完没了地生，一旦怀上了不生下来也没办法啊。现在当地的计划生育都比较自觉了，甚至已经成了习惯，一般也就是生两个，最多三个。有些已经生了四五个女儿，还是要个儿子，就只好躲在外面生。但从长远来看，两胎的政策执行下去是没问题的"。

1976年之后，伴随着国家最高政治领袖的去世，"以阶级斗争为纲"的国家基调终于缓慢但却从根本上开始转变。远在瑶山的奉若华敏感地嗅到了这一政治风向的意义，开始不断向上写信、打报告，要求为丈夫回云龙平反。这件事情一直拖了好几年，到1983年的时候，终于得到了上级的回复，回云龙恢复了名誉，也恢复了原来在镇供销社的公职。受到了巨大鼓舞的若华于是立即开始为自己写报告请求平反，并再次打动了上级。县政府同意恢复她的公职，甚至要找她到县城里去谈话，并且说如果合适的话就可以把她调到县城工作。显然她的"瑶族—女性"双重身份刚好契合了国家出台的关于"吸纳一定比例的女性和少数民族干部参与国家管理"的大政方针。

得知消息之后的奉若华，其欣喜程度自然毋庸多言。但与丈夫一合计，又发现了很多现实的困难：不仅家里经济条件太差，困窘到甚至买不起去远在几十公里之外的县城的车费，而且如果两个人都离开家去上班的话，家里一摊子的事情谁来管？孩子太小谁来照顾？最后，若华只好非常艰难地放弃了这个难得的机会，继续留在了家里。

其后，一家人的生活就靠奉若华在家务农和回云龙的工资来支持，再到后来，等到孩子稍微大一些的时候，若华开始运用从奶妈那里学来的知识，以外出卖草药为生。当时一帖可以卖到五毛钱，算起来能贴补不少家用。每次带出去的草药快要卖完了，就托人给家里捎个信，要他们送新的草药来。后来家人摸着了规律，每隔一个月左右就到约定的地方去找她，拿了新的药，继续四处走，这么一卖就是很多年。从镇到县城，再到市，最后足迹踏遍了整个湖南省，还去了江西南昌等地。比起2004年我们第一次开始田野调查时，依旧有很多花瑶男性和女性从来没有走出过自己所在的乡和村，甚至也不知道自己所在的组叫什么名字的状况而言，若华真得算是非常见多识广和乐观开朗的一位。

经过了多年的奋斗和打拼，现在奉若华和回云龙的家庭，无疑算得上是花瑶人中生活非常幸福和富庶的家庭之一了。没有遵循"瑶汉不通婚"的历史禁令，相反，她们的四个女儿中有三个嫁给了住在附近的汉族，过着"很有计划的"生活，几步路的距离，时不时就可以回家来看看父母。次子在外打工，长子回雄飞作为回家湾组的党支部书记，正在凭借自己的能力成长为本家族中新的领袖和带头人。几个孙子外孙也都聪敏健康，并不需要她们去操太多的心。说到自己的家人和现在的生活，两个老人脸上都显出一副十分知足的神情。

但在笔者问到她后不后悔当初的选择，没有在平反之后克服种种困难、选择到政府去工作的时候，若华大声告诉我："唉呀！能不后悔吗？我可真是后悔死了！吃碗公饭多轻松啊，那我后来务农和到处卖药，又受了多少罪啊。可是累了一辈子了，到现在还没有一分钱的退休工资。所以他（指自己的丈夫）每个月领了退休工资，我就要求他交出来，两个一人分一半。"笔者打趣道："您要留着这笔钱干什么？最后还不是一样的要补贴家用？以后还不是一样的要分给儿女？那现在这么做，回老就没什么意见吗？"她嘿嘿一笑："有意见也没办法，反正我要自己管我的一份，这是他欠我的，这是理所当然的。"一直陪在我们旁边听妻子说话、不时补充点细节的回云龙，年华老去但却雄姿仍在的曾经的"保树英雄"，此刻对着妻子的抱怨，也大声地哼哼了一声作为回应，之后起身回了自家的木屋，脸上却带着一丝笑容。

奉若华的故事讲完了，但却依旧给我们留下了无数的回味与余音。她70年的人生经历，恰逢新中国的成长过程，也刚好契合了作为政治实体的中国和作为意识形态的中国从"传统"向"现代"进行转型的时代进程。她的身上，承载着国家权力如何通过与个人的互助和合作，来逐步实现对乡村生活管理的"入场"过程，也承载着在官方话语体系中已经渐行渐远的传统和父权体制，又是怎样依旧顽强地附着在日常生活的各个层面，默默施加影响力的过程。

按照官方的观点，新中国的成立和社会主义的建立，前所未有地"解放"了曾经"备受压迫"[①]的女性，提高了她们的社会地位与生活境遇。尽管学界对此持有不同的看法，[②] 而对于更长历史时期内中国女性社会地位的研究也已经在一定程度上表明，也许有一个超越了特殊政体的更大过程在默默推动这一进程，[③] 但花瑶女性的社会地位在这个时期得到了明显的提高，依然是无需争论的事实。国家的入场与发挥作用，前所未有地赋权和"充权"[④] 给了一直作为"边缘中的边缘"的花瑶女性。

---

① 如高彦颐所言，由意识形态建构而生的"五四父权压迫模式"，认定"受父权压迫的女性，成了旧中国落后的一个缩影，成了当时遭受屈辱的根源。受压迫的封建女性形象，被赋予了如此强烈的民族主义情绪，以致最终变成了一种无可置疑的历史形象"。［美］高彦颐：《闺塾师：明末清初江南的才女文化》，江苏人民出版社 2005 年版，绪论，第 2 页。

② 尽管官方意识形态不断坚持"妇女解放是中国构建其现代性的努力中最为关键的领域"，但正如许多学者已经指出的那样，事实上"社会主义并没有解放中国妇女"。［美］罗丽莎：《另类的现代性——改革开放时代中国性别化的渴望》，黄新译，江苏人民出版社 2006 年版，第 49、52 页。又如 Evans 所言："在对社会主义国家内（特别是中国和前苏联）的女性进行研究时，英语界的学者已经一再指出如下这一矛盾的存在：在官方承诺之中，女性将通过无产阶级革命而获得解放（to be liberated），但在现实的社会生活和经济生活中，女性仍然保持着相对于男性而言的次要（subordination）地位。"Harriet Evans："The Language of Liberation：Gender and *JieFang* in Early Chinese Communist Party Discourse"，*Intersections：Gender，History and Culture in the Asian Context*，Issue 1，September 1998. 而日本学者须藤瑞代对于"女权"，概念变迁的研究，也表明"解放史观"在 1980 年代以后受到各国研究者的质疑与反思。［日］须藤瑞代：《中国"女权"概念的变迁：清末民初的人权和社会性别》，［日］须藤瑞代、姚毅译，社会科学文献出版社 2010 年版，第 5 页。

③ 正如加拿大学者宝森所指出的那样："在每一个主要的政治时期——民国、革命及改革——中国在将妇女融入时期迈向家庭和村庄的经济、政治与文化大变迁方面都表现出了某些进步。这表明有一更大的过程在运作，这一过程是超越特殊政体的。这种立场的麻烦之处在于，它既不取悦于进步主义、再分配国家计划的倡导者，也不使信仰自由主义和自由市场的那些人感到满意。"［加］宝森：《中国妇女与农村发展——云南禄村六十年的变迁》，胡玉坤译，江苏人民出版社 2005 年版，第 21 页。

④ 裴谕新：《性、社会性别与充权：关于四川地震灾区妇女刺绣小组领袖的个案研究》，《妇女研究论丛》2011 年第 5 期。

就奉若华的个人经历而言，她一生中所获得的各种机会，如果单独凭借她自身的力量，并不能使它们"从可能变成现实"。① 事实上，这些机缘最后得以发生效力，都与看似遥不可及的国家有着某种程度的关联，国家正在以"不在场"的形式实现着永远的"在场"：读书的权利虽然是由开明的父母所允许和支持的，但国家关于"提高女性的文化水平将有助于国家的建设和繁荣"的意识形态，无疑成为了隐藏在父母选择背后的默默推手。而作为一位拥有"花瑶—女性"双重身份的她，所获得的三次成功的工作经历（邮政所、供销社、区公所）和最后一次没有发挥效力的工作机缘，更应当被看作是国家在全面塑造和提升自身的形象、并以此为契机与之前的历代"剥削阶级"的政府划清界限方面所作出的努力和结果，通过吸纳既是女性又是瑶族的成员来参与国家的管理，表明了社会主义国家前所未有地平等地属于一切劳动人民。

在此过程中，奉若华也学会了如何运用国家的力量来为自己谋取权益和进行抗争，并以"自我赋权"（self-empowerment）② 的方式推动和实现着国家权力的"入场"。在与汉族青年的交往受到反对后，她援引《婚姻法》与代表家族势力的奉氏二人所作出的抗辩，无疑是受到国家的不断鼓励和怂恿而开始与传统的父权观念作斗争的结果。而在集体化时代，由于不满大队和小组干部中饱私囊，公开与后者进行理论的勇气，显然更是在国家关于"平等权"的宣传普及下对后者的自觉接受和主动运用。保护了她的区公所干部成为了上级政府和更高正义的化身，通过这种方式，国家以遥不可及的空间身份打破"政权、族权、神权、夫权"③ 的

---

① 这一点正如西方学者对革命的研究所表明的那样："农民自身并不能使革命从可能变成现实。共产党人正是在旷日持久的战争中，依靠他们那些都市的、面向世界的观念，以及他们实现民族独立并最终建立繁荣昌盛的社会主义的决心，将包括农民和知识分子在内的那些在绝望中挣扎的力量联合起来。"〔美〕马克·赛尔登：《革命中的中国：延安道路》，魏晓明、冯崇义译，社会科学文献出版社 2002 年版，第 308 页。

② 杜芳琴：Self-empowerment：a Spiritual Journey，载杜芳琴《中国社会性别的历史文化寻踪》，天津社会科学出版社 1998 年版，第 302 页。

③ 毛泽东：《湖南农民运动考察报告》，载《毛泽东选集》（第一卷），人民出版社 1968 年版。

权威结构，从而建立一个仅仅无限忠诚于国家的"原子化的公民"① 的政治目标也得以无限地接近。而在为丈夫和自己打报告请求平反的事件上，她所期许的上级以"青天"的历史形象如其所盼地满足了她的愿望，并作为国家权力的代表而塑造着她对于后者的无限信任和忠诚。应当说，在这个漫长的过程中，国家与个人实现了良性的互动，奉若华利用国家的权威寻求着个人权利的彰显和满足，国家通过个人的接受和主动实施完成了对乡村生活意识形态的改造和实际生活的治理，二者间成了最为般配和最为默契的"天然同盟"。②

然而，传统的影响力也不应当由于国家权力的渐次入场而受到任何形式的忽略和低估。在奉氏二人反对奉若华与汉族青年交往的事例中，"瑶汉不可通婚"的历史禁令，最终并没有因为新中国《婚姻法》的颁布和奉若华的个人反抗而立刻失去旧有的约束力。而若华出于对被"开除瑶籍"的恐惧而不得不作出的让步，不仅表明了包括父母、亲戚、朋友在内的亲属体系和宗族制度以及生于斯长于斯的生活空间在她心目中的重大意义所在，也彰显着国家在力图实现原子化的个人对国家的唯一忠诚上所作出的努力的失败。尤其还要考虑到的是，奉氏二人作为在花瑶人中间地位声望颇高的"瑶王"所具有的威慑力，恰恰在很大程度上就是因为他们在县政府和乡政府工作，他们的权力和权威正是由代表国家的政府所赋予的。这一点看上去又是多么类似于杜赞奇所说

---

① 阎云翔：《私人生活的变革：一个中国村庄里的爱情、家庭与亲密关系：1949—1999》，龚小夏译，上海书店2006年版，第257页。而秦晖则把这种状况描述为传统中国的特点，并进一步提出："传统中国乡村社会既不是被租佃制严重分裂的两极社会，也不是和谐而自治的内聚性小共同体，而是大共同体本位的'伪个人主义'社会，与其他文明的传统社会相比，传统中国的小共同体性更弱，但这非因个性发达、而是因大共同体性亢进所致。"秦晖：《"大共同体本位"与传统中国社会——兼论中国走向公民社会之路》，载《传统十论》，复旦大学出版社2004年版，第63页。

② 如崔应令所言："女性自己成为其社会地位变化中最主要的承担人和建构者，国家与女性个体在此过程中形成了互相利用、互相帮助的关系。国家为女性提供制度和法律保障，女性在自我维权的过程中，利用国家，同时也帮助国家贯彻了新的政策与理念，二者在集体时代成为天然同盟，在对传统的反叛和背离中达成一致。"崔应令：《抗争与决裂：集体时代女性参与建构自身地位的再认识——以湖北恩施土家族双龙村女性为例》，《妇女研究论丛》2011年第1期。

的"国家政权的内卷化"，① 只不过被大规模地吸纳进国家政权管理的
政治精英们所竭力保护的习俗，恰好又是国家所要致力于破除的传统。

　　可以说，奉若华的人生经历，见证了国家的"入场"与传统的
"在场"与依旧发挥效力，在这一复杂互动的过程中，身为女性的她体
验到了更多的自由机会，也体味到了更为沉重的内心苦闷。在通过自己
的努力而为丈夫和自己共同赢得了平反和新的工作机会之后，奉若华并
没有选择有利于她个人的发展路径，而是在家庭与个人的比较中倾向于
前者。无论这一决策的作出是经过了夫妻二人的反复协商，还是奉若华
本人主动的选择，最终结果的存在总是不断地提醒着我们，不要忘记了
更为久远的传统所能施加于个人的影响力。如同本文的开篇所述花瑶先
辈"奉姐"的故事，作为一个理想中的女性形态和历史的建构，其最
高的价值则在于身为奉氏媳妇的她为宗族的生存和繁衍所作出的艰苦卓
绝的努力，而绝非作为一个很有能力的女性对父系体系的背弃和威胁。
因此，公共领域内女性的习惯性弱势地位，使得面对更多工作机会选择
的时候，更为理想的组合则是男性的出场与女性的退场。尽管这一点与
花瑶女性和男性在家庭生活中"双系制度"的存在并不矛盾，也不妨
碍女性在其间的权力施展，反而由于她的奉献而为自己在丈夫和家庭生
活中赢得了更高的话语权与地位。

七　结　语

　　在花瑶人中流传已久的奉姐的传说，塑造着他们理想中的女性形象
与家庭生存状况，然而，现实中花瑶民族的性别、婚姻与权力，却与这

---

　　① "在政权内卷化的过程中……政权的正式机构与非正式机构同步增长。尽管正式的国
家政权可以依靠非正式机构来推行自己的政策，但它无法控制这些机构……更广泛地说，国
家政权内卷化是指国家机构不是靠提高旧有或新增（此处指人际或其他行政资源）机构的效
益，而是靠复制或扩大旧有的国家与社会关系——如中国旧有的营利型经纪体制——来扩大
其行政职能。20世纪当中国政权依赖经纪制来扩大其控制力时，这不仅使旧的经纪层扩大，
而且使经纪制深入到社会的最底层——村庄。"［美］杜赞奇：《文化、权力与国家：1900—
1942年的华北农村》，王福明译，江苏人民出版社2004年版，第51页。

一理想有着诸多的不同之处。

　　生育的性别偏好，在更加青睐男性的同时，并未造成对女孩更加不利的出生选择和生存境况，相反，两性都能在家庭中获得几乎平等的抚养和对待。而作为嫁方的女方和作为娶方的男方在婚礼花费上的悬殊对比，昭示着男性在婚姻问题上比女性而言处于更加不利的地位，并影响着家庭结构的格局与权力分配。对于"母亲中心家庭"的向往，使得女性更加积极主动地促进分家的进程，并实现了家庭的小规模化，同时还以更加主动的方式影响着代际之间的关系和地位变化。作为结果，女性在家庭内部的地位不断上升，并形成了与男性权力平行的"双系制度"，从而与许多地区的状况形成了鲜明的对比。

　　与此同时，奉若华的例子则向我们表明，国家和作为女性的个人是如何通过相互间的合作与互助，最终实现了前者的"入场"与后者的"赋权"。然而，我们也绝不应当忽视传统与父权制依旧存在的影响力，它们正在以一种看不见的方式与国家的力量一同决定着女性的权力走向。从这个意义上说，花瑶女性与男性平等的家庭地位和决策权力的获得，却不得不以牺牲其在公共领域的作为地位和为代价。

第四章

"瘣皈":花瑶民族的巫术与宗教[①]

自从花瑶民族举族迁徙至小沙江地区以后,便在此地扎下了根。现代化进程的日益推进,已经使他们的许多传统发生了隐晦却又重要的改变,但作为其独特而神秘的巫术—宗教形式的瘣皈,却幸免于过度市场化与世俗化的风险。在本章中我们所要着重探讨的,便是他们那不为外人所知晓的、带有强烈的原始色彩的巫术—宗教领域—瘣皈。这一领域弥漫在他们生活的许多方面,渗透在他们思维的各个角落,记载着这支只有几千人的古老部族的生存状态,述说着这支古老部族的历史与现在……这一领域,已成为他们文化的内核所在。

一 对"瘣皈"的几点解释与说明

花瑶人有自己的语言,而本文中的许多概念就来源于对他们语言的音译,还有些概念则源于当地汉人的方言。为了便于读者理解并介入这些概念,以及更好地把握住这支民族的精神状态和文化内涵,在本文的开头,我们将对"瘣皈"以及与它相关的重要内容、词汇进行初步的解释与说明。

"瘣皈"是花瑶人"唔奈"语的音译,汉语称为"钉铜",《中国各民族宗教与神话大词典》中将其解释为:瑶语音译,"瘣"是"求"

[①] 本文曾发表于北京大学亚太教育中心与社会发展研究院主办《中国学术研究》第2卷总第6期,2005年3月。在收录进本书的时候,做过部分修改。

之意，"皈"是"菩萨"之意，意为"求菩萨"，是花瑶的先民求神、驱鬼的仪式。①

首先，我们将对巫师的名称、"瘰皈"的法器作一介绍，以使读者能迅速进入对其本身的理解之中。

图1：瘰皈法器

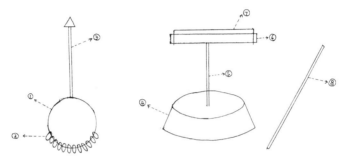

图1　说明：左图为"师刀"，中图为"卜耶"，右图为"巴耶"。

①师刀上的铁圈　　　　　　②师刀铁圈上的小铁环
③师刀的剑状物　　　　　　④卜耶下部的木盆
⑤卜耶木盆上竖立的铁条（或钢条）　⑥木条
⑦铁丝（或钢丝）　　　　　⑧竹子制成的巴耶

图2：卦

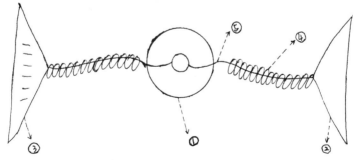

图2　说明：①大铜钱　②卦节的阴面　③卦节的阳面　④小铜钱
　　　　　⑤穿卦的红线

---

① 参见《中国各民族宗教与神话大词典》，学苑出版社1993年版，第640页"瘰皈"条。

（1）"巴梅"：花瑶民族巫师的称谓（音译）。以男性为主，要经过长时间的学习（一般为三年）和考核才能获得此资格。

（2）"瑶老阴师"：一般指"巴梅"的第一个祖师，即花瑶先祖"丁丫乖沈丫未"。

（3）"师刀"：法器名（音译）。上为箭头状一钢刀，下为一个套着若干个小环的钢圈，半径大约两三寸。施法时巴梅将其持于左手，不停在地上撞击，中间间隔着摇晃的动作，小环彼此撞击，可发出清脆的声音。据说是姬姬如灵和丁丫乖沈丫未将厨房中的烧火铁钳改造而成，类似于太上老君施法时的"桃木剑"与"锣钹响器"。

（4）"卜耶"：法器名（音译）。下部为一个木盆或木盒子，上部为一根木条，中间用铁条或钢条连在一起。木条上面锲有一条铁丝或钢丝，施法时巴梅用右手持竹枝敲打铁丝，可发出嗡嗡的振动声。据说其原型是铁锅和锅盖，类似于太上老君施法时的"大鼓"。

（5）"巴耶"：法器名（音译）。即用来敲打卜耶的竹枝或竹条，长约一尺五寸左右。

（6）"卦"：法器名。两边是两块楠竹节，中间用红线连在一起。红线中央穿有一个大铜钱，两边是若干枚小铜钱。据说是姬姬如灵看到挂在锅灶之上的腊猪头，割下它的耳朵做成的。

瘪皈是花瑶人在面对重要事务时所采取的主要应对方式。需要瘪皈的几个主要场合为：治病（驱鬼）、安置亡魂、斩草、打卦（占卜）、还年愿。根据所要应对的事情不同，瘪皈所要持续的时间从一天一夜到三天三夜不等。在这个过程中，巴梅主要是请求自己已经去世的历代师父（巴梅）和各路神灵帮助自己在天上地下查明是什么东西在作祟，并劝说这种东西尽快离开，或者是予以驱逐。巴梅的身份实际上是一个中间人，居于鬼怪和神灵中间，利用神灵的权威来约束鬼怪的行为，令其不能害人。需要特别说明的是，在巴梅看来，瘪皈也存在着"可为"与"不可为"的情况，如果他们所要处理的事情是上天注定的（比如，生病之人"阳寿"已尽），则回天无术；但如果说只是污秽物、小鬼之类的东西或者其他人在捣乱的话，则可以通过瘟饭而消灾免难。① 在每次瘟饭之前巴梅都要进行非常重要的判断工作，即确定这次所要处理的事情是上天已经注定的还是人力可以改变的，从而决定要不要瘟饭。

在花瑶民族看来，生病很可能是由于沾染了污秽物、被鬼怪缠身、或者是被其他人施法诅咒而导致的。② 这时他们采用的主要方式就是瘟饭。巴梅首先要在厨房门口摆上一升左右的米和一只雄鸡，③ 然后烧一炷香。接着开始念咒语，同时左手持师刀在地上有节奏地撞击，右手握巴耶敲击卜耶上的钢丝，同时发出悦耳的声音。在这期间还要间隔着打卦，以便看出是什么东西在作怪和目前的工作进展如何，并作出进一步的行动。

花瑶民族有一种普遍的看法，即认为去世的人必须得到妥善的安置，否则它就会变为"鬼"来扰乱后代的生活。因此，"安置亡魂"也是需要瘟饭的极为重要的场合之一。在有人去世时，巴梅要念咒、敲打法器（整个过程类似于治病），主要任务是尽快找到死者被"小鬼"带走的亡魂，予以妥善安置。在这期间巴梅会有短暂的死者灵魂附体的过程，会代替死者交代一些身后事宜。

"斩草"类似于"黑巫术"，主要用于对别人造成伤害。据说以前非常灵验，花瑶民族普遍相信它可以对人造成非常严重的伤害，现在已经基本上趋于没落。在以后的文字中将会进一步谈到，故在此不作赘言。

"打卦（占卜）"主要用于重要事情的预测和判断，一般是在瘟饭的过程中间隔进行，也可以单独使用。

"还年愿"是指每年年底杀完猪以后，每家人都会请巴梅来瘟饭，

---

① 2004 年 10 月 8 日在虎形山乡崇木凼村采访沈诗永时得知。花瑶自由职业者回楚佳和虎形山乡崇木凼村的沈诗昌等人也提到过这种说法。

② 新中国成立前这种看法尤其盛行。现在这种观念有了一定的变化，但是在普通花瑶人的心目中仍然占有极大的分量。

③ 有的时候会现场宰杀这只雄鸡，有的时候则不需要，没有一定的规矩。2004 年 10 月 8 日在虎形山乡崇木凼村采访沈诗永时得知。沈诗永本人就是一位远近闻名的巴梅。

将猪头和米在堂屋的神龛下摆放一会儿，目的是告诉自己的祖先和各路神灵当年的情况，并祈求他们来年能继续保佑有一个好的年成。在完成这项工作的当晚，普通花瑶人可以在巴梅的带领下亲身体验瘟皈的"神秘"之处，据说他们可以在烧红的铁器上走过而不被烫伤；可以坐着凳子直接蹦到房顶那么高；可以做出正常状态下绝对做不出的各项高难度动作；等等。

二　"瘟皈"所产生之社会背景分析

"研究民俗的学者之目的，即在将现存的迷信与古代民俗的故事加以搜集，进行比较，且将'过去的无谓的故事，及衰落的传说'贮积起来；因为所有民俗学上的零片断语皆有能够给人类文明史以回光的价值。"① 基于此，我们实地考察的重点之一，就是搜集流传在花瑶人中间的各类传说与故事，试图能从中找出一些蛛丝马迹，以帮助我们去探究他们最原始、最本真的生存状态。而本文就将从一个在花瑶人中流传甚广的有关瘟皈的传说入手，去探究这个民族的原始生存状态。

在实地考察中，我们遇到的最大的困难是：这支古老的民族没有自己的文字。而且，由于经济、观念等各方面的原因，花瑶人中间极少有人认识汉字，对于他们来说，自己的民族来自何方、本族先民曾经经历过何事、千百年来有何变迁，基本上没有留下太多文本上的证据，而只有口耳相传的记忆。因此，我们只能通过各种途径，了解并记录下这样一个有关瘟皈的传说：

相传在远古年代，有两家人比邻而居，一家姓丁，另一家姓沈。他们两家人分别在自家墙角种了一棵冬瓜，但两个瓜藤渐渐缠在了一起，最后只结出了一个大冬瓜。到秋天的时候瓜熟蒂落，掉下来一个胖娃娃。于是这两家人就把这个孩子看作上天赐给他们的孩子，将他命名为

---

① ［英］M. R. Cox：《民俗学浅说》，转引自梁钊韬《中国古代巫术——宗教的起源和发展》，中山大学出版社 1999 年版，第 4 页。

"丁丫乖沈丫未"，① 共同抚养他长大。

当丁丫乖沈丫未长到十几岁的时候，有一天在路上看到张五郎、张赵二郎②、奉金三郎等人结伴去太上老君处学法，于是也与他们一路同去拜师。可是由于他出身贫寒，交不起学费，太上老君不愿意收他为徒，他只能终日闲逛。但太上老君的女儿姬姬如灵丁丫乖沈丫未仪表堂堂，心中暗自喜欢，就起了相帮之意。他二人在厨房吃饭的时候，见到若干灶具与太上老君的法器有些类似，便动手将这些灶具改造，做成了施法用的各种法器。就这样，姬姬如灵与丁丫乖沈丫未在厨房里一教一学，三年后他终于学成师满。

有一天丁丫乖沈丫未与张五郎斗法取乐，被太上老君知晓。太上老君欲知他从哪里学来的法术，就与他斗法试探。连续四天，太上老君与他斗了四次法，在姬姬如灵的偷偷帮助下，他四次斗法都赢了。太上老君见他法力高强，心中十分不快。

丁丫乖沈丫未想与姬姬如灵结为夫妇，终身厮守，就在回家之前向太上老君求亲。太上老君见他法力高强，担心他以后会成为自己的对头，就想加害于他，所以坚决不允。姬姬如灵见状，私下授意他走之前不要贪恋其他宝物，只向父亲索要放在墙角的那把红纸伞，且一路上千万不要打开。太上老君想一把纸伞没有多少用途，便送于他。他随即便上了路。

太上老君不见了女儿，担心她已躲在伞内与丁丫乖沈丫未一同离开，就降下瓢泼大雨试探。丁丫乖沈丫未忘了姬姬如灵的嘱咐，连忙将伞打开挡雨，只见姬姬如灵从伞中掉了下来。太上老君看见了，立刻放箭来追，姬姬如灵伸手接住这支箭，砍了些鸡血放了回去，但太上老君一闻，知道是鸡血，就又放了一支箭来追。姬姬如灵知道父亲若是看不到二人已死，不会罢休，就又伸手接住箭，咬破他们二人的手指，涂了

---

① 也有一说是"丁丫未沈丫乖"。

② 据说张赵二郎也没有父母，是山洞生出来的。花瑶人认为，世界上只有三个人是无父无母、自然生成的，这三个人是：丁丫乖沈丫未、张赵二郎和孙悟空。2004 年 10 月 18 日在小沙江镇旺溪村回家湾组采访回云省时得知。

些血在上面放回。太上老君一闻，以为他们已被射死，从此便不再追究。①

从此之后，姬姬如灵和丁丫乖沈丫未过上了幸福的生活，花瑶民族便是他们二人的后代。丁丫乖沈丫未最后也当了师父，成为他们民族的第一个"巴梅"，并将学自姬姬如灵的法术教给了自己的子孙。而这种法术，就是瘣瓸。②

在以上的文字中，我们已经对一个有关瘣瓸的传说进行了梳理。接下来，我们将从这个传说入手，去分析其所产生的历史背景与社会形态。

传说的开头便告诉我们，花瑶民族的第一个祖先是从冬瓜里生出来的，这种说法明显带有图腾崇拜的性质。③ 可以看出，对"瓜"的图腾崇拜是花瑶民族原始宗教信仰中一个重要的组成部分。而实际上，"图腾崇拜是原始社会渔猎时期的后期发生的宗教形式"④，由此可以看出，瘣瓸所产生的社会背景，应该就是"渔猎时期的后期"。

---

① 现在花瑶人定亲、结婚都不要生辰八字，但一定要一把红纸伞，伞内需有十二朵红色绒线做的花，即代表该女子，男方拿到了这把红纸伞，便说明该女子嫁到了男方。这伞和绒线做的花是维系花瑶人婚姻的唯一信物，一路都不能打开终生不能丢弃。这种规矩，就是从这时流传下来的。

② 该传说主要根据湖南省隆回县小沙江镇旺溪村回家湾组回云省、湖南省隆回县虎形山乡崇木凼村沈诗永、花瑶自由职业者回楚佳等人的讲述整理。

③ 人类学家"通常认为图腾崇拜的本质是某一人类群体（氏族）相信他们与某种动植物存在血亲关系"。（徐祖祥：《瑶族文化史》，云南民族出版社2001年版，第103页。）而实际上，在他们民族中还有一个古老的禁忌，即不能吃黄瓜和白瓜，这是因为他们将这二者当作自己的再生父母而加以顶礼膜拜。这个禁忌来源于一次大屠杀的记忆。据说当时官兵到处追杀花瑶，将花瑶人民屠杀无数，几十个孕妇躲在瓜藤之下，由于连日的劳累和惊吓而早产，血流满地。追赶至此的官兵心有不忍，下令此地禁杀，才为他们留下了一点血脉。当日为阴历七月初二，花瑶人因此将黄瓜和白瓜看作自己的再生父母，下令子孙后代在此日之前严禁食用。这个禁忌在以前是被他们严格遵守的，甚至如果其他民族的人在这一天之前将黄瓜和白瓜拿到花瑶家中也会被认为是对他们祖先的不敬，而引起较大的纠纷。2004年8月3日采访小沙江镇江边村禾梨树组的奉泽黄时最先听到这个故事。后来在江边村奉家院子的奉泽厂、旺溪村回家湾组的回云省、虎形山乡万贯冲村庙山组的奉道平和虎形山乡水洞坪村的奉族良那里听到了这种说法。

④ 朱天顺：《原始宗教》，上海人民出版社1964年版，第51页。

在这个传说中，有一个细节是"由于丁丫乖沈丫未交不起学费，太上老君不愿收他为弟子"。在这里，经过仔细询问，我们得知所谓的"学费"并非银钱，而是一只活的雄鸡（或者一个新鲜的猪头）、几升米等等实物。在花瑶人有关"瘪皈"的记忆里，雄鸡、猪头和米是极其重要的物品，这些物品，不止是在当时，即便是在现在，也仍然是学法之人拜师父——"巴梅"的必需品。而在花瑶人家里我们看到，贴在他们堂屋下神龛上的写着"招财童子、兴隆土地、瑞庆夫人、进宝郎君"大名的红纸上，赫然涂有粘着几根鸡毛的鸡血。① 当地的花瑶人说这是献祭给这些神灵和祖先的，这种做法被普遍地认为是神灵或者祖先所喜欢并能接收到的方式，是对他们庇佑自己的一种回报。而在普通人家请"巴梅"来施法或者治病所用的祭品和报酬中，雄鸡（或者猪头）和米也是必不可少的物品。甚至在他们生活的其他重要的方面，这种活的或者带毛血的生腥动物也起着必不可少的作用：定亲时男方必须提着活鸡（或猪头）和米到女方来下定；在结婚当天也必须先在堂屋门口宰杀一只雄鸡；② "打三朝"③ 时亲友带着活鸡来吃酒被认为是默会的知识；每家人建房屋的时候必须请专门的师傅来安房梁和安神龛，祭品必须有雄鸡；甚至在人去世之后下葬时，也需要在坟头宰杀一

---

① 有的家庭甚至直接把粘了鸡毛的血涂在写有"天地国亲师位"或者"天地君亲师位"的正神龛上。

② 这只鸡被他们称为"也煞鸡"（音译），而在宰杀的同时还要这样念："一吉四梁，天地开张，新人到此，大吉大昌；此鸡不是非凡鸡，王母娘娘赐我的也煞鸡。一掩东方甲乙寅卯木，二掩南方丙丁巳午火，三掩西方庚申辛酉金，四掩北方壬癸亥子水，五掩中央辰戌戊己土。天煞地煞年煞月煞日煞时煞新人煞，天煞归天，地煞归地，雄鸡到此，百无禁忌。手拿一块铁，要砍雄鸡 点血。雄鸡丢下地，恭候新娘子荣华富贵。"说完这一段话之后，新娘子就可以进堂屋门了。这是 2004 年 8 月 6 日在小沙江镇旺溪村回家湾组采访回云省和回云龙两兄弟时得知的。

③ 花瑶人在生下小孩子的第三天，所有得知讯息的亲友就都会前来吃酒庆贺，晚上要开展盛大的对歌会以便于青年男女互相认识和别离已久的人再叙亲缘与友谊。这样的对歌会一般要持续两天三夜。近年来由于花瑶人只"订亲"而不"送亲"，娘家人往往在这一天才送嫁妆给女儿，而她们之间的婚姻也在这一天才得到真正的保障，因此"打三朝"也在某种意义上具有了"婚礼"的实际效用。

只雄鸡。① 而在这个传说的最后，姬姬如灵最初用以替代两人受死的动物也是"鸡"。

根据以上列举的种种情况，也许我们能作出这样一个推测：他们的祖先曾经长时间地生活在狩猎时代，而这种对活的带有毛血的献祭品和献祭方式的钟情应该就是这种长期狩猎生活的经历所遗留下来的习俗。② 而事实上，至今花瑶人中仍保留着这种古老的习俗，在许多人家中我们都看到了鸟铳、兽夹等等，也有不少的人是远近闻名的盘山打猎的好手，如崇木凼村的沈诗昌、四角田村的奉泽西，以及旺溪村回家湾组的回姓兄弟等。每年冬季，他们都会带着猎犬，带上武器，结伴去大山的深处盘山打猎，每次盘山，总有收获。而在实地调研期间，我们也听到了许多有关"打虎英雄"、"打豹英雄"的故事。"狩猎"这一行为对于花瑶人来说，长期以来都是他们最为重要的生存方式与生产形态。

但另一方面，"米"对花瑶人而言也是极其重要的物品。几乎在每一个重要的场合，米都是不可或缺的：建房子、安神龛、下葬、拜"巴梅"、还愿、定亲，等等。也许另外一个传说也可以作为花瑶人对米的重视的反映：据说原来他们是没有米的，有一天，一只随着主人上山打猎的狗跑回来，尾巴上粘了许多须谷种，主人不识谷种，只是随手摘下扔在外面。谷种后来落地发芽，并结了谷，有小孩在玩过家家一类的游戏时用它煮出了米饭，父母闻到后一尝，觉得很香甜，从此便开始了种植稻谷，并四处普及。狗也因此而受到了花瑶人的尊敬。而在鱼鳞峒、大托、白水洞等地，花瑶人甚至在吃饭之前要先给狗盛一碗自己才吃。③ 也就是说，"敬狗"这一传统至今依然存在。

从这里我们也可以看出，"狩猎"并非他们唯一的生存方式与生产

---

① 有的地方不会当场宰杀，但也必须带到坟头去祭拜一下。

② 在采访中，有些人也曾向我们提到本民族女性所着的挑花裙实际上就是为了纪念自己祖先曾经穿树叶裹树皮御寒的那段经历。

③ 主要根据 2004 年 10 月 5 日崇木凼村沈诗昌、2004 年 10 月 16 日鱼鳞峒沈诗读的讲述整理。花瑶民族与瑶族中的其他分支不同，他们不祭盘王，大多数人甚至并不知道"盘王"为何物。他们对狗的尊重主要就是由于文中所述的原因。

形态。生活中对米的重视以及由此而来的对带来谷种的家畜的尊敬，也许能反映出以"米"为主要代表的农产品曾在花瑶人的历史中所占据的地位。有学者认为，"动植物崇拜最显著的演变形式，是社稷崇拜……周代的稷神是一位农业的发明者，同时又是本朝的祖先，这是周代的农业社会坚定了的一种重要崇拜"[①]。如果以上的看法是成立的，即对"稷"（谷物）的崇拜是农业社会的一个重要标志，那么，花瑶人这种对米的深刻记忆和强烈感情也许可以令我们进一步作出如下推断：花瑶的祖先们最早成规模地生活的时代，是以狩猎为生的时代，在从狩猎时代逐步向农耕时代迈进的过程中，那种狩猎与农耕互为补充的生活方式，给他们后代的生活留下了深深的烙印。

至此，我们已经有了一个关于花瑶祖先生活背景和基本状况的初步断定：他们主要生活在狩猎时代，而随后，他们开始向农耕社会迈进，但仍然带有狩猎生活的深刻印迹。他们的法术——瘆饭，就形成于这样的背景之中。[②] 而这样一种"狩猎—农耕"的生存状况，最终将会影响到他们的"巫术—宗教"形态。

三 "瘆饭"中所蕴涵的巫术思维分析

据花瑶人自己的估计和回忆，花瑶民族的祖先在不久的过去（300 年或者 500 年前），还保持着以狩猎为主的生存状态。而正是这个历史阶段的生活经历，在他们的信仰体系中深深地打上了原始巫术的印记。

现今我们很容易理解，当人类还处于文明发展的混沌状态的时

[①] 梁钊韬：《中国古代巫术——宗教的起源和发展》，中山大学出版社 1999 年版，第198 页。

[②] 没有人会怀疑这种说法。在花瑶人的心目中，"瘆饭"就是与祖先一同存在的，并在他们的生活中一直占据着非常重要的地位。而事实上，有人曾明确地告诉我们，"瘆饭从姜太公周代时就已经有了"。（2004 年 8 月 2 日在虎形山乡青山坳村采访杨庭扣时，他非常肯定地向我们提到这一点。）

候，对于自然界的四季轮回、日月交替、生老病死、草木枯荣等并无现代意义上的逻辑推理能力与理性认识，而是产生了一种对周围事物相似性的简单而普遍的联想：当秋冬来临的时候，树木萧条，而人也往往容易在这个时期死去，这也许表明有一种神秘的力量在树木与人之间流动，让他们与树木处于同样的境况；与重病患者的接触往往会使自己随后也出现相同的症状，这也许意味着对方身上的某种不可言传的神秘之物也通过彼此接触而传到了自己的身上，从而令他们进入了相同的生命流程；等等。而采用某种手段或仪式来控制这种神秘力量在不同事物之间的流动，从而达到自己的目的，就是巫术产生的原动力所在。

通过对许多原始部落与民族的详细考察，英国人类学者弗雷泽曾将巫术的原理归结为"相似律"与"接触律"，而巫术思维的产生就在于对"联想"的两种不同的错误应用：巫师相信仅仅通过模仿就能够实现任何他想做的事；而且，他能通过一个物体来对一个人施加影响，只要这个物体曾经被那人接触过或者是那人身体的一部分，因为他相信只要曾经接触过的东西将永远保持接触。以上两种联想分别产生了"顺势巫术"和"接触巫术"，而这两种巫术都可以统合在"交感巫术"这个总的名称之下，其共同点就在于"都认为物体通过某种神秘的交感可以远距离地相互作用，通过一种我们看不见的'以太'把一物体的推动力传输给另一物体"。①

在花瑶民族的瘪皈中，同样体现了这种交感思维的存在。这其中有一个相当于黑巫术（Black Magic）的领域——"斩草"（音译），据说以前当他们之间发生非常严重的冲突时，就往往会采用这种方式来予以解决，而解决的结果只有一个，即让对方在恶毒的诅咒中失去部分或全

---

① 参见［英］詹·乔·弗雷泽《金枝》，大众文艺出版社 1998 年版，第 19—21 页。而这种神秘的"以太"被现代学者称为"马那"（Mana）。现今较为通行的看法是，巫术的基础是早于"有灵观"的"马那观"。参见梁钊韬《中国古代巫术——宗教的起源和发展》，中山大学出版社 1999 年版，第 36—38 页。

部的生命。① 较为常见的一种方式是，巴梅将一把杀猪刀架在一个盛有水的盆上，然后开始念咒作法，过一段时间之后，便会有两只蜘蛛或者虫子之类的小动物爬过来，走在前面的一只被认为是巴梅自己，而走在后面的就是他所要诅咒的人，只要用杀猪刀将其杀死，这盆水就会变红，意味着这人已经感染重病，大约只要三四天就会死去。而富有戏剧性的一个例子是，据说有一次一个巴梅在施法的时候确实唤来了两只蜘蛛，但是他的粗心的妻子不小心把走在前面的一只给踩死了，结果没有几天这个巴梅就死了。② 类似的故事在他们中间流传甚广，他们普遍相信人确实能够化身为蜘蛛或虫子，而只要对其施以某种伤害就能够在本人身上见到同样的效果。

另外一种更加直接而残酷的方式是"朵皈"（音译），当地汉人称作"歪蕨"（音译，意为把蕨从中掐断），具体的办法是巴梅把双手十指交叉，将掌心不断相互撞击，并辅以咒语，几分钟之内就可以让对方毙命。在他们看来，这种掌心的相互撞击实际上类似于将敌人置于两个巨大的物体之中经受剧烈的挤压，从而使其迅速丧命。这是所有"斩草"术中最立竿见影的一种，据说现在整个瑶山除了一位女性之外，已经没有第二个人会使了。这位年长的女性由于担心自己的后代会因此遭到报应而不愿意将这门法术传给任何人，而选择了让这种神秘之术随着自己的老去而最终消亡。③ 存在于花瑶民族心目中的这种对"斩草"效果的普遍信任以及深深恐惧，实际上恰恰体现了他们脑海中交感思维的存在。④

---

① 他们对这种冲突的严重程度的判断有一个非常有意思的标准，即对财富的损害程度。一般认为，当这种仇恨的价值不超过 3000 元（相当于一家人一年的收入）时，就不能使人毙命，而只能致残；若在 1000 元以下，则只能做一个微小的类似于警告的伤害。（2004 年 7 月 31 日在小沙江镇芒花坪村鱼鳞峒采访沈诗解时得知。）但普遍的看法是一个巴梅一生斩草的次数不能超过三次。过度的报复和频繁的施法被认为会对自己造成损害。这大概也可以看作是他们民族的习惯法的一种，反映了他们朴素的道德观念。

② 2004 年 10 月 20 日在小沙江镇采访刘庆生时得知。

③ 同上。

④ 需要强调的是，在采访的过程中，我们多次被告知，现在斩草术已经趋于没落，主要的原因在后面将会提到。

  而在许多其他的方面，交感思维也在起着重要的作用。例如，巴梅本人是绝对不能吃狗肉的，因为狗肉被认为是能够破坏其法力的不洁之物。但是巴梅的妻子往往也需要保持和她丈夫同样的生活习惯，以保证不会由于自己沾染不洁之物而将破坏作用传给丈夫（接触律）。巴梅在为人"治病"之前要先"算讲"，即根据病人家属前来邀请他去"治病"之时他在做什么或看见了什么，来断定这种病能不能治好，以及要不要前去医治。如果病人家属来的时候巴梅正在吃饭的话，一般认为病人是完全能够被治好的，因为这预示着病人将会保持旺盛的生命力。但是假如当时他正好拿着锄头从山上回来，或者他在路上曾经看见有人在扛木头的话，普遍的看法是病人基本上是没有救治的希望和必要的，因为扛着锄头意味着要挖坟墓，而木头则被认为是与棺材联系在一起（相似律）。[①] 在巴梅的脑海里有这样一个默会的知识：如果得病之人是阎王爷索命，则是无法救治的；而如果只是鬼怪附体，或者是别的巴梅在施法诅咒，则是可以通过瘪皈消灾免难的。而以上这些自然的征兆，恰恰能够向巴梅暗示，这个人所得的病是人力所能为还是不能为；换句话说，瘪皈还有没有效果，有效，则治；没有效，则不治。

  对占卜术的重视也体现了巫术的痕迹。以上所述的"算讲"是类似于占卜的一种方式，更复杂的占卜则要借助于卦象来予以说明。巴梅在治病或者驱鬼的时候总要间隔着打卦，以便从中看出是什么鬼怪或者不洁之物在捣乱，从而确定采取什么样的方式予以应对。而当他们对神灵提出什么要求的时候，也往往会借助于卦象去判断这一要求会不会得到答应。

  瘪皈中一些最为常见的思维方式向我们昭示：在花瑶人的世界中，巫术思维在方方面面都起到了极为重要的作用。而在我们的实地考察中，他们对"瘪皈"的讳莫如深和心存敬意的态度也在说明，直到现在，"瘪皈"作为一种"巫术"，余威尚存。而在实地考察中，我们只

---

  ① 2004 年 10 月 8 日由崇木凼村沈诗永讲述。他在为别人"看病"之前就严格按照这套"算讲"的规矩作出大致的判断。

有少数几次机缘得以亲眼目睹巴梅在通过瘪皈给人治病领域的实践状态，而在其他的适用领域，则由于他们认为没有缘由地随便瘪皈会给人带来影响和伤害而不肯给我们作出任何"演示"。这本身也说明了他们对瘪皈所能达到的效力的信任之高与畏惧之深。

弗雷泽在对诸多原始部落和民族进行了细致的考察之后曾向我们证明，最原始、最纯粹的交感巫术实际上认为"世界的演替是完全有规律的和肯定的。并且由于这些演变是由不变的规律所决定的，所以它们是可以准确地预计到和推算出来的"①。而巫师施法不过是对这些规律的认识与顺从，"只有严格遵从其巫术的规则或他所相信的那些'自然规律'，才得以显示其神通"②。他花费了大量的笔墨来向我们说明，存在于巫术中的最重要的思维基础和特征乃是"交感思维"。在以上的段落中，我们也曾详细地探讨了存在于瘪皈之中的这种思维方式及其在许多方面的体现，这显然带有明显的巫术的特征。但是，需要说明的是，如果就此认定瘪皈只不过是一种原始而纯粹的"巫术"，无疑是有失偏颇的。在接下来的章节中，我们将进一步论证：在瘪皈中，还包含了许多宗教的成分。

四 "瘪皈"中所包含的宗教成分分析及 对"瘪皈"的性质判断

在上一节内容中我们曾详细分析了"瘪皈"中存在的巫术成分。在这一节中，我们将致力于发掘"瘪皈"所蕴涵的宗教成分，并将在此基础上对其作出一个性质上的整体判断，即：瘪皈既不是纯粹的巫术，也不是完整意义上的宗教，而是处于"巫术—宗教"的发展阶段。

在弗雷泽看来，巫术与宗教之间最重要的区别在于：巫术认为

---

① ［英］詹·乔·弗雷泽：《金枝》，大众文艺出版社 1998 年版，第 76 页。
② 同上书，第 75 页。

"自然的进程不取决于个别人物的激情或任性，而是取决于机械进行着的不变的法则"。① 因此，巫术实际上就是对这些"机械不变的法则"的掌握和应用；宗教则不然，它更多地体现为一种纯粹的信仰，相信有一个或多个超脱于自然之上的神灵的存在，并希望能通过祈祷、忏悔、献祭等形式来赢得神灵的怜悯与同情，从而为自己洗去罪恶，降下福祉；在这里，相信有超自然的神灵的存在和对神灵的种种"讨其欢心"的做法是宗教的两大基础。本文就将从这个角度出发，介入对"瘼皈"所蕴涵的宗教成分的研究。②

在几个月的实地调查中我们发现：瘼皈实际上就是巴梅召唤并差使自己已经不在人世的师父和各路神灵帮助自己实现要求的过程，其法力的高低主要取决于这种召唤以及差使的能力的强弱。花瑶人中如果有什么人要想成为巴梅的话，必须经过大约三年时间的学习，在这期间，他要记忆从姬姬如灵开始一直到截至自己这一代为止的历代巴梅的名字，同时还要记忆包括"观音菩萨、南岳圣帝、玉皇大帝"等在内的各路"大菩萨"以及天兵天将的名字，知晓其主要管辖范围，而且还要学会如何运用正确而有效的方式召唤他们，以帮助自己在天上地下各处查明自己所要查明的事情，并帮助自己实现所要实现的目的。③ 对于没有自己文字的花瑶人来说，这是一个十分漫长而枯燥的过程，徒弟要在师父的指导下，用他们日常生活中已经不再使用的"古唔奈语"，一遍遍地口头重复这些已经去世的历代巴梅和神灵的名字，而且不能把这个谱系搞混乱，以免使用的时候减低效力。这些巴梅的名字比如"姬姬如灵"、"太上老君"④、"丁丫乖沈丫未"、"通官王府总梅"、"通刹人爷总府个总兵"、"炭羊帐灵梅"、"淋维羊帐个兵"、"淋向冲王个梅"、

---

① ［英］詹·乔·弗雷泽：《金枝》，大众文艺出版社1998年版，第79页。

② 有关宗教的详细定义，古往今来，基本上都没有形成一个统一的答案。本文无意于详细探讨各种学说之间的异同点，而是在弗雷泽所阐明的意义上使用"宗教"这个概念的。

③ 2004年10月8日在虎形山乡崇木凼村采访沈诗永时得知。

④ 在不同的地方，叫的师父也往往有所区别，比如大水田、老树下的花瑶一般不会请"太上老君"和"姬姬如灵"。而奉姓和沈姓的巴梅必须请龙潭横板桥的师父，杨姓则要请溆浦横板桥的师父。2004年10月8日在虎形山乡崇木凼村采访沈诗永时得知。

"满地王总兵"、"围冲王总梅"、"步迁王总兵"、"庙迁王总梅"①，等等。

而在瘪饭的咒语之外，还存在着大量各种各样的神灵受到他们的尊敬和祭拜：古树神、石头神、雷公、龙王、土地公公、家神、谷神、灶神、火神、梅山菩萨、妇女祖师、炉头祖师、窑林祖师、狐仙，甚至还有关云长神、张飞神、鲁班仙人、华佗祖师，等等。

从以上这些名称中我们可以清楚地看出，在他们的信仰体系中，有一批超自然的神灵的存在，这些神灵控制着活人世界之外的另一个世界，包括天庭与地狱，并能够对活人的世界施加影响，与活人发生关系。这种有灵观的存在以及对超自然的神灵的信仰显然应该归于宗教（准宗教）的范畴之内。

但是仍然应当指出的是，这是一个非常繁杂、甚至有些混乱的谱系，在这个谱系中，自己的祖宗、已去世的历代巴梅，以及各种大小菩萨（如玉皇大帝、南岳圣帝、观音菩萨、雷公、家神、山神、土地，等等）都是对他们友善的神灵，处在阳光明媚的天庭，并对活人的世界时时给予关照；而那些生前做了恶事或者非正常死亡的人则被认为是变成了恶鬼，② 继续在阴间作恶，有时还会危害人间。这些名字是如此之多，以至于有时候一个优秀的巴梅也不能非常准确地在他们中间作出详细的区分和判断。这是一种不成熟的、甚至是有些粗糙的宗教原初信仰形态，这些神灵或者鬼怪虽然存在于他们的信仰体系中，但是一直没有形成一个较为清晰的神祇结构；他们虽然信仰多种神灵，但是却没有形成严格意义上的"多神教"。

而从他们只有语言没有文字的状况来看，可以肯定，靠口耳相传所传下来的神灵谱系，一定会产生非常大的随意性与内容的出入。这样的

---

① 这些名称的汉语音译写法都出自花瑶自由职业者回楚佳的笔记。前面的脚注曾经提过，回楚佳本人就是一位花瑶，他是我们所见到的唯一一个有意识地将"瘪饭"咒语的音译记录下来并作出一定程度整理的人。这一做法给我们的调查带来了极大的帮助。

② 这些鬼的名字大概有上百种之多，如伤亡鬼、豆子鬼、产难鬼、吊死鬼、狐狸精、孤魂野鬼，等等。

状况，也极大地制约了他们宗教观的形成与发展。而且，花瑶人总是处于不断的迁徙与战争的境况中，这同样成为影响他们宗教体系形成的重要因素。但是无论如何，在巴梅的世界中，已经有"天庭"与"地狱"，有了各种"神谱"，也有了各种请神祭祀的仪式与规则。也就是说，他们已然具备了宗教的某些原初形态。

在弗雷泽看来，"宗教包含理论和实践两大部分，就是：对超人力量的认可，以及讨其欢心、使其息怒的种种企图。……信仰和实践，或者用神学的语言说即道和行，同样都是宗教的基础，二者缺一不可"。① 而献祭显然就包含在这"讨其欢心、使其息怒的种种企图"之中。事实上我们也可以看到，祭祀的仪式同样存在于瘣皈之中。雄鸡（或者猪头）和米是不可缺少的祭祀物品，然而祭祀的方式却非常简单：首先，巴梅会将一升左右的米盛在竹筒或者碗里，然后和一只活的雄鸡一起摆在厨房的门口，烧上几炷香，念着咒语，师父和各路菩萨就会接收到祭品和弟子的请求。② 随后巴梅便可以开始瘣皈，在这一整套仪式进行完毕之后，雄鸡和米往往就是他的报酬。在过年杀完猪的时候，花瑶人家也往往会请巴梅来瘣皈，他们称之为"还年愿"，其主要目的是向祖宗和历代师父汇报本年的情况，并祈求来年平安。其献祭的方式也不过是将米、纸和弄干净的猪在堂屋里摆一下即可。③ 这是一种极其简单的方式，祭祀的日期并不需要与阴阳五行的观念相配合，祭祀的仪器也没有什么特别的讲究，更不用说没有祭祀的音乐或者歌舞。我们知道早在周代，汉族的祭礼已经处于非常完备和发达的形态，不仅祭品的种类增多，而且牲体的各部分也按着五行的观念加以分配而表示其意义，祭祀的日期也必须和阴阳五行的观念相配合，而祭鼎制度的出现更是祭礼完备的表现。④ 但是花瑶民族的瘣皈祭祀仪式，还远远没有发展到周代

① ［英］詹·乔·弗雷泽：《金枝》，大众文艺出版社 1998 年版，第 77—78 页。
② 有时候也会现场宰杀这只雄鸡以便于师父更容易接收，但却没有一定之规。
③ 2004 年 10 月 4 日在虎形山乡崇木凼村采访沈诗永时得知。
④ 参见梁钊韬《中国古代巫术——宗教的起源和发展》，中山大学出版社 1999 年版，第 203—210 页。

的水平。

从这里我们可以看出，巴梅必须要借助于一些超越于自然之上的神灵（师父以及各路菩萨）的帮助才能顺利完成其所要完成的事项，而在这过程中，他也必须进行献祭、祭祀以保证获得他们的帮助。这显然应该看作是瘝皈蕴涵着宗教的原初形态的一些反映。实际上，瘝皈既不是一种纯粹的巫术活动，也不能完全地归于宗教的范畴。纯粹、地道的巫术确信自然界的严整有序和前后一致，巫师只能遵从巫术的规则或"自然规律"才能显示神通，而不是寄希望于一个超自然的神，以企求或取悦它来达到自己的目的。但从瘝皈来看，既有对巫术规则的运用，又有对神灵（师父、各路菩萨）的说服、劝诱、祈祷、请求，希望能借助于神灵的力量来实现自己的要求；既有使用法器、咒语通过交感巫术来达到驱鬼、治病的方式，又有搬请师父、菩萨、天兵天将等劝服或强迫鬼怪离开的手段。在这过程中，巴梅同时举行着巫术与宗教的仪式，这是巫术与宗教相混杂、相交织的体现。因此，对于瘝皈的性质的准确说法应该是：它处于"巫术—宗教"这一发展阶段，是从巫术到宗教的过渡阶段的一种特殊的宗教文化现象。

我们能找到更多的证据来证明对瘝皈的性质的这一判断。在萨满教中，巫师的产生不是经过世袭、选举、委任或者学习，而是取决于其是否在出生时曾伴有异象、长期重病不愈或突然发疯，一度言行反常等等因素，这些因素被认为是祖先神灵有意挑选其为新一代萨满的迹象。在通古斯语中，萨满一词本身就带有"激动不安、疯狂乱舞"的含义。[1]而西藏珞巴族中的"爸目"以及凉山彝族中的"苏理"的产生也与萨满巫师的产生方式极其相似。[2] 在这些巫师施法的过程中，极度的癫狂状态和反常举动往往会被认为是神灵附体及其法力高强的标志。

然而，花瑶民族的巫师"巴梅"所产生的方式却有很大的不同。任何人都有资格成为巴梅，但必须经过三年甚至更久的刻苦学习过程，

---

① 宋恩常：《中国少数民族宗教初编》，云南人民出版社1985年版，第19—21页。
② 秋浦主编：《萨满教研究》，上海人民出版社1985年版，第153页。

能不能最后得到师父的认可从而成为一个新的巴梅主要取决于他这几年理性学习的结果，而不是在这其中是否会出现癫狂状态。萨满是"激动、不安、疯狂"的人，巴梅却是极正常的，即便是在瘗皈的过程中，他也身着日常衣服，口中念念有词，当师父"附体"的时候，只有短暂的神情紧张和语速加快，却很少出现极端的疯狂举动。在他们看来，如果巴梅在施法过程中出现异状，则往往表示他受到了鬼或者不洁之物的纠缠，而不是表示师父在他身上附体了。

在一个非常偶然的机会里，我们有幸亲眼目睹了一次瘗皈治病的过程。[①] 那时夜幕已降，在昏黄的灯光下，一位中年的巴梅口中念着咒语，右手拿着巴耶，敲打着卜耶上的铁丝，左手握着师刀，在木地板上富有节奏地撞击，师刀上的铁环彼此碰撞，发出清脆而悦耳的声音。在整个过程中，巴梅有时双目紧闭，频率加快，据称是师父附体了，但大概只持续了几十秒钟便松弛下来，恢复到原来的韵律之中，紧张只是穿插其中的一个小片段，在这整个的过程中，没有混乱，更没有疯癫。与其他原始巫术盛行的部落相比，这是一个非常不同的状态。另一个有意思的事情是，在许多原始部落中，巫师很多是女性，或者是在施法的过程中显示出非常明显的女性性状；然而整个花瑶民族在我们所接触到的巴梅当中，几乎没有几位女性，[②] 也没有对女性性状、神态、行动的模仿。这基本上是一个男性的世界，在这个男性的世界里，充满了阳刚之气，闪耀着理性的微弱的光辉。

还有一个问题是不容忽视的，即蕴涵于瘗皈之中的原始的道德观念。"准巴梅"在获得正式巴梅身份之前要经受师父的考核，这种考核主要是对其人格的判断，良心好的人才能考核过关，从而得到师父颁发

---

① 2004年10月10日晚19点35分左右，我们从虎形山乡水洞坪村采访结束，并在村长家吃完饭返回住处的途中有幸见到了这一幕。

② 在采访的过程中花瑶人特别向我们提到，女性也有资格通过学习成为巴梅。在他们看来，女性属"阴"，而瘗皈是从姬姬如灵传下来的，也属"阴"，因此，女性学瘗皈是"以阴养阴"，可以使法术更加高强。但是这会使女性变得阴阳不调，对其本人不利，所以，师父一般不愿意教女性学瘗皈。从这里我们可以很容易看出，这是出于对女性的爱护而不是歧视才这样规定的，而这恰恰反映出瘗皈所蕴涵的人道主义关怀。

的"牌"，良心坏的人将因难以得到师父的承认而不能够施法。对于已经取得正式施法资格的巴梅如果后来被发现是专做坏事的话，师父也会将已经发出去的"牌"收回，取消他的资格。① 利用常人没有的独特法力做坏事被普遍认为必遭报应，而且这种报应甚至会应验到子孙后代的身上。这显然是对享有通灵能力之人的一种约束，带有较强的道德律令的色彩。而在瘕皈的过程中，巴梅也要严格地遵守基本的道德规范，瘕皈开始时一个必经的程序是：他要负责提醒师公和各路神灵"抱起银照看个现，抱起金照识个真，不要乱提人顶，乱抓户口，不要乱捉良抓桂，不要乱捉马爷、马奥，不要乱捉秧维秧柳，秧杯梅宁，不要乱捉亲戚朋友亲人鹅统，不要乱抓养性猪马牛羊，鸡鸭猫狗"，② 即要他们不要误伤了好人，不要惊动了孕妇，不要弄死家禽六畜，等等。这种程序的设定显然包含了一种朴素的宗教的人道主义关怀在里面。所有的这一切，都在说明花瑶民族的瘕皈，已经是一种带上了理性思索、道德判断、艰苦学习与文明传承的"巫术—宗教"形态。

在前面的段落中我们已经对瘕皈的性质作出了一个基本的判断，即认为它既不是纯粹的巫术，但是也不能完全归入宗教的范畴，而是处于"巫术—宗教"发展阶段。那么，这样一种形态对花瑶人的实际生活的影响是怎样的呢？与他们的政治（公共生活）的关系又如何呢？

五 "瘕皈"在公共领域的作为考察

在前面我们曾经提到，巴梅产生于理性学习过程，而并非取决于出生时伴有异象或者祖先附体等非理性因素。在长达三年的学习过程中，他不仅要完成对施法规则的学习和运用，而且还掌握了本民族大量的礼

---

① 这个类似于"职业资格证"的"牌"是没有实在形态的，只是口头颁发，师父若要收回，也只要口头收回就可以了，被收牌的巴梅将因为没有资格而不能再请动历代师公和神灵帮助其实现目的。另外一种说法是良心坏的人也能拿到"牌"，但这个"牌"是"黑牌"，法力并不高，也不怎么灵验，而且持有"黑牌"的巴梅在害人之后往往很快就会遭到报应。

② 出自花瑶自由职业者回楚佳的笔记。

仪规则、医学知识，了解了本民族的历史变迁。这是一个对自己民族文化的全面理解与消融的过程，而这个过程的完成为他们赢得了较高的声望和地位。例如前文所提到的沈诗永老人，他除了作为一名法力高强的巴梅而远近闻名之外，还由于懂得医药之术、尤其善于使用草药治疗各种疑难杂症而在整个民族中享有较高的威望；而当有人要结婚或者定亲的时候，他也往往由于熟知那一整套老祖宗传下来的礼仪规矩而受到特别的邀请去主持整个婚礼过程。事实上，巴梅已经成为本民族独特文化的传承者和名副其实的精英人物。①

弗雷泽曾用大量的事例向我们说明，在许多原始的部落和民族中，巫师往往会由于其所拥有的"控制自然"的本领而得到其他人的恐惧与尊敬，从而占据了"王"的世俗地位。② 而在远古的中国，"至少在新石器晚期，萨满巫术权力已逐渐与政治权力相结合"。③ 那么，作为花瑶民族中最杰出的人物，巴梅是否也曾因为具有"沟通神人"的特殊能力而获得其他人的尊敬和推崇，从而产生与政治权力结合的可能性，并最终导致"巫王合一"④ 情况的出现呢？接下来我们将进行进一步的探讨。

在前文中我们曾经提到，花瑶民族在外出打猎之前往往要先打卦预测当日的情况，以便确定应该去哪个地方以及采取什么样的方式获取猎物。而从他们的描述中我们得知，在日常生活中，他们也习惯于经常性地占卜、问卦，由此来预测近期将会发生什么事情和应该采取什么样的应对手段。这是一种已经内化为潜意识的民族心理，也是一种极其普遍

---

① 在为期几个月的实地调查中，有关花瑶的许多重要的线索和信息都是由巴梅提供的。他们对本民族历史与文化的熟悉程度和领悟力是普通花瑶人所不能比拟的。

② 例如在非洲的许多土著部落中，祈雨师往往就是酋长；而在北美的印第安部落里，懂医术的巫师在实际上享有和酋长同起落的权力。大量的例子可以参见［英］詹·乔·弗雷泽《金枝》，大众文艺出版社1998年版，第128—139页。

③ 杨阳：《王权的图腾化——政教合一与中国社会》，浙江人民出版社2000年版，第119页。

④ 在这里，"王"是一个广泛的含义，指的是他们民族的世俗政治权威，而不是在狭义上使用这个概念的。

的生活方式，他们已经习惯于利用这种方式来自觉地指导自己的行为，也已经习惯于巴梅在他们生活中所起到的重要作用。在这里，也许有一个重要的问题需要引起注意，即：在更为重要的场合，巴梅扮演着什么样的角色？

在花瑶民族的记忆中，居于显著位置的是几次重大战役。① 而"血光寨之役"是其中最重要的一场，据称当时的几位寨主都是巴梅，每次大战之前他（她）们都要瘪飯、打卦，以此来预测战争的结果以及应对之策。② 另外的一种说法是："在每次大战之前巴梅都要用掌法推算胜负。"③ 如果这种说法是真实的，那么，这显然应该被看作是他们民族曾经出现"巫王合一"的社会形态的一个明证。然而，这种说法的真实性由于缺乏更加确凿的证据而难以考证。但是我们仍然有理由认为，这种说法应该是比较符合情理的——当整个花瑶民族对"瘪飯"的信任已经到了无可置疑的地步的时候，当他们在日常生活中都已习惯于将巴梅奉若神灵的时候，似乎没有理由去怀疑在大的战事来临之前巴梅却退居在政治领袖的后面无所作为。

另外还有一种说法值得关注。在花瑶人民的记忆中有一个关于"四十八屠桌"的故事，大意为：他们民族以前人口众多（据说有数十万之众），④ 主要聚居在隆回县麻塘山一带，每日能卖掉摆满整整四十八张屠桌的猪肉。但是后来由于受到朝廷的挑拨，各个姓氏的人彼此之间相互"斩草"人口折损了大半，最后就只剩下现在这么多人了。⑤ 这种"由于各个姓氏的人彼此之间互相瘪飯而导致人口剧减"是一个非常有意思的提法，它似乎暗示着这种"互相瘪飯"已经不再只是个人

---

① 主要包括"血光寨之役"、"大杀江、小杀江的战役"等等。在采访的过程中，几乎每个地方、每个被采访的人都会向我们提到这几场战役。由此可以断定，这几场战役在他们的记忆中占据了最显著的地位。

② 2004 年 10 月 10 日在虎形山乡水洞坪村采访奉族良时得知。

③ 2004 年 10 月 8 日在虎形山乡崇木凼村采访沈诗永时得知。

④ 2004 年 8 月 1 日在小沙江镇采访刘庆生时得知。

⑤ 最早是在 2004 年 8 月 3 日采访小沙江镇江边村禾梨树组的奉泽黄时得知的。后来在很多地方也听到了这样的说法。

的行为，而是发展成为一种公共的状态，甚至有可能是为着自己姓氏的
"公共利益"的"公共巫术行为"。如同弗雷泽所说："当部落的福利被
认为是有赖于这些巫术仪式的履行时，巫师……可能很容易取得一个首
领或国王的身份和权势。"① 当这种"公共巫术行为"发生的时候，具
备了为自己姓氏谋取利益的行为能力的人（巴梅），或许就成了该姓氏
的政治首领；即便他不是亲自瘗飯，他也可能会借助于另一位巴梅来完
成。也就是说，在当时的公共行为中，瘗飯起了非常重要的作用。

以上是有关花瑶历史上巴梅和瘗飯在公共领域的作为以及是否存在
"巫王合一"社会形态的一些证据与推测。这些推测由于缺乏更加充分
的证据而只能停留于此。然而，他们现在的生存状况却非常容易作出判
断，即：现在花瑶民族所处的社会形态是"巫王分离"的。

在实地调查的过程中，几乎不用花费多少力气就能感觉到他们现在
所处社会的"政教关系"：尽管遇到重要的事情时，瘗飯、打卦仍然是
他们首选的应对方式；尽管瘗飯在他们的心目中依然占据着重要的分
量，还渗透在他们生活的方方面面；尽管巴梅仍然受到了他们普遍的尊
敬；然而，巴梅已经不可能再渗透到现在的乡、村、组的政治组织之
中，起到影响政治决策的重要作用。少数几个曾经拥有政府公职—巴梅
双重身份的老人，已渐次离开人世。而由于瘗飯自身的神圣性难以实现
与市场经济的有效融合，花费大量的时间和精力来学习这门知识技艺对
于年轻一代的花瑶人已不具太大吸引力。剩余少数巴梅，也不得不在国
家法律法规、政策制度的规范下行使这一权力。换言之，他们只能在政
治事务之外的世界中，发挥古老的效用。

在这其中，现代政治组织力量的强大无疑是导致这种情况出现的最
为重要的原因。但是，还有一个重要的因素不应该受到忽略，即：瘗飯
始终没有发展成为一个完整意义上的宗教，没有形成一个坚强的宗教核
心，花瑶民族也始终没有能够走入更高一级的文明形态。历史上常年颠
沛流离的逃亡生活几乎不可能令他们民族的"巫术—宗教"得到有效

---

① ［英］詹·乔·弗雷泽：《金枝》，大众文艺出版社 1998 年版，第 70 页。

的积淀和发展，更不可能将粗浅、原始的宗教观念教义化，从而形成一个金字塔式的神祇结构和一个坚强的宗教核心。进一步说，对于没有形成自己文字的花瑶民族而言，口耳相传的传授方式也只能使这种本领趋于递减而不可能有所增长。从前文中我们已经非常清晰地看出，有些法术（如"斩草"）已经濒临最终消失的境地。

六 小 结

自古以来，花瑶民族一直没有发展成为一股强大到足以抗衡中央政权的势力，也没有形成一个坚定的政治和宗教、文化核心。对于他们来说，汉族文明一直是一个强势文明，在这个强势文明的长久压力与包围之下，他们不得不被迫或自愿放弃自己本民族的某些传统，而被这种更高的文明所吸纳或者同化。一个非常明显的例子就是："不食黄瓜和白瓜"这一花瑶人的古老禁忌，现在正在很多地方被当作"迷信"的产物而逐渐放弃。现代科学观念的引进与无神论的冲击，伴随着其与现代权力体系的全面合谋，更是从根本上挑战着他们的传统信仰体系。当现代医学开始开进古老的瑶山的时候，巴梅的传统声誉正受到新的质疑，悄无声息地处于民族文化认同与传承的焦虑期，开始濒临失去作用的危险。在现代的情境之下，瘕畈所能起到的作用，正逐渐被更为先进，也更为强有力的现代文明所取代。从更深的意义而言，瘕畈正在退出世俗的体系，成为花瑶民族自古相传的传统之一。萎缩之后，便是永远的历史绝响。

参考书目

地方志类

1. （明）陆柬纂修：《宝庆府志》，明隆庆元年刻本。

2. （清）张起鹍修，刘应祁纂：《邵阳县志》，清康熙二十三年刻本。

3. 道光《宝庆府志》卷5《大政记》，清道光二十九年刻本。

4. 道光《宝庆府志》卷9《疆里表》，清道光二十九年刻本。

5. （清）许绍宗修，邓显鹤纂：《武冈州志》，清嘉庆二十二年刻本。

6. （清）齐德五主修：《溆浦县志》，清同治十二年刻本，溆浦县档案馆2003年10月重印，溆浦彩色印刷厂印刷（内部资料）。

7. 民国《溆浦县志》卷2《区乡·瑶峒村》，民国十年活字本。

8. 溆浦县志编纂委员会编：《溆浦县志》，社会科学文献出版社1993年版。

9. 新化县志编纂委员会编：《新化县志》，湖南出版社1996年版。

10. （清）王玮纂修：《乾州志》，清乾隆刻本。

11. 隆回县志编纂委员会编：《隆回县志》，中国城市出版社1994年版。

12. 邵阳市地方志编纂委员会编：《邵阳市志》，湖南出版社1997年版。

13. 马道明、谢元华编：《隆回县志·民族篇》（送审稿）。

14. 洞口县地方志编纂委员会编：《洞口县志》，中国文史出版社

1992 年版。

　　15. 苏天爵:《滋溪文稿》卷一二《韩公神道碑铭》。

英文著作

　　16. Ralph A. Litzinger, *Other Chinas:the Yao and the Politics of National Belonging*, Duke University Press, Durham and London, 2000.

　　17. Harding, S. L. : Feminism, Science and the Anti-Enlightment Critiques, In L. Nicholson(ed). Feminism/postmodernism, London:Routledge, 1990.

　　18. Patricia Buckley Ebrey: "Women and the Family in Chinese History", London and New York:Routledge, 2003.

　　19. Bourdieu, Pierre:Outline of a Theory of Practice. Cambridge University Press, 1977.

　　20. Harriet Evans: "The Language of Liberation:Gender and *JieFang* in Early Chinese Communist Party Discourse", *Intersections:Gender, History and Culture in the Asian Context*, Issue 1, September 1998.

　　21. Baogang Guo: "Political Civilization and Modernization in China", *From Conflicts to Convergence:Modernity and the Changing Chinese Political Cultures*, edited by Yang Zhong, Shiping Hua, World Scientific Publishing Co. Pte. Ltd. ,2006.

　　22. Louisa Schein: "Minority Rules:The Miao and the Feminine in China's Cultural Politics", Duke University Press, Durham&London, 2000.

国外译著

　　23. 〔美〕杜赞奇:《文化、权力与国家——1900—1942 年的华北农村》,王福明译,江苏人民出版社 2003 年版。

　　24. 〔美〕黄宗智:《华北的小农经济与社会变迁》,中华书局 2000 年版。

　　25. 〔美〕莫里斯·弗里德曼:《中国东南的宗族组织》,刘晓春译,上海人民出版社 2000 年版。

26. ［英］安东尼·吉登斯：《民族—国家与暴力》，胡宗泽、赵力涛译，三联书店 1998 年版。

27. ［美］马歇尔·萨林斯：《甜蜜的悲哀》，王铭铭、胡宗泽译，三联书店 2000 年版。

28. ［美］黄宗智：《长江三角洲的小农家庭与农村发展》，中华书局 1992 年版。

29. ［美］吉尔伯特·罗兹曼主编：《中国的现代化》，"比较现代化"课题组译，江苏人民出版社 1988 年版。

30. ［美］弗里曼、毕克伟、赛尔登：《中国乡村，社会主义国家》，陶鹤山译，社会科学文献出版社 2002 年版。

31. ［法］谢和耐：《中国社会文化史》，黄建华、黄迅余译，湖南教育出版社 1994 年版。

32. ［法］古斯塔夫·勒庞：《乌合之众：大众心理研究》，戴光年译，新世界出版社 2010 年版。

33. ［日］竹村卓二：《瑶族的历史与文化——华南、东南亚山地民族的社会人类学研究》，金少萍、朱桂昌译，民族出版社 2003 年版。

34. ［日］须藤瑞代：《中国"女权"概念的变迁：清末民初的人权和社会性别》，［日］须藤瑞代、姚毅译，社会科学文献出版社 2010 年版。

35. ［美］费正清主编：《剑桥中国晚清史（1800—1911）》，中国社会科学出版社 1985 年版。

36. ［美］费正清主编：《剑桥中华民国史·第一部》，上海人民出版社 1991 年版。

37. ［美］费正清主编：《剑桥中华民国史·第二部》，上海人民出版社 1992 年版。

38. ［英］崔瑞德、鲁唯一编：《剑桥中国秦汉史》，杨品泉等译，中国社会科学出版社 2006 年版。

39. ［美］塞缪尔·亨廷顿：《文明的冲突与世界秩序的重建》，周琪、刘绯、张立平、王圆译，新华出版社 1998 年版。

40. ［美］易劳逸：《毁灭的种子：战争与革命中的国民党中国（1937—1949）》，王建朗、王贤知、贾维译，凤凰出版传媒集团、江苏人民出版社 2010 年版。

41. ［美］阿里夫·德里克：《革命与历史：中国马克思主义历史学的起源，1919—1937》，翁贺凯译，江苏人民出版社 2005 年版。

42. ［美］詹姆斯·R. 汤森、布兰特利·沃马克：《中国政治》，顾速、董方译，江苏人民出版社 2005 年版。

43. ［美］孔飞力：《叫魂：1768 年中国妖术大恐慌》，上海三联书店 1999 年版。

44. ［美］韦思谛编：《中国大众宗教》，陈仲丹译，凤凰出版传媒集团、江苏人民出版社 2006 年版。

45. ［英］王斯福：《帝国的隐喻：中国民间宗教》，赵旭东译，凤凰出版传媒集团、江苏人民出版社 2011 年版。

46. ［德］西格蒙德·弗洛依德：《精神分析导论演讲》，国际文化出版公司 2000 年版。

47. ［丹麦］克斯汀·海斯翠普（Kirsten Hastrup）编：《他者的历史——社会人类学与历史制作》，贾士蘅译，中国人民大学出版社 2010 年版。

48. ［苏］Ⅱ. E. 海通：《图腾崇拜》，广西师范大学出版社 2004 年版。

49. ［英］詹·乔·弗雷泽：《金枝》，大众文艺出版社 1998 年版。

50. 阎云翔：《私人生活的变革：一个中国村庄里的爱情、家庭与亲密关系：1949—1999》，龚小夏译，上海书店 2006 年版。

51. ［美］詹姆斯·斯科特：《弱者的武器》，郑广怀、张敏、何江穗译，凤凰出版传媒集团、译林出版社 2007 年版。

52. ［加］宝森：《中国妇女与农村发展——云南禄村六十年的变迁》，胡玉坤译，江苏人民出版社 2005 年版。

53. ［美］马歇尔·萨林斯：《"土著"如何思考——以库克船长为例》，张宏明译，赵丙祥校，上海人民出版社 2003 年版。

54.〔加〕丽贝卡·J.库克编著：《妇女的人权——国家和国际的视角》，中国社会科学出版社 2001 年版。

55.〔法〕米歇尔·福柯：《规训与惩罚：监狱的诞生》，刘北成、杨远婴译，生活·读书·新知三联书店 1999 年版。

56.〔美〕杨懋春：《一个中国村庄：山东台头》，张雄、沈炜、秦美珠译，江苏人民出版社 2001 年版。

57.〔澳〕杰华：《都市里的农家女：性别、流动与社会变迁》，吴小英译，江苏人民出版社 2006 年版。

58.〔美〕明恩溥：《中国乡村生活》，午晴、唐军译，时事出版社 1998 年版。

59.〔加〕朱爱岚：《中国北方村落的社会性别与权力》，胡玉坤译，江苏人民出版社 2004 年版。

60.〔美〕彭慕兰：《大分流：欧洲、中国及现代世界经济的发展》，史建云译，江苏人民出版社 2004 年版。

61.韩敏：《回应革命与改革——皖北李村的社会变迁与延续》，陆益龙、徐新玉译，凤凰出版传媒集团、江苏人民出版社 2007 年版。

62.〔美〕伊沛霞：《内闱——宋代的婚姻和妇女生活》，胡志宏译，江苏人民出版社 2004 年版。

63.〔法〕皮埃尔·布迪厄：《实践感》，蒋梓骅译，译林出版社 2003 年版。

64.〔法〕诺贝特·埃利亚斯著，斯蒂芬·门内尔、约翰·古德斯布洛姆编：《论文明、权力与知识——诺贝特·埃利亚斯文选》，刘佳林译，南京大学出版社 2005 年版。

65.〔美〕詹姆斯·斯科特：《农民的道义经济学：东南亚的反叛与生存》，程立显、刘建等译，译林出版社 2001 年版。

66.杨美惠：《礼物、关系学与国家：中国人际关系与主体性建构》，赵旭东、孙珉译，江苏人民出版社 2009 年版。

67.〔美〕高彦姬：《闺塾师：明末清初江南的才女文化》，江苏人民出版社 2005 年版。

68. ［美］罗丽莎：《另类的现代性——改革开放时代中国性别化的渴望》，黄新译，江苏人民出版社 2006 年版。

69. ［美］马克·赛尔登：《革命中的中国：延安道路》，魏晓明、冯崇义译，社会科学文献出版社 2002 年版。

70. ［法］让·凯勒阿尔、P.－Y. 特鲁多、E. 拉译加：《家庭微观社会学》，顾西兰译，商务印书馆 1988 年版。

国内著作

71. 费孝通：《江村经济——中国农民的生活》，商务印书馆 2003 年版。

72. 费孝通：《费孝通选集》，海峡文艺出版社 1996 年版。

73. 费孝通：《乡土中国，生育制度》，北京大学出版社 1998 年版。

74. 黄应贵、叶春荣主编：《从周边看汉人的社会与文化——王崧兴先生纪念论文集》，台北南港：中央研究院民族学研究所，1997 年。

75. 萧新煌编：《低度发展与发展——发展社会学选读》，台北巨流图书公司 1985 年版。

76. 吕思勉：《中国民族史》，东方出版社 1987 年版。

77. 高其才、米莉等：《瑶族经济社会发展的法律问题研究》，中央民族大学出版社 2008 年版。

78. 王铭铭：《村落视眼中的文化与权力——闽台三村五论》，三联书店 1997 年版。

79. 王铭铭：《想象的异邦》，上海人民出版社 1998 年版。

80. 王铭铭：《社会人类学与中国研究》，广西师范大学出版社 2005 年版。

81. 王铭铭、［英］王斯福主编：《乡土社会的秩序、公正与权威》，中国政法大学出版社 1997 年版。

82. 贺雪峰：《新乡土中国》，广西师范大学出版社 2003 年版。

83. 贺雪峰：《乡村治理的社会基础》，中国社会科学出版社 2003 年版。

84. 张厚安、徐勇、项继权等：《中国农村村级治理——22 个村的调查与比较》，华中师范大学出版社 2000 年版。

85. 于建嵘：《岳村政治——转型期中国乡村政治结构的变迁》，商务印书馆 2001 年版。

86. 刘禾：《帝国的话语政治：从近代中西冲突看现代世界秩序的形成》，生活·读书·新知三联书店 2009 年版。

87. 李银河：《生育与村落文化·一爷之孙》，文化艺术出版社 2003 年版。

88. 李银河：《后村的女人们——农村性别权力关系》，内蒙古大学出版社 2009 年版。

89. 王凤华、贺江平等：《社会性别文化的历史与未来》，中国社会科学出版社 2006 年版。

90. 马元曦主编：《社会性别与发展译文集》，生活·读书·新知三联书店 2000 年版。

91. 刘一皋、王晓毅、姚洋：《村庄内外》，河北人民出版社 2002 年版。

92. 夏晓虹：《晚清女性与近代中国》，北京大学出版社 2004 年版。

93. 马庆钰：《告别西西弗斯——中国政治文化分析与展望》，中国社会科学出版社 2002 年版。

94. 王沪宁：《当代中国村落家族文化——对中国社会现代化的一项探索》，上海人民出版社 1991 年版。

95. 高丙中：《居住在文化空间里》，中山大学出版社 1999 年版。

96. 李德芳：《民国乡村自治问题》，人民出版社 2001 年版。

97. 李振杰：《草根调查——中国基层发展问题的社会学分析》，经济管理出版社 2004 年版。

98. 刘倩：《南街社会》，学林出版社 2004 年版。

99. 梁钊韬：《中国古代巫术——宗教的起源和发展》，中山大学出版社 1999 年版。

100. 沈敏华、程栋：《图腾——奇异的原始文化》，上海辞书出版社 2003 年版。

101. 万建中：《解读禁忌——中国神话、传说和故事中的禁忌主题》，商务印书馆 2001 年版。

102. 杨阳：《王权的图腾化——政教合一与中国社会》，浙江人民出版社 2000 年版。

103. 黄仁宇：《放宽历史的视野》，生活·读书·新知三联书店 2001 年版。

104. 陈其南：《文化的轨迹》，春风文艺出版社 1987 年版。

105. 杨国安：《明清两湖地区基层组织与乡村社会研究》，武汉大学出版社 2004 年版。

106. 苏力：《法治及其本土资源》，中国政法大学出版社 1996 年版。

107. 吴毅：《村治变迁中的权威与秩序——20 世纪川东双村的表达》，中国社会科学出版社 2002 年版。

108. 高宣扬：《布迪厄的社会理论》，同济大学出版社 2004 年版。

109. 杜芳琴：《中国社会性别的历史文化寻踪》，天津社会科学出版社 1998 年版。

110. 李小江、朱虹、董秀玉主编：《主流与边缘》，生活·读书·新知三联书店 1999 年版。

111. 中国社会科学杂志社编：《人类学的趋势》，社会科学文献出版社 2000 年版。

112. 傅伯言、汤乐毅、陈小青：《中国村官》，南方日报出版社 2001 年版。

113. 徐祖祥：《瑶族文化史》，云南民族出版社 2001 年版。

114. 李本高编撰：《湖南瑶族源流》，岳麓书社 2001 年版。

115. 田伏隆主编：《湖南瑶族百年》，岳麓书社 2000 年版。

116. 张有隽：《瑶族历史与文化》，广西民族出版社 2001 年版。

117. 宫哲兵：《千家峒运动与瑶族发祥地》，武汉出版社 2001 年版。

118. 吴永章：《畲族与瑶苗比较研究》，福建人民出版社 2002 年版。

119. 高发元主编：《瑶族——河口瑶山乡水槽村》，云南大学出版社 2001 年版。

120. 熊知方：《隆回名胜》，国际文化出版公司 1997 年版。

121. 刁田丁主编：《中国地方国家机构概要》，法律出版社 1989 年版。

122. 行政院县政计划委员会主编：《县各级组织纲要》，正中书局 1946 年版。

123. 马克思、恩格斯：《马克思恩格斯选集》第 2 卷，人民出版社 1972 年版。

124. 国家民委民族问题研究中心编：《中国民族》，中央民族大学出版社 2001 年版。

125. 辞海编辑委员会编：《辞海》，中华书局 1981 年版。

126. 中国人民政治协商会议湖南省隆回县委员会学习文史委员会编辑：《隆回文史》第七辑（内部资料），1998 年。

127. 中国人民政治协商会议湖南省隆回县委员会学习文史委员会编辑：《隆回文史》第九辑（内部资料），2000 年。

128. 殷海光：《近代中国文化的基线》，载张斌峰主编《殷海光文集》，湖北人民出版社 2001 年版。

129. 何平：《中国传统政治思维探源》，天津人民出版社 2003 年版。

130. 毛泽东：《湖南农民运动考察报告》，载《毛泽东选集》（第一卷），人民出版社 1968 年版。

131. 秦晖：《传统十论》，复旦大学出版社 2004 年版。

132. 朱天顺：《原始宗教》，上海人民出版社 1964 年版。

133. 《中国各民族宗教与神话大词典》，学苑出版社 1993 年版。

134. 宋恩常：《中国少数民族宗教初编》，云南人民出版社 1985 年版。

135. 秋浦主编：《萨满教研究》，上海人民出版社 1985 年版。

相关论文

136. 斐斯（Raymond Firth）：《中国农村社会团结性的研究》，费孝通译，载燕京大学社会学系编辑《社会学界》第十卷，燕京大学哈佛燕京学社引得校印所 1938 年版。

137. 樊平：《村落公共权力：农村经济和社会协调发展的关键》，载朝明谟等《中国社会与现代化》，中国社会出版社 1998 年版。

138. 麻国庆：《作为方法的华南：中心和周边的时空转换》，《思想战线》2006 年第 4 期。

139. 李晋：《中国华南社会主义社区研究述评——兼谈"作为方法的华南"》，《思想战线》2009 年第 4 期。

140. 谭同学：《再论作为方法的华南——人类学与政治经济学的交叉视野》，《思想战线》2010 年第 5 期。

141. 董珞：《湖南虎形山花瑶探源》，《中南民族大学学报》（人文社会科学版）2005 年第 1 期。

142. 王春光：《中国社会的走向》，载朝明谟等《中国社会与现代化》，中国社会出版社 1998 年版。

143. 玉时阶：《美国瑶族的国家认同与文化认同》，《广西民族研究》2011 年第 3 期。

144. 邓文云：《中国瑶族和东南亚瑶族文化发展的历史、现状及特点》，《世界民族》2002 年第 3 期。

145. 韦浩明：《历史上"他者"建构的瑶族——文化视野中瑶汉族群关系研究》，《黑龙江民族丛刊》2010 年第 1 期。

146. 杨善华、刘小京：《近期中国农村家族研究的若干理论问题——一个社会学的视角》，载《中国社会学年鉴（1999—2002）》，社会科学文献出版社 2004 年版。

147. 朱晓阳：《"延伸个案"与一个农民社区的变迁》，载张曙光、邓正来主编《中国社会科学评论》第 2 卷，法律出版社 2004 年版。

148. 朱炳祥：《村治权力与仪式变迁——以周城白族火把节为例对国家与社会关系的微观考察》，载徐杰舜、周建新主编《人类学与当代中国社会——人类学高级论坛 2002 卷》，黑龙江人民出版社 2003 年版。

149. 曹成建：《二十世纪二十至四十年代国统区地方自治与县政改革考察》，国家图书馆博士论文文库，2001/k26/21。

150. 熊光清：《如何增强中国共产党执政的合法性基础：历史的审视》，载《学术探索》2011 年第 1 期。

151. 米莉：《"钉铜"——"花瑶"民族的巫术与宗教》，载北京大学亚太教育中心与社会发展研究院主办《中国学术研究》第 2 卷总第 6 期，2005 年 3 月。

152. 米莉：《村落视野中的国家权力与地方传统——清末以降的"花瑶"社会生存状况考察》，中国政法大学政治学专业 2005 届硕士毕业论文。

153. 陈扬乐：《瑶族与汉族生育文化比较研究——以湖南省江华瑶族自治县为例》，载《人口与经济》2003 年第 3 期。

154. 李美：《瑶族妇女生育文化研究——以琴么屯为例》，载《社科与经济信息》2002 年第 4 期。

155. 李卫东、尚子娟：《男孩偏好作为一种生育文化的生产与再生产》，《妇女研究论丛》2012 年第 2 期。

156. 杨菊华：《男孩偏好与性别失衡：一个基于需求视角的理论分析框架》，《妇女研究论丛》2012 年第 2 期。

157. 杨雪燕、李树茁、尚子娟：《儿子偏好还是儿女双全——中国人生育性别偏好态度构成及其政策含义》，《妇女研究论丛》2011 年第 6 期。

158. 裴谕新：《性、社会性别与充权：关于四川地震灾区妇女刺绣小组领袖的个案研究》，《妇女研究论丛》2011 年第 5 期。

159. 崔应令：《抗争与决裂：集体时代女性参与建构自身地位的再认识——以湖北恩施土家族双龙村女性为例》，《妇女研究论丛》2011 年第 1 期。

160. 杨卫玲：《湘南瑶族村落妇女生育健康中的公共卫生服务》，载《云南民族大学学报》（哲学社会科学版）2010 年第 6 期。

161. 陈印陶、徐庆凤：《广东连南瑶族育龄夫妇男扎为主的原因及启示》，载《西北人口》1994 年第 3 期。

162. 陈扬桂：《瑶山洒泪忆徐公》，载《隆回文史》第七辑（内部资料）1998 年 12 月。

163. 李新吾：《梅山土著寻源》，《湖南日报》2003 年 10 月 8 日 B3版，文化新闻部主办。

164. 彭兆荣：《遗产政治学：现代语境中的表述与被表述关系》，《云南民族大学学报》（哲学社会科学版）2008 年第 2 期。

165. 汪碧波：《花瑶女性服饰与生殖崇拜》，《装饰》2007 年第12 期。

166. 文牧江：《湖南隆回虎形山花瑶挑花的空间构成形式》，《湖南科技大学学报》（社会科学版）2011 年第 6 期。

167. 姜松荣：《小沙江花瑶服饰的文化解读》，《理论与创作》2008 年第 6 期。

168. 刘丹萍：《旅游凝视：从福柯到厄里》，《旅游学刊》2007 年第 6 期。

169. 禹明华、刘智群：《论花瑶山歌在花瑶婚俗中的特殊功用》，《邵阳学院学报》2007 年第 6 期。

170. 孙九霞：《族群文化的移植："旅游者凝视"视角下的解读》，《思想战线》2009 年第 4 期。

171. 谢菲：《非物质文化遗产传承场域的再生产——基于花瑶民歌·呜哇山歌的保护实践所引发的思考》，《湖南社会科学》2011 年第5 期。

172. 魏美仙：《他者凝视中的艺术生成——沐村旅游展示艺术建构的人类学考察》，《广西民族大学学报》（哲学社会科学版）2009 年第1 期。

173. 袁进田文、张光图：《花瑶盛事"讨僚饭"》，《邵阳晚报》

2003 年 8 月 15 日第 3 版。

174. 铁鹰：《梅山文化区的一幅原始生活画卷——湖南隆回县花瑶婚俗点滴》，《民主与科学》1997 年第 1 期。

175. 奉锡联、沈玲玫：《湖南雪峰花瑶服饰刍议》，《广西民族学院学报》（哲学社会科学版）1999 年第 5 期。

176. 冯智明：《从瑶族历史看边缘的兴起——〈另类中国：瑶族及其民族归属政治〉评介》，《贵州民族学院学报》（哲学社会科学版）2011 年第 3 期。

177. 王宁：《旅游、现代性与"好恶交织"——旅游社会学的理论探索》，《社会学研究》1999 年第 6 期。

178. 老后：《撩人心扉的花瑶婚俗》，《民族论坛》2001 年第 6 期。

179. 杨民贵：《花瑶婚俗》，《旅游》2002 年第 9 期。

180. 罗海波：《瑶族佳丽大赛照片》，《湖南日报》2001 年 9 月 3 日第 1 版。

181. 老后：《花瑶妹子今更俏》，《民族画报》2002 年第 4 期。

182. 老后：《大山深处有花瑶》，《人与自然》2002 年第 9 期（总第 12 期）。

183. 罗达：《关于隆回县小沙江镇大托村花瑶的调查报告》，文章来源：三下乡网站。

184. 奉锡样：《隆回：用繁荣的民族文化促进经济繁荣》，《民族论坛》2009 年第 11 期。

185. 李志刚：《人才优先，为"龙回"隆回建平台——湖南省隆回县委书记钟义凡访谈录》，《中国人才》2010 年第 11 期。

186. 王荔、黄贵权：《汉文化对瑶族文化及其教育的影响》，《民族教育研究》2002 年第 4 期。

187. 王明祥、孙孝堂：《隆回县小沙江瑶族及汉族儿童少年心理卫生问题流行病学调查》，《中外医学研究》2011 年第 9 卷第 22 期。

政府文件

188. 江泽民：《在毛泽东同志诞辰一百周年纪念大会上的讲话》
（1993 年 12 月 26 日），《江泽民文选》第 1 卷，人民出版社 2006 年版。

189. 胡锦涛：《高举中国特色社会主义伟大旗帜，为夺取全面建设
小康社会新胜利而奋斗》（2007 年 10 月 15 日），《十七大以来重要文献
选编》（上），中央文献出版社 2009 年版。

190. 胡锦涛：《在十七届中共中央政治局第 22 次集体学习时的讲
话》（2010 年 7 月 23 日），《人民日报》2010 年 7 月 24 日。

191.《湖南省计划生育条例（1989）》（资料来源：中国人口信息
网）。

192.《湖南省人口与计划生育条例（2002）》（资料来源：中国
网）。

193.《湖南省散居少数民族工作条例》。

194. 中国共产党湖南省委员会发布的（湘委〔1994〕23 号）文
件：《中共湖南省委湖南省人民政府关于少数民族和民族地区发展经济
和社会事业若干优惠政策的通知》。

195. 湖南省人民政府办公厅发布的（湘政办发〔1996〕20 号）文
件：《湖南省人民政府办公厅关于进一步做好散居少数民族工作的通
知》。

196. 邵阳市人民政府发布的（市政发〔1992〕14 号）文件：《邵
阳市人民政府关于认真贯彻民族法规、民族政策若干问题的通知》。

197. 中共邵阳市委员会与邵阳市人民政府共同发布的（邵市发字
〔1997〕33 号）文件：《中共邵阳市委邵阳市人民政府关于认真贯彻落
实少数民族政策问题的意见》。

198. 隆回县人民政府文件（隆政发 10 号）：《关于实施〈湖南省
散居少数民族工作条例〉的若干措施》。

199. 隆回县人民政府文件（隆政发〔1996〕96 号）：《关于认真贯
彻〈湖南省人民政府办公厅关于进一步做好散居少数民族工作的通知〉

的通知》。

200. 湘财农税〔2002〕13 号文件：《湖南省财政厅关于对少数民族地区和贫困地区继续实行农业税减免补助的通知》。

201. 《2004 年邵阳市人口统计年报》，填报单位：隆回县统计局；表号：湘统人综 01 表，制表机关：邵阳市统计局。

202. 《隆回县档案馆指南》（初稿）下册。

203. 《艰苦奋斗，开拓创新，争取脱贫奔小康进程的新胜利——在县委经济工作会议上的讲话》，2004 年 2 月。

204. 《九龙回首惊巨变，携手同创新隆回——在 2004 "九龙回首" 新春联谊会上的讲话》。

205. 《关于我县传统文化抢救保护与开发利用工作的情况汇报》，隆回县第十三届人大常委会第十次会议，2004 年 8 月 24 日。

206. 《虎形山瑶族乡大事记（含原茅坳瑶族乡）》。

207. 《隆回花瑶文化进教材》，《邵阳日报》2009 年 1 月 23 日。

208. 2000 年第五次人口普查数据。

209. 《少数民族人口分布》。

田野调查资料

210. 《奉氏族谱》。

211. 《雪峰瑶族诏文》。

212. （清）奉成美：《教法案例》。

213. 《请求修复血光寨历史人文景点土地占用的申请报告》。

214. 《关于规范瑶族风俗礼仪的有关问题座谈会会议纪要》。

215. 《中国政法大学 "花瑶文化" 考察团田野调查笔记及采访录音》。

后　记

　　我与花瑶的接触，算起来已有十一年的历程。

　　2001 年的暑假，还是在大学三年级期末的时候，我与时为同学兼男友的先生一道，从位于北京昌平的母校中国政法大学出发，历经前后 7 次转车、38 个小时不停歇的奔波，穿越一望无际的华北平原，辗转经过曲折缠绵的南方小镇，再在漆黑的夜色和大雾弥散的陡峭山路中忐忑不安地盘旋了五六个小时，由盛夏的酷热逐渐感受到山间的丝丝寒意，终于在接近凌晨的时候到达了他的家乡——湖南省隆回县小沙江镇。那是永远都无法忘记的一次旅程，不仅仅是因为持续时间之久、转车次数之频、过程之艰辛复杂在所有的旅程中都列于首位，更是因为对于我这个自出生以来二十一年都没有真正踏入过南方之境的地道北方人而言，一路的所见所闻全都是如此新鲜而又充满无穷的吸引。

　　花瑶所生存的地方，就在这样一个交通极其不便的偏远之境。夜色下的小镇静谧而冷清，太阳升起来之后却是另一番不同的景象。次日恰逢集日，整个街道摆满了各种各样的小摊，看似杂乱，但却显然有着哈耶克所言的自发自生秩序。而在这乱糟糟、闹哄哄的环境中真正吸引我的，则是一位七十多岁的花瑶老婆婆。她头包红黄相间的巨大头巾，穿着从未见过的艳丽挑花裙，脚边摆放着一篮刚刚孵出来的小鸭，就那样十分安详地坐在路边，等待着买主的光顾。她的神色和当时的景象看上去与周围的环境是如此地协调，以至于我毫不犹豫地相信，她们就是这个世界理所当然的主人、这一远离现代喧嚣的自然之境无可置疑的融合者与拥有者。然而随着接触的不断深入，更多更深的疑问却浮上了我的心头。

　　多年来瑶汉共居的生存环境，再加上彼此间的生意往来，使得先生的家庭与当地花瑶人有着非常密切的接触和长久的情感联系。先生那充满了无穷活力的母亲迫切想让我这个外来者尽快感受到花瑶人的异族气氛，于是在看见一个前来赶集的认识的花瑶妇女之后，立刻扯着大嗓门将她喊到了家里，张罗着要让我换上她的衣服照相留念。但这位花瑶妇女一边喋喋不休地强调自己的衣服其实一点都不好看、没什么好照的，扭扭捏捏不肯换下来，一边对我这样的外来者夸奖不已，在她看来，我T恤牛仔的随意着装，显然比她们的民族服装更加漂亮，也更加洋气。这是我与花瑶人的第一次近距离接触，她的表现让我首次开始反思我对他们生存意境的第一判断，以及在他们心目中对自己民族的角色定位。

　　更深的疑问来自于更多的接触。在闲谈中，当地的很多汉族人往往将比邻而居的花瑶人看作与自己完全不同的另类存在，并向我讲述了许多关于他们民族"匪夷所思"的奇闻轶事。显然在他们的心目中，两种文化之间有着明显的优劣之分和等级次序。而花瑶人则对来自北京这一遥不可及的大都市的我充满了强烈的好奇心，总是在当着众人的面对我大声地品头品足一番之后，表达出对来自外界文化的向往和誉美。这一环节往往令我感到有些尴尬，但也在潜意识中不断提醒着我，也许我原本观察和预设的他们与自然、与环境、与周边汉人的密切融合，有着事实上并不一样的景象。

　　2003年非典（SARS）期间，正在就读硕士研究生的先生和我离开北京，再次来到了他的家乡花瑶人聚居的小沙江地区。远离都市的大山虽然清净，但期间的寂寞孤独却也令两个并不安分的年轻人无以忍受。于是不知天高地厚的我们雄心勃勃地设计了一个关于乡村政治文化调查的研究计划，并发放了近千份调查问卷。这一调查最终由于学力的不逮和经验的不足而没有形成有分量的学术成果，但在瑶山上到处调研和发放问卷的经历，却让我们产生了对花瑶这一处于学界视域之外的少数民族进行研究的基本设想。因此，当2003年先生与隆回县县长在偶然的情境之下几次闲聊，最终成功地说服他支持和资助我们对这一民族进行全方位的考察之后，我们与花瑶的正式接触由此开始，也开启了我与花瑶人扯不断的精神钩联。

在 2004 年接下来为期三个多月的实地调研中，我视花瑶人为独立的精神个体，在一次次正式的田野调查与看似无意的闲聊中，不断为他们记忆久远的历史故事所感动，也为他们在现代文明的夹缝之中艰难生存的现实处境所同情，并毫不掩饰我对他们民族的感情。而花瑶人则对我作为考察团中唯一的一位女孩子，同时也是他们以异样眼光看待的"城市人"，同情地理解他们的生存境况，上山下沟、风餐露宿、在简陋的生活环境中与他们同吃同住而从不抱怨、甚至比一些本地人还能吃苦耐劳的做法表达出了极大的钦佩，愉快地接纳我这个彻头彻尾的外来者成为他们的一员，毫无保留地向我们展示着他们民族的各个方面。他们甚至还慷慨地许诺，等到我们结婚的时候，要按照花瑶的礼仪为我们举行一场盛大的民族婚礼。

当其时，那些年逾古稀的花瑶精英，如保树运动英雄沈诗永老人，可以在一天之中连续七八个小时、连续七八天与我们畅谈本民族的历史和文化而毫无疲倦之情。又如曾经的打虎英雄、保树英雄回云省和同为保树英雄的弟弟回云龙，以七十多岁的高龄率领全组男女老少几十余人一路陪伴我们去山路陡峭的峡谷采风，健步如飞，而且还能在返回之后精神抖擞地陪我们整夜整夜地喝酒对歌。那些中年的花瑶精英如奉族良、奉泽坤等人，慷慨地将其收藏已久、从不轻易示人的族谱和瑶族诏文交于我们验证和讨论。年轻的瑶族干部如回雄飞、刘庆生等人，真诚坦率而毫无隐瞒地向我们谈到花瑶民族在现代化发展中所遭遇的各种问题所在。还有那些年轻的花瑶妹子和花瑶小伙，永远充满着无穷的精力和欢声笑语，唱着山歌、扛着木筏，陪伴我们一路行程……事隔多年以后，遥想其情其景，永无可忘。

在之后的历次回访调研中，花瑶人一直向我保持着无穷尽的开放态度。每次重新到访瑶山，都会有不一样的收获。在此基础上，我们形成了关于花瑶民族的部分研究成果。而当 2008 年花瑶挑花和呜哇山歌成功申报为国家级非物质文化遗产、2009 年花瑶民族节日"讨僚皈"被

列入湖南省非物质文化遗产保护名录、同年花瑶居住地被国务院批准为
国家级风景名胜区之后，县委书记多次在公开场合坦率地表示，我们一
直以来所作出的花瑶民族研究成果，对于上述成绩的取得起到了非常重
要的作用。尤其值得让人欣慰的是，花瑶人居住的某些地方也直接受益
于建立在我们前期研究成果基础上所形成的各类地方政策，许多村落不
仅修通了到县里的公路，而且获得了大量资金援助，其经济和生活状况
与之前相比已经完全不可同日而语。这些现实成就的取得，成为了我们
想起花瑶人、想起曾经的这段研究经历聊以自慰的最好理由。

　　2005 年硕士毕业、进入下一阶段学习之后，准备博士论文、去伦
敦大学访学交流、就业、结婚、生女、教书，这几件事占据了人生的所
有内容，期间再无机缘亲到瑶山看看其间的变化。但是仍然时常能够从
各个渠道听到花瑶人的消息，因此，到 2012 年暑假，我和先生带着不
满两岁的女儿子牧再次回到瑶山回访，所到之地，受到的依然是最高的
礼遇和最热烈的欢迎。从表面上看来，花瑶人的经济和物质环境，与十
多年前相比已然发生了很大的提升，然而，当喧嚣热闹的到访和畅谈结
束，那些花瑶人渐次离开的时候，他们却又幻化成一个个充满着无尽孤
独感的背影，落寞地在茫茫的大山里行进，直至渐渐消隐。正在实行的
各种鼓舞人心的旅游开发政策，在改善他们经济状况的同时，也更好地
促进了他们民族文化的保存和发展了吗？他们比以前更加幸福和快乐了
吗？相比较起十多年前他们饱受周边汉人歧视和另类眼光关注的历史境
况而言，已经被推上当地文化产业前台的他们，更能找到自己的生存空
间和文化场域吗？类似的种种疑问情不自禁地涌上了我的心头。换而言
之，在这十多年中，花瑶人已经经历了太多的变迁，其传统的生存意境
已然在外界文明的强势冲击中陷入新的历史文化夹缝，曾经日用而不知
的习俗在追逐发展速度、经济效益、现代化发展指标的现代社会中，又
将何去何从？这成为了我对自己新的追问。

　　正是在上述这样一种情境和心境的激励之下，我对花瑶人的关注，
才在这十一年的时间里，无论时空的转移，一直以一种断断续续的形态
延续了下去。也正是在这样一种疑问和疑虑的驱使之下，我才鼓起勇

气，将这部前后延续了八年仍旧算不上成熟的著作，和另外两部相关著作一起结集问世。然而，每当想起花瑶人那充满热情却又不无迷茫的眼神，那看似稳健却又孤独落寞的背影，我就深知，未竟的路还有很长，前方仍有无穷的领域值得我去不断探究和问询。希望这部著作只是开启了关于这个不为人知的少数民族研究的序幕和序曲，而永远不会因为它而终结。

2012 年盛夏于湘江之畔江边客舍